铁路客运业务系列图书

动车组列车员素质与服务技能

文　邦　编著

中国铁道出版社有限公司

2021年·北　京

内 容 简 介

本书是根据铁路客运规章和动车组列车员岗位工作要求编写的，详细介绍了动车组列车员做好列车服务工作，保证运输安全应具备的心理素质、技术业务知识、服务技能、应急处理、人际关系等培训要求，是一本既讲工作方法，又讲个人修养提高的职工培训教材，对提高职工素质，提高服务水平有一定的帮助。本书内容如有不符最新规章标准之处，以最新规章标准为准。

本书适用于动车组列车员岗位培训与自学，也可作为职业教育客运专业培训教材。

图书在版编目(CIP)数据

动车组列车员素质与服务技能/文邦编著. —北京：中国铁道出版社，2013.12(2021.8重印)
ISBN 978-7-113-16942-8

Ⅰ.①动… Ⅱ.①文… Ⅲ.①高速动车-乘务人员-岗位培训-教材 Ⅳ.①U293.3

中国版本图书馆CIP数据核字(2013)第163913号

铁路客运业务系列图书

书　　名：动车组列车员素质与服务技能
作　　者：文　邦

责任编辑：薛丽娜　　编辑部电话：(010) 51873023
编辑助理：曹　旭
封面设计：崔　欣
责任校对：王　杰
责任印制：高春晓

出版发行：中国铁道出版社有限公司 (100054，北京市西城区右安门西街8号)
网　　址：http://www.tdpress.com
印　　刷：三河市兴博印务有限公司
版　　次：2013年12月第1版　　2021年8月第10次印刷
开　　本：880 mm×1 230 mm　1/32　印张：8.5　字数：246千
书　　号：ISBN 978-7-113-16942-8
定　　价：23.00元

前　言

FOREWORD

我国铁路建设始于清朝末年，经过一个多世纪的建设和发展，拥有了仅次于美国和俄罗斯的全球第三大铁路网以及全球最大规模的高速铁路网。高速铁路动车组在祖国大地奔驰，成为铁道线上非常亮眼的风景线，而动车组设备设施先进，列车员以思想素质好、服务态度好、外部形象好的风采展示在人们面前，堪比空姐，为铁路企业塑造了良好的企业形象。

高水平服务必须有一支训练有素的高素质职工队伍来支撑。为此，依据铁路有关规章规定和为旅客服务的需要，按照科学、实用的原则编写了《动车组列车员素质与服务技能》一书，以便对职工进行系统、规范化培训。本书增加的心理学知识介绍，就是加强心理服务素质与技巧的培训，促使职工以健康的心态、良好的个人修养、高水平的心理服务技能以及熟练的操作技能为旅客服务，满足旅客的心理需求。列车员加强心理学知识的学习不仅是搞好列车服务工作的需要，而且对职工个人成熟、成长以及提高企业管理水平会有一定的促进作用。本书只是讲述心理学的一些基本知识，仍需职工结合具体情况去体验、理解和把握。

本书为使其知识系统化、条理化，在归类讲述方面力求做到概念准确、条理清晰、言简意赅、通俗易懂，便于教学和职工学习，如有错误之处，均以铁路规章为准。

由于动车组车型在不断改进，各单位的乘务组织（如乘务组人员配备不同，有的商务座有专职服务员，有的无乘警），工作要求不同，处置方式不同，因此本书现在编辑的内容或讲述的方法仅供培训时选用，不作规定培训内容。建议操作培训多采用实物对照或现场直观教学为宜。

需要说明的，动车组列车员是客运服务工作的执行者，不是管理者和决策者，因此本书对于不是列车员岗位工作权限范围内的、不能够做到的内容（如车辆设备构造、质量要求、旅客运输计划、运输组织、客车编挂甩、车站售票、互联网售票等内容）不列入讲述范围，但对属于在列车长统一指挥下的列车整体工作，以及列车员必须配合的相关工作，作了较详细的介绍。

成都铁路局重庆客运段重庆—成都动车组列车长蒋兆虹，列车员任莉丹、夏莹同志为本书提供了许多实际工作体会和经验，北京铁路局朱殿萍、李卫东、辛洪杰同志参与审定本书，并提出了宝贵的修改意见，在此致以衷心的感谢！

本书在编写的过程中，参考并吸收了相关教材、资料和文件，特此说明，并致以衷心的感谢！

由于编写水平有限，书中的缺点和疏漏之处在所难免，恳请读者给予批评指正。

编　者

2013 年 2 月

目　录

CONTENTS

第一章 动车组列车员素质与录用

高速铁路旅客运输为人们的出行带来快速、舒适、方便的同时，服务水平需要相应提高，因此必须有一支岗位形象好、综合素质高、训练有素的列车员队伍。

第一节　动车组列车员素质要求

由于动车组列车服务工作面广，面对不同国家和地区以及不同文化、职业、年龄、地位、风俗习惯的旅客，服务要求高，列车员要树立良好的形象，成为旅客旅行的好助手，其关键在于列车员的素质。

一、基本素质要求

1. 思想素质

思想素质主要是指列车员的思想意识、思想方法和思想修养，这是做好客运服务工作的首要条件。具体表现在：有事业心、责任感，服务意识强；有锐意进取的精神；坚持原则，敢于负责，办事公道；先人后己，克己奉公；待人热情、坦诚；遵章守纪，热爱集体，抵御错误思想，识别美丑荣辱，自觉地维护企业、车班的利益和荣誉。

2. 心理素质

心理素质主要是指心理过程和个性心理，如情感情绪、兴趣爱好、气质性格以及信念、意志、自尊、宽容心等方面的成熟程度和健康程度，这是搞好服务工作、当好列车员的关键。客运职工的个性心理特征、生活条件、工作环境和工作实践(与旅客交往活动)所形成的心理品质:情感品质、意志品质、性格品质和个人修养是客运服务心理的基础。具体表现在:尊重旅客,真心、用心为旅客服务;尊重上级,主动汇报,接受监督,善于自我管理、自我调控行为,抑制负面影响。列车员还须懂得心理活动在安全生产中的作用。

3. 文化素质

文化素质主要是指列车员的文化知识水平,这是其他素质形成、发展的基础。目前要求具有中等职业教育文化程度。

4. 专业技术素质

专业技术素质主要是指列车员做好服务工作必须具备的专业知识和技能,这是当好列车员的必要条件。具体要求是:持证上岗;熟知本岗位业务知识和职责;熟知车厢内的设备操作规程;掌握客运服务心理和技能。

5. 身体素质

身体素质主要是指列车员应有良好的身体素质。动车组列车员工作服务的对象多,人员复杂,连续作业时间长,作业的强度远远超过空姐,如果没有一个健康的身体、充沛的精力,要做好优质服务工作是极为困难的。一个好的身体是搞好工作的基本保证。

以上是对列车员的基本要求,思想素质是当好列车员的首要条件,业务技术素质是当好列车员的必备条件,文化素质是当好列车员的起码要求,这也是其他素质形成、发展的基础,心理素质是当好列车员的关键因素,身体素质是做好服务工作的基本保证。

二、列车员应具备的专业工作能力

铁路旅客服务工作与其他服务工作不同,面向的对象为旅客群体,与旅客接触时间虽然不长,但是各种各样的事情都会发生,且复杂多变,突发事件时有发生,工作难度相当大,而且每一次出乘发生的事情都不一样,因此要求列车员不仅要具有熟练的业务技术能力、敬业精神、良好品质和个性修养,还要有相应岗位专业工作能力。

1. 细致的观察力

观察能力是指善于全面、深入、正确地发现事物各种典型特征的能力,即对事物能够进行分析和综合的能力。

良好的观察能力是客运服务人员的基本技能,是搞好优质服务的前提。在客运服务中,列车员要注意观察细小的事情,从中发现新情况、新问题,改进服务方式,或从细微的征兆中发现问题的本质,有效地防止各种事故的发生,从而保证旅客运输安全。

例如,观察旅客的面部表情,如惊恐、慌张、不自然等情形,从中发现旅客是否携带危险品上车或者其他情况要发生。

2. 良好的注意力

注意是心理活动对一定对象的指向和集中。注意具有选择、维持、整合、调节功能,其中选择功能是对有意义的、符合需要的和当前活动相一致的有关信息进行选择。注意的维持功能对于人的活动目的、兴趣、爱好等有着重要的影响作用。

根据产生和保持注意有无目的性和意志努力程度的不同,注意分为有意注意和无意注意。

无意注意也叫不随意注意,是事先没有预定的目的,也不需要作出意志努力的注意。引起无意注意的因素有两个:一是有刺激物件产生;二是人的内部状态,如需要、兴趣、情绪以及知识经验等方面。

有意注意也叫随意注意,是有预定目的、需要作一定努力的注意。它可以在实践活动中形成和发展。

有意注意和无意注意之间有区别,也可以相互转化。例如,一个人偶尔为某种活动所吸引而参与,后来对它逐步产生兴趣,于是自觉地投入到这种活动中去,即使遇到困难和干扰也仍保持对这种活动的注意,这就是无意注意转化为有意注意。刚开始从事某种活动,由于不太熟悉、没有产生兴趣,需要意志努力把注意保持在这项活动中,经过一段时间的努力,这项活动熟悉了,不需要意志努力把注意继续保持在这项活动中,这就是有意注意转化为无意注意。这种无意注意仍然是自觉的、有目的的,不需要意志努力就可以保持的注意,也叫做"有意后注意"。

注意力是随意注意的能力,即指一个人能够按照特定的目的,在特定时间内把心理活动指向特定对象的能力。如果一个人缺乏有意注意的能力,是不可能在学习、工作上做出成绩的。

良好的注意力是列车员搞好服务工作的前提,特别是在服务周到方面表现出的职业敏感性,不动摇、不分心,集中注意到旅客旅行心理的需求上。

3. 良好的记忆力

记忆力是人脑储存和重现过去知识经验的能力。记忆力好的人能够迅速而正确记住所学所见的知识经验,又能迅速正确回忆这些知识经验。记忆力好的人就占有很大的优势,比别人积累的知识多,理解快,反应快。记忆力对每个人提高工作质量和工作效率来说,都是非常重要的。铁路员工多数是独立工作的,靠记规章制度要求指导自己的工作。列车员也是独立工作的岗位,必须牢记客运规章制度,牢记业务、技术理论和实际操作技能,并能灵活运用,才能搞好服务工作。不然,记不住规章,拿东忘西,回答不了旅客提问,工作吃力,效率不高,是无法赢得旅客、领导的赞誉的。所以,客运服务人员要从视觉、听觉、动作 3 个方面加强记忆力的培养,提高自己的工作能力和工作效率。

4. 清楚的表达力

列车上的一切活动,都离不开语言、文字表达。而语言、文字又是人们交流感情,表达思想,传递信息、相互沟通的工具,直接体现着一个人的学问、个性和生活经验。列车员同旅客进行语言交流,直接反映服务态度和服务水平,因此需要较强的口语表达能力,而口才又是人类生活中应用最普遍而最难能可贵的技术和艺术。

口才好的人,在回答旅客提问、进行宣传时,能够做到语言贴切、和谐、简洁、明确;能使许多原先不相识的人关系融洽;能使许多本来彼此不发生兴趣的人互相了解;能替人排解纠纷,消除人与人之间的误会;能安慰愁苦烦闷的人,鼓励悲观厌世的人树立起生活的信心。

形象生动、诚挚中肯、表情自然的表达能力富有感染力,受人欢迎,能够赢得旅客的赞誉。因此要求客运服务人员必须努力提高语言、文字表达能力。

随着对外开放的不断扩大，外国游客不断增多，因此列车员还要学会一些客运服务外语，这样有了交流沟通的工具，才能做好外宾服务工作，让他们高兴而来，满意而归，同时增进友谊。

5. 灵敏的反应力

在紧急情况、危险出现时，能迅速冷静、果断做出应对措施，稳定旅客情绪，维护车内秩序。列车客运服务工作经常会出现意想不到的新情况、新问题，特别是对突发事件的判断能及时准确，才能预防或制止各种事故的发生，保证旅客运输安全。

6. 快速的理解力

“理解”简单地说，就是对某事物运用已有的知识、经验去认识其各种关系、本质、规律的思维活动。只有理解了才能掌握运用。客运服务人员的理解能力有两个方面：一是表现在对铁路规章制度、操作技能知识的理解，理解透彻才能掌握运用；二是表现在尊重旅客，对旅客的心理需求多一分理解，才能有耐心、有热心去为旅客服务。所以客运人员的理解能力有别于其他工种，要求理解人的心理，这是客运服务人员必备的能力之一。

7. 较强的人际交往能力

人际交往能力，是指一个人在社会活动中与他人沟通思想、联络感情、增进友谊而建立一种社会关系的能力。人际交往能力在人的一生中占有很重要的位置。一个人能力再强、水平再高，如果不善于协调、处理方方面面的关系，工作就不可能做好，也达不到预期的目标，事业也难以获得成功。

旅客列车每天有各种各样的旅客，他们的性格、爱好、兴趣各不相同，旅行需求不同，列车员同他们处理好关系是十分重要的，因为它关系到对你的工作的评价，直接反映服务质量。如果与旅客发生争吵，不仅反映了一个人的工作能力不强，而且影响个人形象，也影响铁路的声誉。如果与班组成员的关系处理不好，闹不团结，心情不愉快，则工作便无法开展；如果与上级的关系处理不好，不能取得上级信任，同样无法搞好工作；如果与其他部门的关系处理不好，往往使自己孤立无援。由此可见，人际交往能力是生活和工作极为重要的必备能力。

以上能力是列车员职业的基本要求,可以通过专门培训和实际锻炼提高。一个有作为的列车员,还应该有深刻的思考能力、丰富的想象能力、熟练的业务技术能力、人际关系能力、处理突发事件的应变能力,这样工作起来就会得心应手,从容不迫。

列车员在为旅客服务中,记规章、细观察、能判断、快反应、善表达、会交往是做好服务工作的基本功。

第二节 动车组列车员录用与培训

动车组是高档次的旅客列车,服务的对象是中高层次的旅客,需要提供比其他旅客列车好的服务,因此对动车组列车员的仪容仪表、笑容、个性等素质要求比其他旅客列车列车员要高。

一、动车组列车员录用要求

根据动车组列车员岗位要求,以及各铁路局实际招聘情况,动车组列车员录用要求归纳为以下几点,供参考。

1. 职业素养

热爱铁路,愿意从事列车员服务工作,有较强的服务意识和敬业精神;诚信,无不良记录;积极进取,思维敏捷,接受能力强;有责任心,吃苦耐劳;善于沟通,团结协作,富有亲和力;善于学习,提升自己能力,有感染力和控制能力。

2. 文化素质

文化素质是其他素质形成、发展的基础。动车组列车员应具有高中、职业教育(中专、高职)以上文化程度和具有较好的语言、文字表达能力。有普通话水平测试证书,具备常用英语会话能力。

3. 身体素质

身体健康,无传染疾病;身材匀称,动作协调,精神饱满;口齿清晰,听力正常;女性身高一般不低于1.60 m,男性身高不低于1.70 m;视力 1.00

以上;还有年龄、体重要求。

4. 形象气质

要求列车员容貌端正,笑容可掬,举止端庄,有气质。人的面部是精神上获得完整的整体美的关键。从面部最丰富的精神性表现中可以看出人的心灵变化,即感情变化,如愉快、憎恨等诸多感情,它是精神的直观表现,也是性格的象征,是给人最直接的第一印象和感受。

容貌端正,给人一种美的感受。

笑容可掬,给人一种亲的感觉。

举止端庄,给人一种好的印象。

有气质,给人一种"挺"的精神。

5. 心理素质

要求列车员具有健康的心态,开朗的性格,有一定的心理承受能力。列车员工作是为旅客服务的,为人服务必须富有同情心和爱心,个性开朗、活跃、反应敏捷。良好的心理素质是做好旅客服务工作的基础。动车组列车员的主要工作就是了解和掌握人的心理特点、旅客的不同需求,掌握相应的服务技巧,对各种突发事件的发生能有较好的承受心理和应对能力,因此对心理素质有一定要求。

二、录用后的职业教育培训

根据用人单位录(使)用劳动者必须坚持"先培训、后就业,先培训、后上岗"的原则,职工经职业培训或职业技能培训,从事技术工种的需进行职业技能鉴定合格,取得培训合格证书或职业资格证书后,方可录(使)用。

入路前,没有经过学校专业培训的职工,入路后应按岗位职责和工作职责进行岗前培训,如安全教育、技术业务培训、乘务实习等,经考试合格取得上岗资格,由铁路局统一颁发上岗证,职工持证上岗。动车组列车员应进行下列内容的培训。

1. 铁路企业及铁路知识教育

从事铁路工作,必须对铁路企业的性质、特点有所了解和认识,明白铁路企业对职工的要求,铁路职工是一支有组织、守纪律、讲团结、听指挥、特别能战斗的半军事化队伍。

2. 思想素质教育

思想素质教育主要是对进行思想意识、思想方法和思想修养方面的教育，树立正确的服务观，精神饱满，做到真心、用心地为旅客服务。

3. 心理素质教育

根据动车组列车服务工作要求，列车员必须有较好的心理服务素质，必须接受心理学一般知识教育，掌握客运服务心理和技能，在任何情况下都能保持冷静、冷静、再冷静，耐心、耐心、再耐心的心态，做到笑脸相迎、微笑服务。同时，懂得心理活动在保证安全生产中的作用。

4. 工作能力培养

能力是直接反映一个人工作效率的个性心理特征。从事列车员工作，除了有敬业精神，良好的情感品质、意志品质和个性修养外，还必须具备列车服务工作的职业能力：如观察力、注意力、记忆力、表达力、反应力等。

5. 职业道德教育

道德是调整人与人之间以及个人与社会之间的关系的一种行为规则。职业道德是指一定的职业活动所要求人们遵守的行为规范。铁路是面向社会的窗口，列车员与旅客打交道，良好的职业道德是做好服务工作的关键之一。铁路企业对职工进行职业道德教育就是要求职工必须保持良好的职业道德和精神状态，不谋私利，热情周到地为旅客服务，使旅客感到满意。

6. 职业技能

职业技能是列车员做好服务工作必须具备的专业知识和技能，这是当好列车员的必要条件。通过培训熟知本岗位业务知识和职责；熟知车厢内的设备操作规程；具有规避事故的能力以及妥善处理突发事件的能力。

7. 职业纪律

铁路企业具有高度集中、大联动机、半军事化，各单位、各个部门、各个工作环节密切配合、协同动作的行业特点，铁路运输生产又关系到保护国家和人民生命财产安全的重大责任。因此要求每个职工必须具有高度的组织纪律性，严格遵守职业纪律，保证安全生产。铁路企业所制定的规章、规定、劳动纪律、作业纪律等要求是所有职工必须严格遵守的行为规范，就是铁路职业纪律。

铁路职业纪律是由铁路企业的性质和特点所决定的，是铁路生存和发展的需要，是历史经验的总结，是铁路运输安全生产的必要的重要措施。

职业纪律包括劳动纪律、作业纪律、工时纪律、技术纪律、劳动组织纪律。

8. 安全教育

安全是人类最重要、最基本的要求，是人的生命与健康的基本保障。安全是铁路运输的永恒主题，这是铁路的性质和任务所决定的。通过安全教育，树立安全风险意识和理念，有安全责任感，自觉地落实安全责任制，确保旅客列车运输安全，确保自己安全。

9. 遵章守纪教育

铁路工作指挥很大部分是靠职工遵守规章制度、规则、操作规程进行和完成的。大量事实又表明，职工违章违纪是导致安全事故发生的主要原因。违章导致事故、导致犯罪，因此必须经常对职工进行遵章守纪教育、法制安全教育，提高遵章守纪的自觉性。

10. 服务礼仪教育

动车组列车员的言谈举止、服务态度直接反映铁路运输服务水平。正常礼仪、专业礼仪、服务礼仪教育是动车组列车员培训重点，是提高服务技巧的基础教育。

11. 路风教育

路风是指铁路的行业作风，是铁路服务宗旨和经营方向在运输企业和职工中的综合表现。路风不正，主要表现在凭借职务或工作便利条件营私谋利或者违背职业道德，服务质量低劣，给旅客货主造成经济损失或精神伤害，在路内外造成不良影响和后果。加强路风教育对提高职工队伍素质，提升服务质量，为铁路企业塑造良好形象，拥有交通市场占有率具有重要作用。

三、培训后的素质要求

动车组列车员通过上述教育培训和实际锻炼,应达到下列素质要求。

1. 思想素养

(1)热爱祖国,热爱铁路事业,热爱本职工作,有事业心,责任感,服务意识强。

(2)遵守国家法律、法规和铁路行业管理规章制度,坚持原则,敢于负责。

(3)敬业爱岗,忠于职守,诚实守信,办事公道。

(4)抵御错误思想,识别美丑荣辱,自觉地维护企业、车班的利益和声誉。

2. 道德修养

(1)热情坦诚,尊老爱幼,自觉维护旅客合法权益,真诚热情为旅客服务。

(2)尊重旅客的民族习惯和宗教信仰,对不同种族、国籍、民族的旅客一视同仁。

(3)爱护站车设备,不占有、浪费服务备品和餐饮供应品,廉洁自律,公私分明。

(4)路风端正,不谋私利。

3. 职业形象

(1)听从指挥,团结协作,认真工作,严谨工作。

(2)精神饱满,仪容整洁,行为端庄,举止文明,健康向上。

(3)服务主动,细致周到,表情亲切,言语和蔼,有亲和力。

(4)遵章守纪,落实标准,行为规范,保证安全。

4. 职业技能

(1)勤奋学习,钻研业务,有较好的文化素养和较全面的专业知识。

(2)能运用普通话,熟练掌握常用英语会话,具备较好的语言表达和文字写作能力。

(3)了解旅客旅行需求及心理特点,会运用相应的心理服务技巧,满足旅客要求。

(4)熟知作业程序和标准,熟悉使用服务设备设施,能为旅客提供及时、准确的服务。

(5)熟知安全措施和应急预案,熟练使用安全设备设施,具备妥善处理突发事件的应急、应变能力。

第二章

铁路旅客运输工作概述

铁路是国家的重要基础设施、国民经济大动脉、大众化的交通工具，联系着千千万万旅客和遍布城乡的企业，它的运行状况关系着国民经济的发展和国家的声誉，有着举足轻重的作用。从事铁路工作者必须了解铁路运输企业的性质、特点，以指导自己做好客运服务工作。

第一节　铁路运输企业简介

铁路是一个独立的多部门、多层次、多工种整体配合的运输企业，是为人和货物提供具有时间、空间位移需求的运输服务。铁路运输具有运量大、成本低、长距离、快速、全天候昼夜运输，并能保证运输的准确性、连续性的特点。

一、铁路运输企业是一部大联动机

铁路运输网络遍及全国，铁路运输以“人公里”、“吨公里”为计量单位。

铁路运输整个运作是由分布在全国各地的铁路局以及下属的车务、机务、工务、车辆、电务、供电、客运等站段组成的庞大、复杂的运输生产体系，它如同一部大型联动机，在铁路总公司高度集中、统一指挥下，按照运输组织方案、列车运行图要求的时间，组织生产，联劳协作，环环相扣，保证安全运输。各站、段的具体工作如下：

车站、车务段:负责列车运输组织、列车编组、客货运营销业务。

机务段:负责列车、调车动力牵引,保证机车运行状态良好。

工务段:负责线路维修、养护,保证线路畅通。

电务段:负责通信联络、行车信号设备维修,保证行车信号指挥正常。

车辆段:负责提供客货运车辆和车辆检修,保证车辆运行安全。

客运段:负责旅客运输。

供电段:负责提供列车牵引电力,保证不断电。

动车段(维修基地):负责动车组检修。

旅客运输是在各个部门的密切配合下完成的。由于铁路运输昼夜不间断地运行,它的计划性、时间性、标准性、统一性、组织性、纪律性都非常强,要求十分严格,必须保证安全运输,因此要求每个铁路职工不论职务高低,都必须服从运输生产指挥,听从命令,遵守作业纪律,做到安全、准确、迅速、协调,确保铁路运输顺利进行。这不仅是铁路运输企业的性质、特点、任务和发展所决定的,也是党和国家对铁路企业的要求。

二、铁路运输工作的特点

由于铁路运输企业性质的特殊性,其工作的特点表现在以下 6 个方面:

1. 时间性强

铁路运输作业是按照列车运行图要求的时间来进行的,因此列车员工作时必须要有时间观念,必须在规定的时间内,准确无误地完成本职工作,否则就会影响行车或发生安全事故。

2. 安全要求高

铁路运输载重量大,运行速度快,又事关人身和财产安全,因此要求铁路运输设备必须具有良好的安全性能。由于铁路设备结构复杂,技术含量高,新技术、新设备不断更新,各工种操作人员必须经过培训考试合格,才能上岗进行作业,确保安全生产。

3. 纪律要求严明

纪律是要求人们遵守业已确定的秩序的一种行为规则。由于铁路遍及全国，昼夜运输，必须高度集中、统一指挥，必须有一个铁的纪律并严格执行的管理制度，才能保证铁路运输安全、畅通。因此每一个铁路职工必须遵守劳动纪律，必须按照铁路规章、作业标准进行作业；必须服从指挥，增强责任心，不擅离职守，做到一章不违，一勤不缺，一事不出，一心工作，否则就容易造成事故。

4. 作业标准化

行车各工种必须严格执行铁路规章制度，按照标准化的要求工作，做到“一丝不苟，一点不差，差一点不行”。例如，客运列车不准旅客携带危险品上车，这一要求必须执行，否则会造成列车火灾爆炸事故。电气化铁路区段不能攀登车厢顶部，这一规定必须执行，否则容易出人身安全事故。

5. 责任心要强

铁路遍及全国，许多生产车间、班组、个人远离站段机关作业，规范车间、班组、个人的安全生产作业行为，主要根据规章制度、劳动纪律、作业标准和标准化的要求，自觉地执行。因此要求每一个铁路职工必须有高度的责任心，令行禁止，才能保证安全生产。客运列车员也是一个独立的工作岗位，要靠自己的责任心来做好服务工作。

6. 影响因素多

铁路运输和员工常受气候、劳动环境、社会环境、艰苦环境、家庭环境、劳动分配、价值观念、夜间作业、社会治安等诸多因素的影响，特别是人的思想情绪受到影响，稍不注意就容易发生安全事故。因此每个铁路职工必须有一个健康的心理和良好的心态，正确处理安全与生产、效益、管理的关系，服从生产指挥，服从管理要求。

三、铁路运输工作的质量要求

铁路运输质量总的要求是：“四通八达、畅通无阻、安全正点、当好先行”。具体表现在以下 6 个方面：

1. 安全

铁路运输必须保证不发生职工伤亡事故和设备事故，同时保证旅客旅行过程中的生命、财产安全，货物完好无损地达目的地。

2. 准确

铁路运输要求客、货列车严格按照列车运行图正点发车，正点到达；保证旅客不误乘车、不漏乘车，货物不运错到站。

3. 迅速

要求铁路提高列车运行速度，减少停时和货物中转时间；组织旅客列车有秩序乘降，行包快速安全装卸。

4. 便利

便利就是满足旅客在购票、进出站、候车、上下车，货物托运、收货时提供方便，旅客变更旅行路径的手续简便。

5. 经济

经济对旅客和货主来说，就是费用便宜。在规定的客货运价外，不能乱加价收费。

6. 舒适

旅客列车硬件设备设施先进，乘坐环境卫生、舒适，卧具清洁，食品卫生、开水供应及时，盥洗、上厕方便。

第二节 铁路工人队伍

中国铁路工人是帝国主义列强在中国掠夺修建铁路下萌生的，是在长期斗争中成长起来的。随着铁路的发展，中国铁路工人队伍逐渐壮大，成为中国工人阶级的重要组成部分。

一、铁路工人具有光荣传统

1921 年冬，京汉铁路长辛店成立铁路工人俱乐部，在中国共产党的领导下，京汉铁路上以林祥谦为代表的铁路工人，开展争人权、争自由、争组织自己的工会，反对帝国主义，反对封建主义的政治大罢工。这次大罢工把党领导的第一次工人运动推上了高潮。这次大罢工充分显示了中国铁路工人不怕牺牲，勇往直前的精神，极大地显示了中国工人阶级的高度觉悟和强大力量，成为中国革命的一次启蒙运动，为中国革命的胜利做出了很大的贡献，在我国工人运动史上谱写了不朽篇章。在解放战争时期，铁路工人配合、支援人民解放军解放全中国,夺取新民主主义革命胜利。无论是在反抗国内外的反动势力中,还是在新中国成立后的抗美援朝、社会主义建设中,铁路工人担负着繁重的铁路运输任务,始终站在生产和斗争的前列,表现出大无畏的牺牲精神。

二、铁路工人是铁路的宝贵财富

铁路工人是铁路运输企业的主力军,担负着繁重的铁路运输工作,是"知识向能力转化,能力向效益转化"的具体劳动者,没有铁路工人的辛勤劳动,实现铁路运输安全和经济效益是不可能的。提高铁路企业经济效益,从根本上说,就是在生产过程中减少投入,增加产出,最大限度降低生产成本,这些都离不开职工的技术水平、思想觉悟和生产积极性。然而培养一个职工成为现实的生产力,从初级工到中级工、高级工、技师、高级技师,需要几年、十几年甚至更多时间。科学家、工程师是人才,工人是能够把科学技术知识转化为现实的生产力的人,也是人才。铁路工人应该看到自己是完成铁路运输任务不可缺少的人才,是铁路的宝贵财富。

三、铁路工人队伍是一支半军事化队伍

由于铁路运输企业的性质和特点,决定了中国铁路工人具有高度责任感和使命感,历练了一支半军事化队伍。邓小平曾赞扬铁路工人说:"中国铁路工人是中国工人阶级最先进、最有组织的一部分。"铁路工人队伍无论在战争年代还是社会主义建设时期,在完成安全运输生产任务、防洪抢险、事故救援中,能识大体、顾大局,纪律严明,服从命令,听从指挥,召之即来,来之能战,不怕疲劳,连续作战,战之能胜,是一支有组织、守纪律、讲团结、听指挥、特别能战斗的半军事化队伍。

第三节 铁路企业对客运职工的要求

铁路旅客运输工作是面向全社会开放的部门,车站和列车都是铁路企业的窗口,直接反映出铁路的精神文明和管理水平。动车组列车运输面对的旅客需求较高,因而对客运职工的素质和服务工作质量要求必须

与之匹配。

一、铁路企业对员工的总体要求

每一个铁路职工必须做到：

(1)拥护中国共产党的领导，热爱社会主义祖国，坚持马列主义、毛泽东思想。

(2)执行党的路线、方针、政策，遵守国家的法律、法令，保守国家机密。

(3)遵章守纪，服从分配，团结协作，安全生产，质量良好地完成各项任务。

(4)努力学习，提高政治、文化、科技、业务水平。

(5)维护社会公德，讲究文明礼貌，尊客爱货，优质服务。

(6)关心集体，爱护公物，艰苦奋斗，勤俭节约。

(7)尊敬师长，爱护徒工，和睦家庭，团结邻居。

(8)作风正派，廉洁奉公，勇于批评与自我批评，敢于同坏人坏事和不良倾向作斗争。

二、铁路客运职工守则

(1)认真执行党和国家的政策、法令及上级命令、指示，模范遵守规章制度。

(2)为人民服务，对人民负责，做到“三要”、“四心”、“五主动”。

(3)搞好站、车卫生，经常保持整洁、环境优美。

(4)遵守社会公德，维护站车秩序，确保安全正点，敢于向一切违法行为作斗争。

(5)搞好饮食供应，保证食品质量，严守财经制度，执行价格政策，坚持饮食卫生“五四制”，买卖公平，不优亲厚友，不挪用私分商品、餐料。

(6)执行职务时，要穿着规定服装，佩戴标志，仪容整洁，举止端正。不留怪发型和长胡须，不穿高跟鞋。

(7)热爱本职工作，努力学习政治、文化、技术、业务知识，虚心学习先进经验，不断提高服务本领。

(8)坚守岗位,尽职尽责,遵守纪律,廉洁奉公,不搞特殊化,不搞“捎、买、带”,不利用职务之便拉关系、走后门,敢于抵制不正之风。

(9)顾全大局,加强团结,服从领导,听从指挥,搞好联劳,密切配合。

客运职工守则要求职工做到“三要”、“四心”、“五主动”:

“三要”就是对待旅客要文明礼貌;纠正违章态度要和蔼;处理问题要实事求是。

“四心”就是接待旅客热心;解答问题耐心;接受意见虚心;工作认真细心。

“五主动”就是主动迎送旅客;主动扶老携幼;主动解决旅客困难;主动介绍旅行常识;主动征求旅客意见。

铁路企业制定客运职工守则是对列车员的基本要求,是客运工作的现实需要,是履行“人民铁路为人民”服务宗旨、提高服务质量的重要保证。

三、《铁路技术管理规程》对客运职工的要求

1. 持证上岗

铁路职工在任职、提职、改职前,必须经过拟定职务的资格培训,并经职业技能鉴定,岗位任职资格考试,取得相应等级的职业资格证书和岗位任职资格后方可任职上岗。

2. 健康要求

铁路职工任职必须经过身体健康检查,身体条件不符合拟任岗位职务要求的,不得上岗作业。

公共场所直接为顾客服务的人员,持有“健康合格证”方能从事本职工作。患有痢疾、伤寒、病毒性肝炎、活动期肺结核、化脓性或者渗出性皮肤病以及其他有碍公共卫生(如流脓的皮肤病,容易传染)的疾病的,治愈前不得从事直接为顾客服务的工作。

个人卫生要求“四勤”:勤剪指甲;勤洗澡、理发;勤洗衣服、被褥;勤洗工作服。

3. 接受教育

铁路职工必须不定期地接受生产知识、劳动纪律、安全以及定职、改职、提职等方面的教育培训和考试。

4. 统一着装

铁路职工在执行职务时，必须坚守岗位，穿着规定的服装，如客运服装、安全防范服。佩戴证章标志或携带相应证件，讲普通话。

5. 当班纪律

接班前须充分休息，严禁接班前后工作中饮酒。如有违反，立即停止其所承担的任务。列车员交班前、当班中不能吃有异味的食物。

以上所讲的是铁路企业对列车员的基本要求。列车员的服务意识、职业责任、职业纪律、职业道德的好坏直接影响服务工作的质量。

第四节 铁路旅客运输的法律意识

旅客运输工作就是为旅客提供时间、空间移动需求的运输服务。旅客购买车票后，铁路与旅客之间就建立了服务与被服务的责任关系，双方就有权利和义务，负有法律责任，因此职工要有法律意识。

一、铁路旅客运输合同

《铁路旅客运输规程》规定，铁路旅客运输合同是明确承运人与旅客之间权利义务关系的协议。铁路旅客运输合同的基本凭证是车票。铁路运输合同从售出车票时起至按票面规定运输结束旅客出站时止，为合同履行完毕。

旅客运输的运送期间自检票进站起至到站出站时止计算。

《铁路旅客运输规程》规定，铁路车站、列车及与运营有关人员在执行职务中的行为代表承运人。承运人代表铁路企业，在旅客运输合同期内履行铁路的基本权利和义务。铁路旅客运输合同对旅客、承运人的权利和义务具有同等约束力。

铁路权利：

(1)依照规定收取运输费用。

(2)要求旅客遵守国家法令和铁路规章制度，保证安全。

(3)对损害他人利益和铁路设备、设施的行为有权制止、消除危险和要求赔偿。

铁路义务：

(1)确保旅客运输安全正点。

(2)为旅客提供良好的旅行环境和服务设施，不断提高服务质量，文明礼貌地为旅客服务。

(3)对运送期间发生的旅客身体损害予以赔偿。

(4)对运送期间因承运人过错造成的旅客随身携带物损失予以赔偿。

在旅客运输合同期内旅客履行的基本权利和义务如下：

旅客权利：

(1)依据车票票面记载的内容乘车。

(2)要求承运人提供与车票等级相适应的服务并保障其旅行安全。

(3)对运送期间发生的身体损害有权要求承运人赔偿。

(4)对运送期间因承运人过错造成的随身携带物品损失有权要求承运人赔偿。

旅客义务：

(1)支付运输费用，当场核对票、款，妥善保管车票，保持票面信息完整可识别。

(2)遵守国家法令和铁路运输规章制度，听从铁路车站、列车工作人员的引导，按照车站的引导标志进、出站。

(3)爱护铁路设备、设施，维护公共秩序和运输安全。

(4)对所造成铁路或者其他旅客的损失予以赔偿。

二、旅客伤害列车责任划分

在运输过程中，旅客伤害可由旅客自身、第三人、铁路运输企业或其他原因造成。

1. 旅客自身责任

旅客自身责任是指不从规定的通道进出车站，跨越线路，钻爬车辆，私自开启车门，不听从铁路工作人员劝阻等违法违章以及自身原因所致造成的伤害。

2. 铁路运输企业责任

铁路运输企业责任是由于铁路运输企业人员和设备的原因，给旅客造成的伤害，属于铁路运输企业的责任。具体到列车责任：由于车门未锁闭造成旅客跳车、坠车或站内背门下车造成旅客伤亡；由于组织不力造成下车旅客挤伤摔伤；车站误售车票，列车未能妥善处理造成旅客跳车伤害；因列车报错站名致使旅客下错车造成伤害；因客运人员的过失造成旅客挤伤、烫伤；因餐车、售货供应食物不洁造成旅客食物中毒，等等。

3. 第三人责任

第三人责任是指上述两个责任之外的责任人。

三、举证责任

举证责任，是指民事诉讼当事人对自己的诉讼主张，有提供证据加以证明的责任和无法证明时要承担的责任。承担举证责任的主体必须是民事诉讼主体的当事人，与诉讼案件有利害关系并有诉讼主张。

在铁路运送旅客途中出现旅客人身伤亡或者急症病时，除了积极采取抢救措施外，列车工作人员应会同公安人员勘察现场，收集旁证、物证，调查事故发生原因，如实编制客运记录或旅客伤亡事故记录，并寻找除铁路工作人员以外的证人，做好前期取证工作。

铁路收集旁证、物证，就是举证证明旅客的伤害是由不可抗力或旅客自身原因（包括故意、重大过失和自身健康）造成的，否则铁路要承担赔偿责任。

四、消费权益的保护

没有旅客乘坐火车，铁路运输业就得不到发展，企业和职工的经济效益就会受到影响。旅客是上帝，车票就是一张请帖。

出门旅行就是一种消费。旅客购票乘车旅行就是消费者，理所应当得到所购车票应该享受的服务规格。购车票旅行与花钱买商品一样，是另一种形式的消费，包括了运送和乘车服务。《中华人民共和国消费者权益保护法》（以下简称《消费者权益保护法》）第二条规定："消费者为生活消费需要购买、使用商品或接受服务，其权益受本法保护"。根据这条规定，旅客在车上没有得到相应规格的服务，就可以运用法律武器向铁路讨个说法。例如，旅游列车、空调列车服务质量差、没有空调，达不到相应的服务档次，消费者的合法权益就受到了侵害，就可以根据《消费者权益保护法》讨个说法。由此可见，服务质量的好坏不仅仅是一个铁路的行业作风，这里面还有一个法律责任问题。因此每一个客运服务人员必须牢固树立法律意识，尽职尽责做好服务工作，达到旅客的要求，使旅客满意而去。要把旅客当作是自己的客人，热情接待；要把车厢当作是自己的家，把它打扫得干干净净，让客人感到舒服，自己也感到舒服。有了这样的服务意识就可以规避旅客投诉。

五、旅客投诉

随着人们的自我保护意识增强，消费者的合法权益如果没有得到尊重和保护，他们就会用法律维护自己的合法权益。在客运服务工作中旅客投诉有两个方面的原因：一是旅客的不理解或误解客运服务工作；二是客运服务人员的疏忽或差错，给旅客的利益造成伤害。过去铁路总是用客运规章约束旅客，听从铁路要求。现在旅客货主的法律意识和自我保护意识在不断提高，旅客买了车票上车，运输合同就生效，如果铁路不能实现承诺，就是违约，依据《消费者权益保护法》有权对旅客的损失要求赔偿。现在旅客也学会了用铁路规章要求维护自己的消费权益，要求列车员要按铁路规章做好服务。例如，卧铺车厢列车员没有按铁路规章规定到终点站后收取卧具，而是提前 1～2 h收取卧具，这样旅客就有意见，就会投诉。旅客的这种心理出现，要求铁路职工必须转变观念："铁路规章不是一家人说了算"。铁路职工如果不按规章办，旅客也可以投诉。所以在运用铁路规章时就要注意原则性和灵活性，处理问题需要冷静、冷静、再冷静，耐心、耐心、再耐心，倾听意见，不和旅客争辩、反驳，即便是投诉旅客的不对，也要控制自己的情绪，做到"忍"字当头，有礼貌地接待他，耐心地听他讲完，弄清事实真相，恰当处理。如果是我们工作上的疏忽或差错造成的，就应该马上以诚恳的态度向旅客表示歉意，想办法妥善处理。总之，处理旅客投诉，千万不能表现出不耐烦的情绪或者置之不理，这样做会使矛盾激化，要多从自身方面找原因，弄清事实真相，属于自己的责任，要主动表示歉意，改进工作；属于旅客的责任，多做解释工作，增加理解，这样就有可能减少投诉。真诚对待，热情服务，就可能化解不少矛盾。

第五节 铁路的职业纪律

铁路企业具有高度集中、大联动机、半军事化，各单位、各个部门、各个工作环节密切配合、协同动作的行业特点，铁路运输生产又承担着保护国家和人民生命财产安全的重大责任。因此动车组列车员必须具有高度的组织纪律性，严格遵守职业纪律，保证运输和车内安全，为旅客做好服务工作。

一、纪律和职业纪律

1. 纪律的含义

所谓纪律，就是规矩，没有规矩就不能成方圆。这种规矩就是政党、机关、部队、团体、企业等为了维护集体利益并保证工作的正常进行而制定的要求每个成员必须遵守的行为规范。行为规范就是人的行为标准。众所周知，任何一个社会集团或组织，如果没有纪律的约束，人们的学习、劳动、组织活动的良好环境就得不到保证，将会出现无据可依、无章可循的混乱局面，这个道理大家都非常明白，但并非人人都能做到。因此，纪律对人的行为有一定的限制，是以服从为前提的，带有强制性。

2. 职业纪律的含义

马克思曾指出："一切规模较大的直接劳动或共同劳动，都或多或少需要指挥，以协调个人的活动……"所以，不论哪一种社会形态，只要有许多劳动者共同劳动，都必须有严格的劳动纪律，以保证有序地顺利地组织生产。

铁路企业所制定的规章、规定、劳动纪律、作业纪律等要求是所有职工必须严格遵守的行为规范，就是铁路职业纪律。

铁路职业纪律是铁路企业的性质和特点所决定的，是铁路生存和发展的需要，是历史经验的总结，是铁路运输安全生产必要的、重要的措施。

职业纪律包括劳动纪律、作业纪律、工时纪律、技术纪律和劳动组织纪律。

劳动纪律，要求不迟到、不早退、不旷工，有事缺勤要请假。

作业纪律，要求职工坚守工作岗位，不得擅自离岗、串岗，不能玩忽职守；按时完成生产任务，不消极怠工。

工时纪律，要求充分合理地利用工时，讲求效率，不干私活，不做与本职工作无关的事情。

技术纪律，要求职工严格执行技术操作规程和技术标准，保质保量地达到产品质量标准。

劳动组织纪律，要求职工服从命令、听从指挥。

纪律是建立在自觉遵守的基础之上的，但它又有一定的强制性。对于自觉遵守纪律的劳动者，不会感到有约束和强制性，而不自觉遵守纪律的人来说，纪律就是强加在他身上的一种外在力量，就有强制性的感受。对违反劳动纪律的人实行强制约束，必要时给予一定的惩罚和处分，不仅是铁路运输安全的客观要求，而且也是维护职工自身利益的需要。只有严格执行铁路职业纪律，才能保证铁路运输安全、畅通。

二、职业纪律的作用

纪律是执行政策、制度的保证。加强职业纪律是维护铁路正常生产、提高劳动生产率、加快铁路现代化建设、提高员工思想觉悟、培养主动积极的劳动态度、搞好物质文明和精神文明的需要。

职业纪律的作用主要有以下三点：

1. 职业纪律是保证铁路运输生产正常进行必不可少的重要条件

职业纪律是劳动者在共同劳动中必须遵守的劳动规则和秩序，它要求劳动者必须行动一致，步调统一。铁路运输运行速度快，生产设备技术含量高，整个运输过程涉及面广、各种因素复杂，生产工序划分比较精细，有严格的时间要求，每个员工必须按规定的时间、程序和方法进行劳动，完成自己承担的生产任务，联劳协作，环环相扣，犹如一台大型联动机工作。如果没有严格的劳动纪律，就不可能把铁路大联动机的每个单位、每个部门和每个员工紧密地联系在一起，使每个生产环节准确而有节奏地运行，保证铁路运输生产顺利进行。

2. 职业纪律是提高劳动生产率的一个重要因素

职业纪律对员工的生产工艺、操作技术、安全等方面都提出了严格的要求，从而保证产品质量或服务质量，质量有了保证，劳动生产率就会明显提高。

3. 职业纪律是铁路运输安全的重要保证

铁路企业具有高度集中、大联动机、半军事化的特点，决定了铁路企业必须有严格的职业纪律作保证，只有严格遵守职业纪律，才能保证铁路运输生产正常进行，才能保证铁路运输安全。

三、职业纪律的要求

根据生产实践，铁路职工需遵守的铁路职业纪律主要有以下五个方面：

1. 严格遵守规章制度

铁路规章制度是维护铁路运输安全的基本准则，具有科学性、权威性和实效性。在整个运输生产过程中发挥计划、组织、指挥、控制、协调的权威作用。它规定了铁路各部门、各单位在运输生产过程中必须遵循的基本原则、工作要求、工作方法、作业程序和相互协作的关系。要求列车员按铁路规章制度严格执行就是铁路职业纪律要求。

2. 坚决维护和执行国家有关政策

铁路运输涉及国民经济和军事运输，如国家明文规定禁运物品，保证重点物质的运输，危险品的运输与存放、保管，军事运输的注意事项等，坚决维护和执行这些政策和注意事项就是铁路职业纪律要求。

3. 增强组织纪律性

铁路职工在组织纪律上要求做到：下级服从上级，少数服从多数。铁路许多行车电报、通知，就是命令，必须按电报、通知要求行事。所以服从命令、听从指挥就是铁路的一项纪律要求。

4. 树立良好的路风

铁路运输的站、车单位是服务窗口，人们通过这个窗口可以看到铁路企业和国家精神文明程度，可以体察、看到社会风气的好坏。所以，树立良好的路风关系到铁路企业形象和经济效益，关系到国家的声誉。端正路风的目的就是对自己负责、对企业负责、对国家负责。要求列车员树立良好路风，做好优质服务，维护好铁路企业和国家的形象，维护铁路企业的声誉，赢得交通运输市场的占有率，并使铁路企业取得良好的经济效益和社会效益就是一项重要的纪律要求，谁发生了路风事件，谁就要受到处分。

铁路职工职业道德的基本要求是："安全正点、尊客爱货、优质服务"。铁路客运职工职业道德的基本要求是："勤恳敬业，廉洁奉公，顾全大局，遵章守纪，优质服务，礼貌待客，爱护行包。"这些基本要求也是铁路职业纪律的具体内容，必须认真执行。

5. 坚决同破坏纪律行为作斗争

执行规章制度、作业标准化就是执行作业纪律的具体表现。无论是领导还是职工，只要有违反铁路规章制度、职业道德的行为，特别是危及铁路运输安全的行为就要及时制止。

四、铁的纪律

纪律是对行为的限制，以服从为前提，带有强制性。较严密的、必须严格执行的、带强制性的纪律就是铁的纪律。铁路职业纪律带有权威性、强制性的，就是铁的纪律。铁路的规章制度就是靠执行铁的纪律来保证。因此执行纪律必须严明、严格，不折不扣，来不得半点虚假和马虎。如果违反劳动纪律、作业纪律，将会造成事故，要受到行政的乃至法律的制裁。从生产角度讲，纪律是安全的保障，安全是守纪律的目的，没有铁的纪律就没有安全生产，执行纪律不严，安全必出娄子。所以铁路企业要求每个职工必须严格遵守铁路职业纪律。

没有铁的纪律约束，就不会有好的职工队伍。新职工参加工作，一开始就应该养成遵守铁路职业纪律的习惯，按照技术作业标准做好作业，服从命令，听从指挥，自觉做到令行禁止，不违章违纪，坚决克服纪律松懈、我行我素的不良作风。

五、铁路劳动纪律要求

铁路劳动纪律是根据铁路企业经营机制的特点而制定的，主要内容有：

1. 遵守工作时间，坚守工作岗位

要求铁路员工必须按时上下班，不迟到早退，不无故旷工。在工作时间内，不做与生产无关的事，不聊天，不串岗，不妨碍他人工作，提高工时利用率；在工作岗位上，认真负责，不消极怠工，不玩忽职守，不擅自离岗。

2. 完成生产任务，保证产品质量

要求铁路员工必须积极主动做好本职工作，开动脑筋，千方百计提高工作效率，努力提高产品质量，不出次品、废品，保证按质按量按时地完成和超额完成生产任务；尊客爱货，优质服务，维护国家、企业的声誉，为企业创造良好的经济效益和社会效益。

3. 遵守操作规程，保证安全生产

要求铁路员工必须严格遵守岗位责任制，认真执行铁路技术管理规程、铁路行车规则，按照标准化程序进行作业，是标准岗，干标准活。否则，一旦违章，就会酿成安全事故，重者造成人民生命财产损失，也给自己和家庭带来难以挽回的痛苦。

4. 服从调动，听从指挥

要求铁路员工积极发扬主人翁精神，严格遵守“个人服从组织、下级服从上级”的组织原则，对分配的工作，无正当理由不能拒绝或挑肥拣瘦，在生产过程中服从安排，以保证生产的各个环节协调一致。

5. 爱护设备，勤俭节约

要求铁路员工发扬艰苦奋斗的光荣传统，爱护机具设备。列车员主要是使用设备，一是加强监督，防止旅客乱动设备，保证设备处于良好状态；二是按规程操作使用，交班时做到设备完好，操作正常。

6. 遵守国家法律、政策和职业道德规范

要求员工自觉地遵守国家的法律、法令和企业的规章制度，保守国家机密。坚持“人民铁路为人民”，遵守职业道德，做到尊客爱货，文明礼貌，优质服务。同违法违纪的行为作斗争。

第三章

高速铁路运输概述

自 2008 年 8 月 1 日中国大陆第一条 350 km/h 的高速铁路——京津城际铁路开通运营以来，高速铁路在中国大陆迅猛发展。高速铁路的崛起和腾飞，为铁路发展注入了新的活力，为旅客带来了方便与快捷，将中国铁路带入一个崭新的发展阶段。

第一节　高速铁路简介

一、高速铁路的定义

1964 年 10 月 1 日，世界上第一条高速铁路日本东海道新干线（东京至大阪）开通营业，全程 515.4 km，直达旅行时间 3 h，列车最高运营速度 210 km/h。随后，日本大力发展新干线，并不断进行技术升级，山阳新干线和东海道新干线的运行速度分别提高到现在的 300 km/h 和270 km/h，东北新干线的运行速度提高到 320 km/h。如今，新干线的主干线和支线已经覆盖日本本土，新干线总里程达到 2 300 多 km。新干线被誉为“日本经济起飞的脊梁”。

1981 年 9 月 27 日，欧洲第一条高速铁路，由法国首都巴黎至里昂的 TGV 东南线通车，全程 417 km，直达时间 2 h，列车运行最高速度 270 km/h，经过改造后，目前速度可达 300 km/h。此后，法国相继建设开通了 TGV 大西洋线、北方线、地中海线、巴黎东部线等高速铁路，形成了以巴黎为中心，辐射全国的 TGV 高速铁路干线，并与周边国家连接。

法国高速铁路总里程约为 2 000 km，而 TGV 高速列车可通行的范围 6 000 km以上，列车最高运营速度可达 320 km/h。

德国发展高速铁路有坚实的技术基础，1988 年其电力牵引试验速度就达到 406.9 km/h。但是由于种种原因，直到 20 世纪 90 年代后，德国高速铁路才陆续开通运营。目前，ICE 高速列车可通达德国境内多数大城市，包括德国的汉堡、慕尼黑、柏林、法兰克福、斯图加特、科隆、杜塞尔多夫等到，总里程约 1 000 km，ICE 列车可通行的范围 6 300 km 以上，列车速度最高可达 300 km/h。

此外，意大利、西班牙等国家高铁技术的发展也形成了自己的特点。

高速铁路在不同国家不同时代有不同规定。1985 年联合国欧洲经济委员会在日内瓦签署的国际铁路干线协议规定：新建客货运列车混用(简称客货共线)型高速铁路时速为 250 km 以上，新建客运列车专用(简称客运专线)型高速铁路时速为 350 km 以上。国际铁路联盟(UIC)对高速铁路的定义是旧线改造时速达到 200 km、新建时速达到 250 ～300 km 的线路定为高速铁路。

当前各国新建的高速铁路，大多把最高速度定位在 250～350 km/h。根据我国《铁路安全管理条例》定义的高速铁路是指设计开行时速 250 km 及以上(含预留)，并且初期运营时速 200 km 及以上的客运专线铁路。

二、高速铁路的建造条件

铁路高速运行对铁路线路的冲击力相当大，对车辆(动车、拖车)构造、性能也是一种严格的考验，因此建造高速运行的必要条件是：线路基础好、牵引动力大、车辆质量高、制动系统完备和线路全封闭。

线路基础好，它是保证列车运行平稳，不产生振动和摇摆，乘坐舒适性好的最重要的基础。根据这一要求，线路平面要直，曲线半径在 2 200 m以上，设置平顺；线路纵断面的坡度差变化小，竖曲线平缓；轨道无缝连接；要求路基、轨道、桥梁、隧道具有高稳定性和高精度，残余变形在控制的范围内。

牵引动力大，高速运行要求启动加速快，停车减速快，且性能稳定可靠，这样就要求动车牵引力要大，才能保证高速度运行。

车辆质量高，要求动车组的车体构造必须牢固，材料强度、刚度符合高速运行要求，其振动、噪声极小。车辆连接装置系统完备。

制动系统完备，制动系统是保障列车安全的关键技术，要求设计完整。

线路全封闭、全立交，不得有障碍物和平交道。这是保证运行速度、畅通无阻的必要条件。

三、高速铁路旅客运输系统

实现高速度、高密度、大量运输旅客，还需要运营调度、通信信号控制、动车组和旅客服务方面的配套组织和系统管理，这就要求建立高速铁路旅客运输系统，它由基础设施系统、牵引供电系统、运营调度系统、通信信号控制系统、动车组和旅客服务系统等多个子系统构成。

1. 基础设施系统

要求路基、轨道、桥梁具有高稳定性、高精度和小残余变形。

2. 牵引供电系统

要求供电具有高度的可靠性，动车组牵引动力大，满足高速运行。

3. 运营调度系统

要求计划编制、运营管理、车辆管理、供电管理、旅客服务、综合维修等子系统的工作必须做到精细、周密、到位。

4. 通信信号控制系统

要求列车运行控制系统、联锁系统、调度集中系统、专用通行设备性能可靠、高度精确。

5. 动车组系统

要求动车组动力牵引大，车体结构牢固，连接装置、制动系统完备。

6. 旅客服务系统

站车设施设备先进，旅客乘车组织流线简捷、流畅，列车对位准确，迅速有序乘降，列车服务一流。

四、高速铁路运输的特点

1. 高速度

人们出行首先考虑的是安全和速度。速度快是高速铁路的主要技术标志和最大特点，也是实现高密度运输的前提条件。我国自主研发的创新产品 CRH380 系列动车组，时速可达380 km。速度快、旅行时间短是吸引旅客乘坐高速铁路的很重要的因素。

2. 高密度

列车开行密度也是吸引旅客乘坐的一个重要因素。列车密度是指列车开行时间的间隔。在高效率的运输调度指挥和可靠的通信信号设备保障下，高速铁路客运专线时速 200～350 km，从理论上可以计算出最小行车间隔为3 min。如果按行车间隔5 min计算，列车密度可达每小时 12 列，如果每列车（两组动车组重联）按 1 200 人计算，理论上一小时可输送28 800人。列车车次多，旅客乘车选择的余地大，就感到很方便，吸引着众多旅客乘坐高速铁路。

3. 高正点率

正点率是衡量铁路运输质量的重要指标和基本要求，也是铁路企业吸引旅客乘坐的因素之一。由于高速铁路封闭运行，中途停车次数少，一次对标停车，组织旅客上下车时间少，秩序井然，保障了列车准时开行，正点到达，正点率相对其他列车高。

4. 高舒适度

高速铁路运行速度快，平稳、不摇摆，振动、噪声极小。车厢设施设备现代、高档，有空调，有商务、VIP 包间、观光区，满足不同档次旅客要求；一、二等座车座椅宽大，可调式旋转座椅坐向、靠背也是可调整的；车厢宽敞明亮，过道走动自如；厕所干净，使用方便；还有餐饮酒吧、残疾人专用座位等，人性化的环境优于汽车、飞机，给人们一个非常舒适的享受。

5. 编组灵活

两个动车组可以重联运行，或组合成长短途不同的列车，或将相同运行区段的动车组编组成一列，到中途的车站分开成数列，分别开向不同的目的地。

高速铁路技术是当代世界的一项重大技术成就，它集中地反映一个国家的铁路牵引动力、线路结构、运行控制、运输组织和经营管理等方面的技术进步和管理水平，同时体现了一个国家的科技和工业水平。由于高速铁路运输的上述特点，表现出的技术经济优势有：与公路相比，土地占用面积小；能够快速、高密度大量运输旅客；能耗低，环境污染小；列车旅行时间短，列车车次多，旅客选择出行的余地大；乘坐条件舒适，运行准点；票价不高；安全可靠性好，大大优于公路、航空，极大地吸引众多旅客乘坐，在经济发达、人口密集地区，其经济效益和社会效益十分突出。

第二节 动车组列车

一、动车组构成、分类及特点

动车组是由动力车和非动力车(拖车)组成的固定编组轨道客运列车，各车之间常由密接车钩缓冲器连接，在日常的运营和维护中不解编组。动车组是现代轨道客运交通的主要形式和发展方向，应用在高速铁路、城市轨道交通客运运输。

动车组由车体、转向架、车辆连接装置、制动装置、车辆内部设备、牵引传动系统、辅助供电系统构成。

动车组分类有多种：按照传动类型，可分为电力动车组和内燃动车组；按照动力形式，可分为动力集中型和动力分散型；按照传动方式，又可划分为电传动和液力传动两种类型。

动车组的特点是：固定编组，动力集中或动力分散，密接车钩，整体运用，整体保养检修，大修前不解体，采用网络控制，交流传动/液力传动，制动系统完整设计。

高速动车组的特点是：头部流线型，车体轻量化技术，高速转向架，高速受流技术，车厢密封、空调换气，高功率重量比，低噪声、低轮轨力。高速动车组集成一系列现代高新技术：交流传动技术，复合制动技术，高速转向架技术，高强轻型材料与结构，减阻降噪技术，密封技术，高速受电弓技术，现代控制与诊断技术。

高速动车组按动车组动力轮对的分布和驱动设备的设置进行分类，

分为动力分散型和动力集中型。按动车组车辆转向架和车辆之间的连接方式进行分类,分为独立(转向架)式和铰接(转向架)式。

配备现代化动车段、综合维修基地,专门维修动车组。

二、动车组运行优势

动车的技术发展主要表现在功率、速度和舒适性的提高,单位功率重量的降低以及电子技术的应用等方面。由于动车组具有安全性能好、运量大、往返不需掉转车头、污染小、节能、自带动力等优点,它在运行中的优势表现在以下几个方面:

1. 编组灵活

由于动车组是自带动力、固定编组、列车两端分别设有司机室进行驾驶操作的,配备现代化服务设施的旅客列车。可以根据某条线路的客流量变化进行灵活编组,可以实现高密度小编组发车。可以组合成长短不同的列车,两组重联;或先组成一列,到中途的车站分开成数列,分别开向不同的目的地。

2. 动力加速快

动车组在两端都有驾驶室,列车无需掉头,节省停车时间,加快运转。动车组列车车厢本身也具有动力,运行的时候,不光是机车带动,车厢也会自己跑,虽然动力分散,但动力叠加在一起更能达到高速的效果。列车中一节动车的牵引动力发生故障对全列车的牵引指标影响不大。

3. 制动效率高

由于采用复合制动技术,即动力制动与摩擦制动,加上电子防滑器及基础制动装置,因此制动效率高,且调速性能好,制动减速度大,适合用于限速区段较多的线路。列车在 250 km/h 实施制动以后,从 200 km/h 降到 90 km/h 左右完全是靠电机反向旋转,利用列车的巨大惯性产生电能再往上输电,这一段是没有任何机械磨损的,是一个非常绿色环保的技术,只有当列车的速度降到 90 km/h 以下才开始实施第二阶段的机械制动。

时速 200 km 的列车制动距离小于 2 000 m,完全达到世界先进水平。

4. 牵引功率大

交流传统技术是世界上高速列车的核心技术之一。采用世界上最先进的电流 IPG 技术，动车组一列车交流传统的功率可以达到8 800 kW。它包括变压器、变流器、牵引电机、牵引控制四个关键技术。

5. 车体轻量化

高速列车重要技术之一是要轻量化，列车运行每牵引 1 t 重量大约要消耗 12 kW，到 300 km/h 的时候，每牵引 1 t 大约要消耗 16～17 kW，动车组车体重量比传统客车减轻一半。

6. 运行平稳舒适

动车组在 200 km/h、250 km/h 运行的时候，要求有比较好的稳定性和平稳性(稳定性是安全性指标，平稳性是舒适性指标)，要有比较好的曲线通过能力，具有高性能的转向架技术，最高时速可以达到350 km，达到了世界先进水平。

7. 网络技术控制

动车组上为旅客提供的大量的服务设施是要靠电子计算机来控制的，整个列车实行两级网络，对全列车所有设施设备进行监控、控制，保证运行安全、高效。

三、动车组车种及车辆号

动车组车种及车辆号示意如图 3-1 所示。

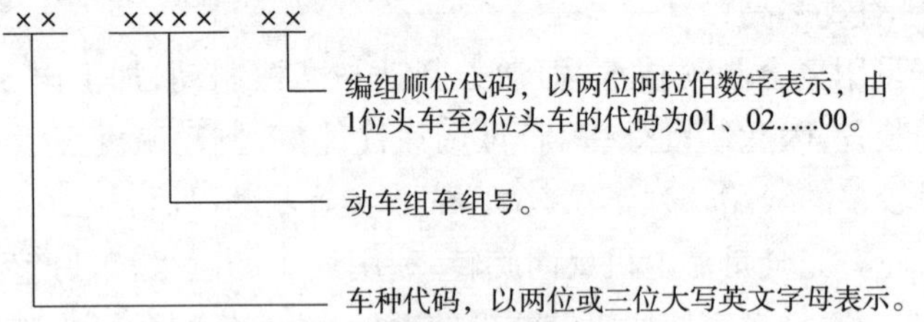

图 3-1　动车组车种及车辆号

动车组中的车辆车种代码是车种名称的汉语拼音缩写，车种代号、车种名称及英文见表 3-1。

表 3-1 动车组车种代号、车种名称及英文

序　号	车种代号	车种名称	英　　文
1	ZY	一等座车	First Class Coach
2	ZE	二等座车	Second Class Coach
3	WR	软卧车	Soft Sleeper Coach
4	WY	硬卧车	Hard Sleeper Coach
5	CA	餐车	Dining Coach
6	SW	商务座车	Business Coach
7	ZEC	二等座车/餐车	Second Class/Dining Coach
8	ZYS	一等/商务座车	First Class/Business Coach
9	ZES	二等/商务座车	Second Class/Business Coach
10	ZYT	一等/特等座车	First Class/Premier Coach
11	ZET	二等/特等座车	Second Class/Premier Coach
12	JC	检测车	Detection Car
13	WRC	软卧车/餐车	Soft Sleeper/Dining Coach
14	WG	高级软卧车	Luxury Sleeper Coach

示例：

ZYS 264201

ZYS——车辆车种代码，一等/商务座车；

2642——动车组车组号；

01——车辆编组顺位号。

四、动车组车内设备设施先进

动车组车内设备现代化，座椅乘坐舒适，车窗干净明亮，空调开关由旅客自行调节，座位靠背有自行调节按钮，提供冷热自调水龙头，车厢、餐车有液晶电视，密封性能良好的给排水系统，厕所采用真空集便器，设有婴儿换尿布台，多功能室给伤、病人、行动不便人员提供方便。有大件行

李摆放处，车窗采用光学折射原理的减速玻璃，减小动车组列车高速运行产生的视角冲击，而给人带来的身体不适感。有的动车组还有专门的商务包间、VIP 包间，满足了不同层次的旅客需要。动车组设备设施先进，乘坐舒适，使用方便，体现了“以人为本，旅客至上”的服务理念。

第四章

动车组旅客运输服务工作

铁路旅客运输工作的基本任务是有效地运用铁路运输的技术设备和人力资源，安全、准确、迅速、经济、便利地运送旅客，在完成运输生产任务的同时，实现企业的经济效益和社会效益。旅客列车工作主要是为旅客服务和列车员工作质量的管理。

第一节　铁路旅客运输服务工作

一、服务工作的内涵

什么叫服务？服务就是为集体、为他人的利益或需求、困难所做的工作或劳务活动。服务工作是社会分工的一种劳动形式。旅客乘坐火车，为他们提供安全、舒适、便利、饮食、洗用等旅客条件进行的劳务活动就是服务，确保旅客平安、顺利到达目的地。

铁路旅客运输是为旅客提供时间、空间位移需求的服务，服务工作的技术性虽然不高、不复杂，但是也是一门综合性较强的艺术。从铁路客运服务的内容看，它包括旅客、乘务人员的心理活动、法学、语言学、礼仪学、公共关系学、卫生学、管理学、人文地理以及列车车厢设备操作知识和业务技能。这么多的知识和技能要求，如果以简单完成服务工作作业程序去做服务工作，显然是不行的。必须用脑子，用熟悉的知识和娴熟的服务技能，才能做好服务工作。

二、服务的分类

服务在这个过程中的表现形式有以下两种：

1. 有形服务

铁路旅客列车的有形服务如车上办理补票、检票，维护车内秩序，提供开水供应，卫生清扫、广播宣传，食品饭菜供应，列车的起居服务是否卫生、方便、舒适、安全，这些都是旅客能够切身感受到的、实实在在的体验。

2. 精神服务

铁路旅客列车的精神服务表现在乘务人员的仪容仪表、言谈举止，直接给旅客的精神感受(愉快的、不愉快的)。它体现一个人的思想品德、职业道德、工作态度、服务质量和个人修养。

有形服务或精神服务都是人的心理活动的外在表现，会给旅客留下深刻的印象。铁路服务的水平，不仅体现一个服务人员的素质、企业素质，而且反映国民素质，代表一个国家的形象。因此提高铁路员工的素质，特别是心理素质、思想教育素质，是搞好铁路服务工作的关键。

三、服务工作的特点

1. 同步性

服务是有对象的，就铁路而言，没有旅客乘车，就没有客运服务过程和行为。消费和服务是同步产生的。

2. 瞬间性

服务一瞬间的言行举止，决定了旅客的感受、印象、判断。如服务言语、服务态度、面部表情好不好，是否热情周到，座椅的织物衬套、头枕片是否干净卫生，车上茶桌是否干净，厕所有无臭味，旅客在瞬间就会做出判断。

3. 可变性

服务没有一个统一标准，是可变的，根据不同的消费需求，提供不同的服务。

4. 一次性

没有消费就没有服务。服务是无法保存的，是一次性的。如坐火车没有坐上,便不能感受火车上的服务。

服务工作的好坏都是以旅客满不满意为评判尺度。铁路旅客运输工作就是尽最大努力为旅客提供良好的旅行环境、热情周到的服务,使其愉快地到达目的地。

四、动车组列车服务要求

不同的消费需求,会有不同的服务要求。铁路动车组客流市场定位是以商务、公务客流为主,旅客的年龄构成多以中青年为主,旅客的身份以管理人员和技术人员以及旅游旅客为主,他们对服务水平、车厢设备都有较高的要求,即设备先进、高档,卫生条件好,服务一流。如座椅乘坐舒适,干净明亮;高速动车组的软卧、商务包间、VIP 包间配备的设备设施先进、高档,有观光区、餐车、酒吧,满足不同旅客的消费需求,要求服务水平达到宾馆星级水平。由于动车组乘车的时间、效率、舒适度优于其他旅客列车,吸引了更多其他层次的旅客选择乘坐。

由于高速铁路旅客运输面对不同的国家、地区的旅客多,列车员还必须掌握不同种族、文化层次、职业、年龄、地位、风俗习惯的旅客服务需求及心理特点,才能做好服务工作。

虽然对不同座席提供的服务是不一样的,但是都要以旅客满不满意为评判的尺度。

第二节　动车组列车员岗位工作职责

一、岗位职责

(1)保持良好的职业形象,着装整洁,佩戴标志,举止端正,全面服务,重点照顾,以勤为主,话当先,做到“三要、四心、五主动”为旅客服务。

(2)精通本职业务,练好基本功。爱护车厢设备,严格执行交接制度和客运规章要求。发现疑难问题和紧急情况立刻向列车长汇报。

(3)严格执行安全制度和作业过程,熟练使用安全设备。掌握旅客情况,作好安全宣传,及时通报站名,组织好旅客乘降,维护车内秩序,查堵易燃易爆等危险品,确保安全正点。

(4)认真执行车容卫生标准,搞好卫生宣传,经常保持内外整洁、空气新鲜、温度适宜,为旅客创造良好的旅行环境。

(5)严格遵守国家政策、法令,树立良好路风,做到"八不准"。

"八不准"内容包括:

不准侮辱、打骂、刁难旅客和粗暴待客。

不准以车、以票牟私,敲诈勒索,索贿受贿。

不准走私贩运,倒卖商品。

不准私带无票旅客和违章捎带物品。

不准乱涨价、乱收费、乱补乱罚。

不准违章违纪,玩忽职守;不准野蛮装卸,监守自盗。

不准偷拿、私分餐料,优亲厚友,特殊照顾。

(6)作风正派,坚持原则,大公无私,团结协作,廉洁奉公,不徇私情,顾全大局,密切配合。

二、工作职责

(1)在列车长的领导下,完成乘务工作。

(2)负责实施列车服务车内安全工作。

(3)无随车保洁人员时,负责运行中车内卫生清洁。

(4)负责各种服务备品的检查。

(5)协助做好餐饮工作。

(6)负责完成规定的广播任务。

(7)负责实施车内各类紧急情况的处置。

(8)完成规定的作业流程,并达到质量标准。

(9)负责向列车长反馈各种信息。

(10)完成列车长交办的其他工作。

列车工作人员应根据岗位职责、工作职责,按照旅客列车运行图规定的运行时刻,组织好旅客上下列车,不发生责任列车晚点,同时掌握和收集旅客运输的有关资料,为科学、合理地编制列车运行图提供依据。

精通业务,练好基本功是履行岗位职责的基础。列车员必须不断学习,提高文化修养,掌握专业知识和服务技巧,掌握不同旅客的心理特点,做好服务工作，达到企业对职工的要求。

三、动车组列车员工作特点

动车组乘车条件虽然设备先进、乘坐舒适、卫生明亮，但是列车员的工作却十分辛苦，表现在：工作时间长，连续乘务数个车次；服务对象多，旅客可以在车上走动，中途上下，增加了工作难度（飞机上不能随意走动）；身体容易劳累，动车组虽然乘车条件好，但是列车封闭、速度快，易产生振动，容易发生耳鸣，连续乘务长时间对身体有影响，容易产生疲劳感，在工作时间、工作难度、身体劳累程度上，都超过了空姐，所以列车员必须有一个好身体。

第三节 动车组客运服务质量要求

一、服务内容

1. 安全服务

安全是旅客出行首先要考虑的问题，是旅行的第一要素，也是铁路旅客运输的工作重点，是铁路占有运输市场的重要砝码，因此动车组列车安全工作是列车工作重点，列车员必须树立“安全第一，预防为主”的思想，确保列车无责任火灾爆炸事故、人身伤亡事故、食物中毒事故，无行车事故。

(1)组织旅客有序乘降

列车开车前，提示站在车门口的旅客不要靠近车门，以免被车门挤伤；宣传提示上车旅客注意脚下，防止摔伤。列车终到前，提示旅客注意脚下，防止摔伤（包括雨雪天气的重点提示）。

(2)加强安全设备管理

列车运行中注意对列车安全设备的管理，制止搬动、触碰安全设备等不安全行为。严禁任何人在列车正常运行中打开气密室，禁止任何无关人员进入司机室。

(3)确保旅客安全

加强车内行走安全（尤其是小朋友）的宣传和劝阻。对中途需要照顾的重点旅客，随时进行重点帮扶，防止摔伤。提示旅客取送开水时不要倒得过满。查堵危险品。

(4)禁止吸烟

列车各部位均不得吸烟。加强车内巡视，向旅客做好禁止吸烟宣传和提示。

(5)列车超员

列车员应加强车内巡视，发现问题及时报告列车长处理。

2. 语言服务

语言是人们思想交流、信息交流、情感表达的重要工具和手段，更是客运服务工作的重要工具和手段。列车上的语言服务内容很多，良好的服务加上亲切、温馨、文明的语言交谈，会使旅客在车上有如在家之感，产生好的效果。迎接旅客的上车用语、列车广播宣传用语、到站通告、旅客询问解答等语言服务，将体现列车员的文明程度和精神风貌。

3. 饮食服务

列车供应的食品、饮料必须符合卫生要求，不过期、不变质。生熟分开存放、使用。禁止销售存在人身安全隐患、影响列车环境卫生的食品。铁路要求列车上销售的食品和商品，必须由餐饮公司统一采购，以确保安全无害、清洁卫生。

4. 起居卫生服务

起居服务包括座椅织物衬套、头枕片干净，卧具干净适用；盥洗方便，厕所干净、卫生、无臭味，使用方便。服务点备有针线包，并有旅客旅行生活用品销售。

5. 补票服务

动车组列车实行全程席位复用，票额共用。在下列情况下办理补票：

(1)旅客中转列车长同意上车计票的。

(2)座席变更计差价票。

(3)无票。

6. 其他服务

车上其他服务包括：设置医药点（配有常用非处方药品，器械及旅客用药登记簿）、临时救助病人；关注少数民族习惯、残疾人等服务。

二、服务要求

旅客购票上车，就确立了铁路与旅客之间提供运输服务的责任关系，铁路要自始至终将旅客运送到目的地。在这个运输过程中，对动车组服务工作提出如下要求。

1. 主动工作

动车组列车 8 节车辆，乘务人员配备得少，1 名列车长和 2 名列车员，要做很多工作，如正确使用车内设备，维护车内秩序，保障运行安全，协助搞好餐饮供应，保持清洁卫生，做好广播宣传，照顾重点旅客，帮扶残疾人等，工作量大，因此必须主动去做工作。

2. 周到服务

动车组国内乘客多以商务、公务客流为主，年龄构成以中青年为主，他们有一定的文化素养、品位高。动车组车票价格比其他列车高，要求动车组列车提供的设备、服务要比其他列车好，为旅客服务的水平应该是一流的服务水平，高于其他车次列车。这就要求乘务人员的文化、思想、职业道德、敬业精神等综合素质要高，服务观念要强，要有处处为旅客着想，真心、用心为旅客服务的理念，做到热情、温馨、周到服务。

列车员不仅会操作车内设备，营造一个安全、舒适、愉快的旅行环境，还要有随时应对难以预料的突发事件的能力。由于车上什么样的人都有，什么样的事情都可能发生，列车员没有正确的服务观和心理承受能力，要做到让每位旅客都满意是不可能的。

3. 密切配合

铁路旅客运输是需要运输、客运、车辆、公安等部门配合的工作，动车组列车员的服务工作也要在这些部门的支持配合下，才能做好工作。因此列车员必须有顾全大局、遵守纪律、遵守规章，主动认真工作的思想，在列车长的领导下，与司机、机械师、餐服人员、保洁人员、乘警密切配合，通力合作，做好服务工作。

三、客运服务的指导思想

铁路旅客运输是同社会不同层面的人交往的窗口，人们通过这个窗口可以看出铁路企业职工的整体素质、管理水平以及铁路企业的精神风貌和文明程度。外国人通过这个窗口可以看到中华民族的素质。

搞好服务不仅取决于客运职工的素质，更取决于服务的指导思想。铁路客运服务的指导思想就是坚持“人民铁路为人民”的宗旨，面向全体旅客，全程服务，全面服务，重点照顾，提升旅客的满意度。

1. 全体旅客

凡是按规定购买了车票上车的旅客，不论是哪个国家，哪个民族；不论职务高低，不论职业、身份；不论老少，都是旅行消费者，都是客运服务的对象，应一视同仁，一样待客，使其享受铁路应该提供的与票价相应档次的服务，包括车厢内的设施、列车运行速度及服务水准。

2. 全程服务

全程服务就是对旅客从上车到下车的全过程进行的服务。

3. 全面服务

全面服务，是对整个列车来说，旅客在车上吃的、睡的、玩的、洗的、用的等活动都能享受到人性化的服务，以及旅客在车上发生危难情况，如生病、生小孩等特殊情况都能得到积极的救助。

4. 重点照顾

重点照顾，就是对老年人、小孩、病人、孕妇、残疾人、少数民族、首长、外宾等给予重点照顾。做到“三知三有”。

“三知”就是知座席、知到站、知困难；“三有”就是有登记、有服务、有交接。

四、客运服务的总体要求

铁路客运服务就是通过客运服务人员为旅客提供安全、舒适、便利、饮食、洗用等劳务工作，使旅客在旅行途中生活方便，顺利地到达目的地。

客运服务的对象是人，反映服务与被服务的关系，其内涵就是人与人的心理关系，是满意与不满意的评价。铁路客运服务的总体要求是：尊重、主动、热情、周到、诚实、礼貌地服务，做到“三要、四心、五主动”。

尊重，是一种人与人之间的心理反应。旅客至上，尊重为先，从旅客的角度看待和处理问题。

主动，是一种积极的心理活动，是一种有责任感的表现。主动服务是一切服务的核心。表现在主动迎送旅客，主动扶老携幼，主动解决旅客困难，主动介绍旅行常识，主动征求旅客意见。

热情，是一种较高的职业道德表现，是全心全意为旅客服务的思想情感的升华。表现在对本职工作的热爱，积极肯干；对旅客态度和蔼、友好，深切同情，大力帮助。不怠慢、排斥、挑剔旅客。

周到，一是面向全体旅客服务，不论职务高低，衣着打扮，容貌长相，一视同仁；二是对不同类型心理、不同职业、不同年龄的旅客的需求在服务内容、服务项目上想得细致一些，全面一点，进行针对性服务。

诚实，是做人的基本准则，也是职业道德的重要内容之一。诚实就是在工作中实事求是，不弄虚作假，真心实意做好服务，不口是心非，不损人利己，讲究信用。

礼貌，是人与人相处的一种道德行为，表示对人的一种尊重。要求仪容庄重，谈吐文明，态度和蔼，姿态动作文雅。

“三要、四心、五主动”具体为：

“三要”就是对待旅客要文明礼貌；纠正违章态度要和蔼；处理问题要实事求是。

“四心”就是接待旅客热心；解答问题耐心；接受意见虚心；工作认真细心。

“五主动”就是主动迎送旅客；主动扶老携幼；主动解决旅客困难；主动介绍旅行常识；主动征求旅客意见。

主动服务，就是做好站岗、宣传、卫生清扫、行李摆放等必要的服务，满足旅客的一般化服务要求。做好“五主动”。

需求服务，就是按照旅客的需求进行服务，满足旅客的个性需求。这就需要列车员察言观色，注意旅客的行为意向。

重点服务，就是对老人、幼儿、病人、残疾人、孕妇等重点旅客做好重点服务。

通过这些服务，在旅客中营造相互友好，相互体谅，相系尊重的氛围。在服务中，还须注意引导旅客文明乘车，不随地吐痰，不乱扔垃圾，不在车内吸烟，不大声喧哗。

列车员要做到这些要求，同时体现自己的人生价值，必须努力提高个人修养，做一个有理想、有事业心、有责任感、有感情、有道德的人。

有理想，就是对自己的事业要有奋斗目标。

有事业心，就是热爱列车服务工作，并富有创业热情。

有责任感，就是对工作认真负责，勤勤恳恳。

有感情，就是对人满腔热情，有同情心和强烈的服务意识。

有道德，就是坚守岗位，履行职责，有良好的职业道德，诚实、正直，讲究信用。不野蛮待客，不敲诈勒索、倒卖物品、以票牟私。

五、服务工作质量要求

服务质量是客运系统最为重要的工作指标。铁路企业的运输质量是："四通八达、畅通无阻、安全正点、当好先行"。因此客运服务人员的仪容仪态、言谈举止，体现出的思想品德、职业道德、工作态度、服务精神、个人修养等反映了铁路企业的经营理念和管理水平。

客运服务质量要求是：安全、舒适、便利、全面。

1. 安全

(1)无责任行车、火灾、爆炸、行包、旅客伤亡和食物中毒事故。

(2)不发生旅客挤伤、撞伤、烫伤、杀伤情况，财物被盗事件。

(3)安全、消防组织健全，制度落实，有非正常情况下的应急处理方案。

(4)安全设施设备齐全，标志明显，作用良好。茶炉离人加锁。

(5)遇有线路中断等非正常停车，按照上级主管部门等指令，做好宣传、服务工作，确保旅客生命财产安全。

(6)列车员对消防器材、紧急制动阀、手制动机做到知位置、知性能、会使用。

(7)配电室(箱)锁闭，保持清洁干净，严禁放置物品。

(8)行李架物品摆放整齐牢固。

(9)做好禁止携带危险品的宣传及危险品的查堵处理工作。

(10)安全有序地组织旅客乘降。

(11)坚守岗位，加强巡逻，保持良好的治安环境。

2. 舒适

舒适，就是要求列车上的服务环境好、人性化，包括服务设施、备品清洁卫生，摆放整齐美观；卧具消毒合格、平整、洁净、干燥；窗明几净，窗帘挂、放样式一致；车内清洁卫生，厕所、洗脸间干净，无积水；保持车容整洁，卫生做到随脏随扫；无老鼠、蟑螂、虫害；降低作业噪声，保持安静环境。

3. 便利

就是要求列车上食品供应经济实惠，无伪劣、过期、霉烂、变质食品；提供充足的洗漱水和饮用水，卫生洁具使用良好，洗、用方便。

4. 全面

全面，就是列车客运服务人员的服务工作要全面，注意各种类型旅客的心理状态和不同层次的需要，及时周到地为旅客提供方便，千方百计为旅客排忧解难。

设置的医药点、服务点、办公席，标志明显，服务有内容。根据春、夏、秋、冬不同季节，气候的变化，做好防暑降温、通风换气、保温取暖工作。

第五章

列车员心理素质与培养

由于动车组设备先进、自动化程度高，设备基本上是由司机、随车机械师进行操作，因此动车组列车员的服务工作主要反映旅客的旅行心理需求和列车员的服务心理，即心理服务。掌握旅客心理需求，培养良好的心理素质是做好服务工作的关键，特别是应对突发事件时需要表现出的心理素质、智慧和勇气。因此列车员必须正确认识、学习心理学知识，接受这方面的教育不仅是工作需要，同时也是指导自己生活、提高生存技能和事业发展的重要因素。

第一节　心理学一般知识

一、人的一般心理活动过程的认识

人的任何行为，无论是主动行为或被动行为，都是以一定的心理活动为基础的，而心理素质影响着一个人的思想、行为和整体形象，同时也是衡量一个人成熟与否、工作称职与否的一个重要标志。

人的心理是怎样活动的？从心理学讲，人的心理活动包括一般心理（活动）过程和个性心理。

1. 一般心理（活动）过程

一般心理（活动）过程包括认识过程、情感过程和意志过程，即共性心理。

心理活动的认识过程，是人脑对客观现实的属性及其规律的反映过程，包括感觉、知觉、记忆、思维和想象，它是最基本的心理活动过程，是个体心理活动的前提和条件。

心理活动的情感过程，是指在认识的基础上，个体对客观现实是否符合人的需要、愿望、观点而产生的态度体验和行为反应（如满意、喜爱、恐惧、厌恶等），是人们态度形成的基础，是对客观现实的一种特殊反映形式。人生活在社会中，必然要与自然界和社会打交道，会遇到各种各样的对象和现象，会有得失、顺逆、荣辱等情境，有时高兴和喜悦，有时气愤和憎恶，有时感到爱慕和钦佩，有时感到悲伤和忧虑等。

心理活动的意志过程，是指人们下定决心，克服困难，准备去完成的内部心理过程，是人的心理、意识能动性的具体表现，是人特有的心理活动形式。意志过程包括两个方面：一是确定决定，二是执行决定。一个人没有坚强的意志是干不好工作的，难以在事业上取得成功。责任感就是靠意志来支撑的。

在心理活动过程中，认识是基础，情感和意志是认识的体验反映，但是它又能促进和影响认识的升华。一个人在经历认识过程、情感过程之后，一旦产生了热爱这份工作的感情，就会自觉自愿地克服各种困难和阻力，干好工作。

2. 个性心理

个性心理，则是一个人表现出来的具体心理。个性心理包括个性心理特征和个性心理倾向，是心理活动的最重要的组成部分。

个性心理特征是个性结构中较稳定的部分，受生理素质影响较大，一旦形成就基本稳定，对人的行为起着较持续、较特定的影响作用。个性心理特征包括人的气质、性格和能力 3 个方面。

个性心理倾向，是个人在社会生活中逐渐形成的思想意识倾向，决定一个人的心理和行为指向。它主要表现在心理活动的选择性，对事物的不同态度体验及各种行为模式上，是个性结构中最活跃的部分。它包括需要、动机、兴趣、态度、信念、价值观和理想等，这些因素相互联系、相互制约，构成一个推动人的行为的动机系统。个性倾向性是在后天的社会实践中形成的，变化较大，受生理素质影响较少。

由于人的心理活动变化无常，是多种多样的，因此每个人个性心理是不同的，是与众人有区别的。那么，个性心理在人的一生中有多大的作用？现实生活证实，一个人的事业成败，虽然有许多主观因素和客观因素，但是从个人来说，不仅同自己的知识、能力、体力有关，而且同自己个性的成熟与否、健康与否有着直接关系。这是因为个性心理决定着人的思维，决定人的行为和生活方式，影响着人的意志、情绪、理智、身体，从而影响人的品德、智慧、能力、行为和人际交往。更进一步说，个性心理影响一个人的才气的形成，人气的凝聚，运气的把握，意志的坚定，身体的健康，决定着事业的成功以及家庭的幸福。

二、个性心理特征的表现

（一）人的气质

气质是指一个人的心理活动的动力特征，即心理过程的速度、稳定性和强度以及心理活动的指向性。气质特征是受神经系统的特点制约的，具有一定的先天性。人们常说："江山易改，禀性难移"，这个"禀性"就是指气质，而且具有相当的稳定性。

气质是人的高级神经活动类型的心理表现，是在人的生理素质的基础上，通过生活实践，在后天条件影响下形成的，并受人的世界观和性格等的控制，使人的个性带有一定的色彩。例如，有某种气质类型的人，常常在内容很不相同的活动中都能显示出同样性质的动力特征。如一个沉着稳重而又具备内向气质的人，参加庆祝活动，能乐而自恃；参加追悼会，能哀而有节，不至于失态。一个急性子的人，不仅走路、干活时性急，而且在说话和与人交往中也会表现出性急的特点，若与慢性子的人在一起，会表现出不耐烦的情绪。这说明一个人的气质特点不以活动的内容为转移。

1. 气质分类及特点

根据心理学家的论述，气质大致有 4 种类型，其特点介绍如下：

（1）胆汁质型（兴奋型）

其特点是：精力旺盛，工作主动性强；热情直爽，容易和周围的人发生联系，说话直来直去，一针见血；思维敏捷，对外界刺激反应迅速，行动快，办事果断，效率较高，但准确性差；情感和言语、动作变化快，喜怒形之于色，难于控制，行为鲁莽冒失；情绪变化剧烈，火气旺盛，脾气暴躁、性急，自制力差，容易得罪人；缺乏耐心，激动的心情不能持久，带有周期性；粗枝大叶，办事不容易深入、细致。这种气质的人具有明显的外倾性格。在为旅客服务中，需要注意控制自己的情绪，遇到不顺心的事要克制自己，不能随便发火或者带上情绪。

(2)多血质型(活泼型)

其特点是：活泼好动、朝气蓬勃；思维活跃，对外界刺激反应迅速、灵敏，能很快把握新事物，适应变化了的环境快，应变能力强；性情温和、乐观、待人热情，善于交际；但情绪、兴趣易发生转移和变换，不愿意做耐心、细致的工作，工作持续性差，易见异思迁，对问题和决策缺乏深思熟虑，比较轻率，遭到挫折，就会厌倦、消极。这种气质的人具有热情外倾性格。在为旅客服务中，需要严谨、踏实、细致的工作作风，需提高注意力，克服马马虎虎的作风。

(3)黏液质型(安静型)

其特点是：沉着稳重、冷静、交际适度；言行举止稳重，说话慢条斯理，不易激动，不易发脾气，喜怒哀乐不外露，善于忍耐及自制；能从事比较艰苦、细微的工作，埋头苦干，不空谈。但灵活性差，对外界刺激反应缓慢，适应变化了的环境时间较长，比较保守，有惰性。这种气质的人具有明显的内倾性格。在为旅客服务中，需注意锻炼和提高意志的果断性和应变能力。

(4)抑郁质型(抑郁型)

其特点是：敏感多疑，多愁善感，内心常思潮滚滚；对外界刺激反应慢、不灵活，但观察力敏锐，善于观察别人觉察不到的细节；预见性强，布置工作细致；行为孤僻，不善于交际，常表现出一副与世不争、落落寡合的样子；感情脆弱，不适应大起大落；优柔寡断，多忧多虑，缺乏自信心，常有孤独、胆怯的表现，行动迟缓，在风险紧急关头不能当机立断；但外表温柔，能与别人很好相处，富于同情心，能接受别人的委托，愿意帮助别人。这种气质的人具有严重内向性格。在为旅客服务中，需要注意克服疲劳，在紧急关头不要惊慌失措和恐惧，壮大自己的胆量，增强克服困难的勇气。

在现实生活中，纯粹属于某一种气质类型的人比较少，多数人都是介于各种类型之间的中间类型或混合型。但是气质只有与能力、兴趣、特别是性格综合起来，才能发挥作用，才能体现一个人的人格、自尊、素质、品德的综合修养，并具有深刻的吸引力和感染力。美丽可以打动人，而气质则可以征服人，具有比美丽更深刻、更久远的魅力。例如，女性文静的温柔之美；男性刚毅的阳刚之美；为人宽厚，心地善良，诚恳淳朴的气质；自强不息，不畏艰难，刚毅坚定的气质；谦虚谨慎，成熟稳健，向上进取的气质，等等。在日常生活中，人们谈论这个人有“气质”，如形象气质佳，是给人一种外表感觉(如精神状态、面部、肢体等)，与心理学讲的气质不是一个概念。

2. 气质在实践活动中的表现

气质对人的实践活动有一定的影响，通过人与人之间相互交往的过程中显示出来其特点。

(1)气质具有极大的稳定性

气质早在儿童参与各种活动中就表现出来，发生的变化是十分缓慢的。当一个人的思想相当成熟时，无论从事什么工作，在什么地方，在什么时候，对人、对事，都能保持自己独立的个性。一般来说，文化程度越高，社会经验丰富，地位与责任越重要，则可以改变或调节自己气质的消极方面。

(2)气质类型无好坏之分

每一种气质都有积极一面和消极一面。如胆汁质的人，有可能形成热情开朗、忠诚耿直、坚强果断、英勇刚毅、敢想敢干、行动迅速、埋头苦干、不怕牺牲、有进取心等优良品质，也有可能形成暴躁易怒、感情用事、鲁莽任性、易冲动、粗枝大叶等不良品质。多血质的人，有可能形成聪明伶俐、灵活机敏、善于交际、有同情心、兴趣广泛等优良品质，也有可能形成轻浮狡诈、情绪多变、见异思迁等不良品质。黏液质的人，有可能形成稳重、坚毅、耐心和埋头苦干等优良品质，也有可能形成冷漠、萎靡不振、保守、对新事物不敏感等不良品质。抑郁质的人，有可能形成观察敏锐、工作细心、富于想象、遵守纪律等优良品质，也有可能形成孤僻怯懦、缺乏自信心等不良品质。

从某种意义上讲，气质可以看做是个性的基础，是先天造成的，虽然具有稳定性，但是不是一成不变的，可以针对它的消极方面通过自我教育和培养加以克服，不断完善，形成具有鲜明个性的气质。

(3)气质影响人的活动方式

气质可以决定一个人干什么工作容易胜任，干什么工作难以适应，如多血质的人做动作迅速、反应灵活的工作比较适合，黏液质的人做持久、细致的工作比较合适。

气质不能决定取得成就的高低。任何一种气质都有可能取得大的社会价值和成就，或者一事无成。

(4)气质影响人的情感行为

这是因为气质对形成和改造人的某种情感和行为特点或个性特征等具有很大的影响，例如批评或表扬，对不同气质类型的人会产生不同的效果。

我们认识自己或别人的气质特点，并会掌握和控制，对自己的生活和工作有着积极的指导意义。如与不同类型气质的人相处，就会注意避开其消极的一面。如对胆汁质的人，不可轻易激怒他，可以采取有说服力的方式直接进行，不必拐弯抹角。对多血质的人，不宜直接批评，用暗示性的言语，让其自我觉察。对黏液质的人，要有耐心，对其缺点、错误用商讨式的方法进行。对抑郁质的人，不宜在公开场合指责，批评不要过于严厉，批评与赞扬结合起来。

从某种意义上来说，气质可以看做是个性的基础。良好的个性必然有良好的气质。学习研究人的气质的目的在于扬长避短，完善自己，形成具有鲜明个性的优雅的气质，避免不良品质发展，从而提高自己的学习和工作效率，在为旅客服务中，不论遇到什么困难、挫折、委屈、误解或高兴、开心的事情时都能控制自己的情绪，保持沉着、镇静的心态，照样做好服务工作，这一点是十分重要的。

(二)人的性格

性格是个性心理特征之一，是个性的核心，是一个人最鲜明、最重要的区别于他人的个性心理特征，是个性的重要标志。

人的性格，是指一个人对现实的稳定的态度和与之相适应的习惯了的行为的表现。它与人的心理活动的各个方面都有密切的联系，可调节和改造一个人的气质、能力的发展，影响领导方式和人际沟通和交往。性格虽然有天赋的一面，但是在认识和改造世界的活动中是可以改变的，逐步形成自己的态度体系和习惯了的行为方式，贯穿在人的整个生活中。人的性格受一定的思想、意志、信念、世界观和环境的影响和制约，直接影响人的品德的形成。

1. 性格差异的表现

人的性格特征是十分复杂的，其差异表现在以下 4 个方面：

(1)对现实态度的性格特征

表现在处理各种社会关系方面：对待他人、集体、社会所持的态度，如关心、善良、同情、热爱、冷漠、反对等；对待劳动、学习和工作所持的态度，如勤劳、懒惰、细心负责、粗枝大叶、开拓创新、墨守成规、马马虎虎等；对自己的态度，如谦虚、骄傲、自尊、自信、诚实、虚伪、放任、不卑不亢、自惭形秽等。

(2)性格的意志特征

表现在人对自己行为的自觉调节方式和水平方面的个人特征，如行为目标受约束的意志特征：独立性、目的性、组织性、冲动性、纪律性、盲目性、散漫性等；行为自觉控制的意志特征：自觉性、自制性等；在紧急或困难情况下的意志特征：果断性、坚定性。列车服务工作繁重而复杂，随时会遇到人际冲突或紧急情况，时间紧迫，需要果断决定，镇定迅速做出应对的措施，不犹豫不决。

(3)性格的情绪特征

表现在人对情绪的控制强弱程度、稳定程度、快慢速度、持久性和主导心境的性质。

强弱程度，是人受情绪的感染和支配的程度，以及情绪受意志控制的程度。

稳定程度，是指情绪的起伏和波动的程度。

快慢速度，是指情绪产生的速度。

持久性，是指情绪保持时间的长短。

主导心境，是指不同的主导心境在一个人身上表现出的稳定程度。

(4)性格的理智特征

表现在人的认识中,在感知方面是被动知觉或主动观察,详细罗列或概括扼要,粗略或精细;在记忆方面是直观形象或抽象;在想象方面,有现实感或脱离实际,内容广阔或狭窄;在思维方面,思考深刻或肤浅,稳定或不稳定,独立思考或回避问题等的个体差异。

2. 性格的体现

一个人的性格,可以从他的处事原则、对事态度和活动方式这3个方面看出。

处事原则,是一个人的人生观、价值观的体现,是性格的核心。

对事态度,是一个人对待自己与客观现实的态度体系,是性格的实体。

活动方式,是性格的表现特征。

这3个方面互相影响,相互联系,形成一个人所具有的人格化的综合心理特点。

3. 性格的分类

由于性格的个体差异,性格分类的划分方法有很多,有按心理机能、倾向性、竞争性、独立性分。在日常生活中,一般习惯采用以下两种分类方法:

按倾向性分:外倾型,开朗、活泼、善交际;内倾型,反映缓慢,适应环境困难,但沉着、多思。

按独立性分:独立型,自主性强,善于独立地发现与解决问题,也喜欢把自己的意志强加于人;顺从型,主见性差,在紧急情况下会无所适从,需要给予暗示。

无论性格类型如何划分,一个人的性格纯属一种类型的很少,多数人是以一种性格类型为主要特征,兼有其他性格类型的某些特征。人们往往以人的某一突出表现,来称谓性格类型,如性格活泼、性格刚毅、性格孤僻、性格随和等。但是每一种性格都有许多优点和缺点。例如,性格刚毅的人,优点敢于惩恶,缺点是攻击性太强;性格宽厚的人,优点是宽容大度、缺点是优柔寡断;性格豪爽的人,优点是义气肝胆,缺点是不计后果;性格精明的人,优点是谨慎谦虚,缺点是疑心太重等。

每个人的性格是由自身的各种元素按照独特的排列组合方式构成

的，不管有多么复杂，都会表现出相反的两极特性：如善与恶，真与假，美与丑，悲与喜，刚与柔，勤与懒，等等。

影响性格形成的因素很多，如生理因素：遗传、体格、体型、性别。环境因素：家庭、学校、职业、社会文化等。列车员如果注意自己在思维、记忆、情感、能力、意志和自我意识方面进行性格修养，就会具有评判性格优劣的能力和自我约束、自我改进的能力，树立正确的服务观念，提高服务水平，为自己和企业塑造良好的形象。

4. 性格与气质的关系

性格与气质既有区别，又有联系，相互制约。多数学者认为“性格”是属于意志方面的特征，而“气质”则属于感情方面的特征，是内心情绪向外流露的表现状况。它们的区别是：气质的生理机制是神经系统的特性及由此组成的活动类型，受神经系统的先天性影响多一些，比较稳定，变化较难、较慢；而性格的生理机制主要是动力型的，它是后天形成的，比气质变化容易些、快些。它们相互联系和制约表现在：性格的基点是气质，是以气质为基础并以气质所应有的特征形成的各种各样的性格。相同气质的人可以有互不相同的性格特征，而不同气质类型的人即使形成同一类型性格特征，也会保留有各自的气质色彩。例如，不同气质的人，同样可以形成“勤劳”这种性格，但具体表现的形态就不一样。又如“自制力”，这是表现意志的性格，有的人表现很容易、很自然，有的人则需要经过很大的努力，才能克制自我。

由于性格和气质是个性中非常相似的心理现象，又互相牵制、互相补充、互相影响，从表面上区分它们是不可能的。那么，如何判断一个人是什么性格、什么气质呢？从它们的表现上看，性格表现在：喜怒哀乐、思考能力、判断力、创造力、爱管闲事、漠不关心、随和、优越感、自卑感、自信、轻率、细致、粗心、急躁、敏感、迟钝、神经质、忍耐力、见异思迁等精神活动方面。气质表现在：老实、粗暴、活泼、有精力、好奇心、脾气大、胆小、胆大、痛快、沮丧、开朗、不稳重、麻利、文静等精神活动方面。但是各种性格都有非同寻常的价值，都能制约着气质、能力和需要、动机、兴趣等个性倾向性的表现，具有非同寻常的价值，它会影响一个人的一生，决定一个人的命运和前程，决定一个人家庭和睦、幸福、美满程度。可以说，气质性格方面的特征是反映一个人基本的精神面貌，即表现个性的痕迹；一般在情感、意志、性格等品质方面表现比较突出。

(三)人的能力

何谓能力？能力是指一个人顺利地完成某种活动有关的心理特征。是个性心理特征之一。能力与气质、性格有着密切的关系，影响着能力的发展和发挥。

能力又与知识、技能的关系十分密切，它们相互联系、相互制约。掌握知识、技能以一定的能力为前提，能力制约掌握知识、技能的快慢、深浅和巩固程度；而知识的掌握又会促进能力的提高。能力是通过对知识的掌握形成和发展的，没有知识就无能力的发展。反之，能力的发展也有助于知识的掌握。但是有知识不等于有能力，不能以知识的多少来衡量一个人能力的高低。一个人能力强的人，知识往往也比较丰富，但知识比较丰富的人，能力则不一定强。在现实生活中，常有知识面广、信息多，却做不好工作的人，因此不能用对知识的评定来代替对能力的鉴定。

人们常说的天赋，笔者认为是指人的记忆力、理解力、表达力方面比别人强。这 3 个能力在儿童时期就能表现出来。记忆力强，如看一部电影，他能比较迅速完整地讲述这部电影中的人物、内容情节、过程，其他人看过就讲述不了。一个人记忆力好，说明脑子记住、存留的东西多，做出的反应就快。理解力强，说明对观察或听说的事能够很快就明白个究，并且透彻、深刻。表达力强，是指能够清楚、有条理地讲述或演示出来。当家长抓子女教育，应在儿童时期就开始重点培养和提高这 3 个能力。

记忆力、理解力、表达力是后天的认识能力、学习能力、观察能力、判断能力、组织能力、协调能力、想象力、创造力等形成和发展的基础。记忆力、理解力、表达力又能在后天的经历、实践锻炼和培养中得到强化和提高，从而构成人与人之间的能力差异，其表现在能力类型、能力水平、能力表现早晚的差异。

1. 能力类型的差异

能力类型的差异表现在人的知觉、记忆、言语和思维等方面的差异；表现在完成同一种活动时，不同的人可能采取不同的途径或者由能力的不同结合来完成。能力类型的差异只是说明每个人的能力特点。如列车员需要良好的视觉记忆;检车人员需要良好的听觉记忆;广播员需要良好的口语表达能力。

2. 能力水平的差异

能力水平的差异是指一个人能力发展达到的程度。各种能力都有发展水平的不同,如能力一般,或称“天才”、“怪才”等。一个人在某个方面有杰出的才能称为天才。

3. 能力表现早晚的差异

一般人的能力突出表现在中年。中年人年富力强,精力充沛,既有丰富的知识和经验,又有较强的抽象思维,思想敏锐,较少保守,勇于创新,开拓进取。有些人在少年就表现出来优异能力,有些人到中老年才表现出来。这里需要强调的是,一个人的能力发展同人的气质、性格、兴趣有关,能力在人感兴趣的活动中会发展得更好;能力的发展水平会受人的性格特征的影响,良好的性格特征又会促进能力发展或补偿某些方面能力的弱点;不良的性格特征,不仅会使能力的发展水平受到阻碍,而且会影响人际的沟通与交往,更会影响个人事业的发展。可以说,个性对能力的影响是非常重要和明显的,为此,一个人应该了解自己的能力构成及能力优势在哪里,在学习、工作生活中善于发展自己的长处,弥补自己的短处,才能使自己的整体能力不断增强,发挥更好。

三、个性心理倾向

个性心理倾向包括人的需要、动机、兴趣、爱好、情绪、世界观、信念、理想等内容。

1. 需要

需要是人的思想与活动的基本动力,它以一定方式影响人的情绪体验、思维和意志,使人由于需要的满足或不满足产生肯定的情绪(愉快、欢乐、兴奋等)或产生否定的情绪(痛苦、紧张等)。人的需要是各种各样的,不是一成不变的,是随着社会的发展和个人条件的变化而变化的。美国心理学家马斯洛把人类的需要划分为 5 个层次:生理需要、安全需要、社会需要、尊重需要、自我实现需要。这 5 个需要在相当程度上可以经过特定群体(班组)的生产或工作来满足,使其具有强烈而持久的工作能力。

2. 动机

动机是推动并维持一个人从事某种活动的心理倾向或心理因素，是促使人为满足自己的某种需要去从事一种活动的内在原因或直接动力。需要决定动机，动机支配行动，行动产生结果。动机可以决定一个人的行为的努力程度和效率。动机具有内隐性、过渡性、斗争性的特点。

3. 兴趣

兴趣是指一个人积极探究某种事物的认识倾向。事业心强与不强在很大程度上取决于对事业的兴趣大小。有了兴趣就有热情，就有动力。如果达到“迷”的程度，就会不计得失，心甘情愿，忍受劳苦，克服困难完成任务或实现目标。如果对所做的工作没有兴趣，是可以在工作中培养、发展的。干一行，钻一行，钻出名堂就会有兴趣，当自己能力提高或有成就感时，体现了自我价值，则兴趣更浓。兴趣对一个人的能力的形成和提高以及取得成就有着积极的推动作用。

4. 爱好

爱好是指一个人对某一事情、活动和经验持肯定态度并发生积极行为的心理活动。简单地说，就是做自己喜欢做的事。

兴趣爱好的程度，往往影响或决定着个人能力的发展方向和成功程度。

5. 情绪

情绪是人对反应内容的一种特殊的态度，它具有独特的主观体验和外部表现，并且总是伴随有植物性神经系统的生理反应。情绪分 3 种：心境、激情和应激。

心境，指心情，如心情愉快、舒畅或心情烦闷、抑郁，是一种微弱、平静而持续时间较长的情绪状态。培养良好的心境、克服消极的心境，与人的意志、性格的锻炼有着密切的关联，是分不开的。

激情，是指一种强烈的、爆发性的而时间比较短暂的情感，如狂喜、暴怒、痛苦等。人可以以坚强的意志品质克制自己，控制激情的爆发或减弱，或者转移注意力避开爆发。

应激，是指出乎意料的紧迫情况所引起的急速而高度紧张的情绪状态，这种反应有时表现在对自身机体的保护。适度的应激反应能使人精力旺盛、思维清晰，是健康生活的必要条件，自然也是安全的条件。但是强烈、持久的应激状态，会击溃机体的生物化学保护机制，使人的活力和抵抗力下降，容易受疾病侵袭，安全自然有了隐患。人保持适度的应激状态，需要熟练的知识、技能以及丰富的经验积累；需要迅速判断和决策的能力及果断、坚强的意志力，这些需要在实践锻炼中逐步养成。

在客运服务过程中，列车员面对众多旅客，经常会有突发事件、令人不悦的情况发生，此时列车员必须保持平和的心境，有耐心，调整和控制好情绪，保持为旅客服务的热情，以镇静、果断、有效的方式迅速处理。

6. 世界观

世界观是关于自然、社会以及人类思维的观点体系，也就是一个人对整个世界总的看法和态度。世界观是一个人的个性意识倾向的集中表现，它调节和支配人的重要行为。如果某种思想观念一旦形成，就会成为一个人分析、论证、评价客观事物的主观框架或思维定式。

7. 信念

信念是指一个人坚信某种认识的正确性，并经常用来支配自己的行为的个性倾向。也就是说，信念就是一个人对某种思想、某项事业确信的看法，是心理活动起主导作用的东西，成为人的精神支柱，人有了精神支柱，就会有行动的内驱动力。

8. 理想

理想是指人生奋斗的目标。如成为一个优秀的列车员、星级列车员或劳动模范。有了理想，就有奋斗方向。

如果一个人的需要、动机、兴趣、爱好能够有机结合，支配自己行动，会逐渐形成理想、价值观，确立奋斗目标。

第二节　心理品质培养

一个人的心理素质是指先天特有的情感情绪、兴趣爱好、气质性格等方面的内容和后天形成的信心、信念、意志、毅力、宽容心等方面的内容。列车员接受心理学知识的学习，就是要从情感、意志和自我意识方面进行修养，使自己的情感更加丰富而深刻，意志更具有果断性和批评性，理智更加明晰，行为更具有目的性、计划性；使自己的心理活动更加符合搞好服务工作的需要和要求，面对各种复杂变化的突发情况，能及时调整自己的心态和承受能力，冷静沉着应对。

一、情感品质

人非草木，孰能无情。人的任何一项活动都是有一定的情感体验的。情感是对外界刺激肯定或否定的心理反应，如喜欢、愤怒、悲伤、恐惧、爱慕、厌恶等，会对行动产生一定的影响力。情感具有较大的稳定性、深刻性和持久性，是个性结构或道德品质中的重要成分之一。

1. 具有真心为旅客服务的情感倾向

情感倾向是指人的情感指向什么及为什么引起。列车员有热爱本职工作，维护国家、人民利益，真心为旅客服务，勤恳为旅客服务，为旅客排忧解难的情感倾向，就有责任感和荣誉感，就有驱使自己刻苦钻研技术业务，提高服务水平的内在动力。在任何时候、任何情感下都能保持冷静、镇定、愉悦的情绪和高度的理智，兢兢业业做好服务工作。善于体察自己的情感变化，以理智控制和调节自己的情感，保持良好的心态和愉悦的心境，对表扬不忘乎所以，对批评有极好的承受力，并迅速改正。对危害国家和旅客利益的不法行为敢于与之斗争。这种情感倾向是做一个优秀列车员的必备条件之一。

2. 具有深厚、稳定、持久的情感

情感在人的心理活动和行为表现中的反映程度有深有浅，有的稳定持久，有的反复多变。情绪的稳定程度和变化状态，会直接影响一个人的工作状态，这同一个人的理想、信念、志趣有着密切的联系。人有了理想，就会产生动力，才会对自己的工作和工作对象产生深厚、稳定、持久的情感，并将之转化到行为中去。列车员应规划自己的奋斗目标，如争做优秀列车员或列车长，从而产生对列车服务工作深厚、稳定、持久的情感，有了这种情感，就会主动工作，积极向上，开拓创新，探索尽量满足旅客服务需求、解决他们实际困难的方法，真心实意地做好服务工作。

3. 发挥情感效能作用

情感效能是指情感在人的实际行动中发生作用的程度。情感在服务者与被服务者之间会产生一定的影响，如积极、愉快、冷静的情感表达可以使旅客的心情感到高兴、愉悦；反之，消极、冷漠、惊慌的情感会使旅客不高兴、不满意。由此可见，情感具有增力和减力的作用。列车员应该多发挥情感效能的积极作用，促进人际的沟通与交往，使旅客的心情感到高兴、愉悦，产生积极的影响力。

情感与情绪都是客观事物引起的某种心理感受的表现，一般是因人的需要满足与否而引起的。情绪与情感是不可分的，有联系也有区别。情绪是情感的表现形式，具有明显的冲动性和外部表现，一旦产生，往往难以控制。情感常以内心体验的形式存在，比较内隐，具有较大的稳定性、深刻性和持久性，如深沉的爱、殷切的期望、痛苦的思虑等。稳定的情感又是在情绪的基础上形成的，在情绪发生的过程中，常常深含着情感。

二、意志品质

意志，是为了达到既定的目的而自觉地努力的心理状态。往往是通过人的语言和行动表现出来，是人的意识能动作用的表现。人的世界观对意志的形成和发展有一定的影响。意志是人在社会实践中形成和发展的，为客观规律性所制约。个体所形成的意志特点，称为意志品质。意志品质主要表现在行动中的自觉性、果断性、坚定性、自制性，这些可以在企业制度约束和自我修养的共同作用下逐步形成。

1. 意志的自觉性

意志的自觉性是指一个人有明确的行动目标，并能深刻认识到行动的价值，使自己的行动服从社会的或企业的目的及其要求。列车员应把服务工作看作是一种有社会意义的劳动，并积极努力去实现让旅客满意的目的，即使遇到困难和挫折，也不会动摇，依然做好为旅客服务的工作，这就是意志的自觉性表现。此外，顾全大局，执行决议，遵守纪律，服从命令，听从指挥，令行禁止，按标准化作业，有责任心，保持良好的职业道德和精神状态等都是意志的自觉性的表现。

2. 意志的果断性

意志的果断性是指一个人能迅速作出决策，毫不犹豫采取行动。列车服务工作随时都会遇到预想不到的事情，如突发事件、人际冲突，面对这些情况，列车乘务人员要有不怕担风险，果断处理的意识。当情况有了变化或者发现自己工作有失误时，如果犹豫不决，顾虑重重，不果断处理，就有可能酿成大祸。果断性是客运服务工作提高效率不可缺少的工作作风。意志的果断性必须建立在周密思考，明辨是非，迅速认识事物本质，有解决问题途径、时机的思想认识上，方可果断行动。但是要达到这些认识，必须对本职工作相当熟悉，并有一定的经验。

与果断性相反的意志品质是优柔寡断，优柔寡断者主要是对事物缺乏明辨能力，缺乏主见和勇气，迟迟做不出决定，三心二意，不能干净利索地处理事态。列车上突发事件、人际冲突时常发生，怕担风险和怕麻烦，优柔寡断，往往会造成严重后果和不良影响。

3. 意志的坚定性

意志的坚定性是指一个人克服工作中存在的各种困难和阻力而保持充沛的精力和顽强的毅力，以达到预定的工作目标的表现。意志的坚定性是取得事业成就的重要条件。表现在：对预定的工作目标充满信心，坚持不懈，锲而不舍；在与困难作斗争中不灰心丧气，不放松对自己的要求；善于抵制不符合行动目的的主观诱因的干扰，面临千纷百扰，不为之所动；在严峻的考验面前，显示出大无畏的气概。

坚定性与顽固性、动摇性有着本质的区别。顽固性主要表现在：不善于客观地分析外界情况，不理智地评价自己的思想行为，对自己行为的不合理、不恰当缺乏认识，仍执迷不悟，一意孤行，不肯改变。动摇性是遇到困难，不加分析就放弃或改变预定目标的追求。

顽固性、动摇性属于消极的意志品质，不利于做好服务工作。

4. 意志的自制力

意志的自制力是指一个人善于控制和支配自己的情绪和行动。也就是说，既能克制自己的情绪和行动的冲动，具有忍耐力，又能排除干扰，执行既定的决定。有自制力的人，情绪稳定，纪律性强，能在紧急关头、困难时刻、重大事变和危险面前，控制自己的情绪，沉着应对，处变不惊；听到尖刻的批评，能把握自己的情感，择其善而听之；在物质利益和荣誉面前能控制自己的欲望，保持清醒的头脑。同时也能对自己的不良习惯进行很好地控制。

列车员能用职业道德和职业纪律约束自己，是相当重要的。当旅客发生误解而与自己产生矛盾时，能克制自己的情绪，不被激怒，保持冷静，不出现不当的举动，心平气和地进行说理，不把矛盾扩大，这样会受到旅客、领导的尊重和信赖，维护了铁路的声誉。

三、性格品质

性格与人的心理活动的各个方面都有着密切的联系，包括对社会、对他人、对自己、对事物等各方面的态度和行为。它与人的品德的形成有着直接的关系，它可以调节和改造一个人的气质、能力的发展，影响人际沟通与交往，决定一个人的事业成败和家庭是否和睦。每个人都应该重视自己的性格品质的培养。

良好的性格品质表现在：宽容大度、谦虚谨慎、正直诚实、自尊自信。

1. 宽容大度

所谓宽容大度，是指心胸宽大、有气量，不过分计较和追究。它主要表现在：顾全大局，在非原则性问题上能忍让，不计前嫌；对不同意见，持接纳态度，然后区别对待，择其善而听之，其不善者规劝之，善于同意见不一致的人一道共事；对人不求全责备，允许别人有与自己不同的性格爱好和要求，不要求别人和自己一样；不吹毛求疵，并注意欣赏别人的特点；善于用心理换位来看待人和事。

2. 谦虚谨慎

谦虚，就是虚心，不自满；谨慎，就是严格要求自己。它主要表现在：有自知之明，在成绩面前不居功自傲；在缺点、错误面前不文过饰非；对人有礼貌，平易近人，尊重别人。

3. 正直诚实

正直诚实是做人、取信于人的基本要求。正直，就是公正，坦率；诚实，就是忠诚老实，实事求是。它主要表现在：不隐瞒自己的观点；做事、处理问题光明正大；不弄虚作假，报喜不报忧。

4. 自尊自信

自尊，就是尊重自己，不向别人卑躬屈节，也不容别人歧视、侮辱；有自主意识和独立人格，对自己的思想行为负责。自信，就是相信自己的力量，对自己所从事的工作充满信心，有坚韧不拔的意志力，不为一时一事的困难、挫折所动摇、干扰，深信自己能够完成或胜任。

列车员有了以上性格品质，有助于建立平和的心理气氛，使旅客感到有亲切感、安全感，理解旅客心理需求，做好服务工作；有助于在同事中建立威信，相互配合，团结合作，虚心接受他人批评，不断改进工作方法；有助于尊重同事，密切关系，互相关心，以诚相待，表里如一，有正义感；有助于对自己的行为负责，并以十分自信的态度从事工作，并充满信心。

列车员懂得了情感品质、意志品质、性格品质是一个人的能力的形成和发挥以及对外界事物的敏锐性和承受能力的心理基础，便会明白一些道理，有意注意自己的行为，不会一味地按照自己的想法去做。在分析旅客旅行的心理时，会理解他们的情感，把握他们的需求，确定切合实际的服务方式，做到文明服务，礼貌待人，并能沉着、冷静应对各种突发事件。列车员具备这些心理素质，就能树立正确的服务观，真心、用心为旅客服务，提高为旅客服务的主动性，增强为旅客服务的针对性，注意为旅客服务的周到性。同时促使自己成熟、成长，处理好人际关系，更好地适应企业和社会的要求。

第三节 良好个性的培养

人的个性是支配人的行为最本质、最核心的因素，且发挥的作用是持久的。个性决定人的思维，决定一个人的生活方式，影响一个人的人生前途、家庭幸福。良好的个性是走向成熟、提高职业竞争力、实现自我价值的重要砝码。成功的命运是从改变和完善自己的个性开始的。

一、个性的含义及特点

1. 对个性的认识

个性，是指个体带有倾向性的、本质的、比较稳定的心理特征的总和。具体地讲，个性是指在个人生理素质的基础上，在一定的社会生活条件的影响下，在个人与他人相互交往的实践活动中所形成的稳定的心理倾向与心理特征的独特而统一的结构。

个性,是人的气质和性格的心理面貌的反映,是支配人的行为的最本质、最核心的因素,是把个人从众人中区别开来的综合素质,表现一个具体人的具体心理。

个性的形成受人的生物特征即遗传基因的制约,又受社会生活条件的制约,是一个复杂、漫长的社会实践过程,而且还受诸多因素的影响。所以说,个性是周围社会环境和社会实践的产物,而且随着各种环境和社会实践的改变而改变。也就是说,个性是一个人生活、自我教育和不断修炼的产物。一个人应多了解一下自己的性格、欲望、生活目标,有什么优点和缺点,有什么专长或技能,自己是怎样的一个人?并精心制定自己追求的目标,为之努力奋斗,才能掌握住自己的命运。

2. 个性的特点

由于个性是人的气质和性格的综合心理,其特点表现在以下 5 个方面:

(1)独特性

由于每个人的遗传因素不同,社会实践和经历不同,因此形成的个性也是千差万别的,这些差别表现出个性的独特性。也就是每个人都有与别人不同的性格、气质和能力。即使同卵双生子,他们在遗传方面可能是完全相同的,但个性也会有所差异。

(2)整体性

人没有心理活动过程,就没有个性心理的形成;已经形成的个性心理又制约着心理活动过程,同时又在心理活动过程中表现出来,这是人完整的心理面貌的两个不同表现。个性的整体性,就是反映一个人兴趣、爱好、气质、性格以及能力方面的所有特点,只有在个性整体中才有其确定的意义。个性就是一个统一的整体结构,是人的整个心理面貌。

(3)稳定性

个性的稳定性是指一个人在一定的时间里经常表现出来的保持相对不变的、比较稳定的特点。不论何时、何地、于何种情景下,总是以他惯用的态度和行为行事。一个人的个性一旦形成,就相当稳定,不易轻易改变。个性是有条件地、暂时地存在的,所以稳定是相对的。当社会环境和个人的发展以及人与人之间关系发生改变，都会影响一个人的个性发生改变。特别是年轻人的个性是比较容易改变的。

（4）倾向性

一个人有什么样的理想、信念和价值观，喜欢什么，追求什么，则表现出个性的倾向性。需要是个性的核心，在人的个性倾向性系统中起关键作用。

（5）社会性

人不仅具有自然属性，同时也具有社会属性。一个人如果离开了社会，正常心理发育将无法完成，更谈不上个性的发展，生活也显得无意义。

二、个性的作用

人的个性主要反映在思想品格和生理性格两个方面。思想品格主要是指一个人的意志、意识（需要、动机）、觉悟；生理性格则是人的心理活动和言行规律的反映，它有一定的先天性。

个性决定人的思维，影响人的意志，影响人的情绪，影响人的理智，影响人的身体，从而影响人的品德、智慧、能力、行为和人际交往，影响着一个人的生活，因此对一个人的生存和前途异常重要，决定一个人的命运。在现实生活中，可以看到有的人知识渊博、智慧过人、能力高超，不失为一个"能人"，却有严重的个性缺陷，如过于自尊，看问题偏激，坚持己见，结果不仅没有获得成功，反而遭到失败；与此相对照，有的人才能并不比他人高，却有了良好的个性，从而获得了成功。古今中外，这样的事例举不胜举。前者往往认识不到是自己的不良个性造成的。这是因为不良的个性会使一个人的人际关系疏远、紧张，感到困惑，甚至把生活搞得一团糟；更重要的是影响一个人才气的形成、人气的凝聚、运气的把握、意志的坚定、身体的健康，由此决定着一个人的事业能否成功和生活能否幸福。

现实生活告诉人们，一个人必须拥有自己的个性，才能适应社会发展的要求。如果一个人没有自己的个性，就失去了灵性，领导、同事、下属将会认为你是一个毫无主见，没有能力的人，不会与你合作或让你担当重任，你就会被残酷竞争的社会淘汰。一个人有了适合自己的个性，就会本能地知道自己对与错的差别，理智地处理好人际关系，努力提高自己的能力，成为生活中赖以生存的精神力量。如果一个有个性缺陷，又不通过自己的努力加以抑制与完善，不进行有意识的个性改造，那么，这种有缺陷的个性一旦定型，就难以改变，就会影响你与领导、同事、下属的人际关系，必然会影响到自己的前途和命运。所以我们学习心理学知识，研究个性心理特征和个性心理倾向的形成和发展，就是要懂得个性对一个人的成长、成才，对事业的热爱、理想的追求，以及维系家庭和睦关系，教育子女等方面的指导作用；懂得良好的个性能帮助和促使自己时时调整自己的思维和认识，做出正确的判断，恰当地支配自己的行为，化解矛盾，使人际关系融洽，有较好的职业生存环境和发展前景。

三、个性的形成因素

个性的形成因素一般有两个：一是先天决定因素，即遗传基因；二是后天决定因素，即环境因素。也就是说，个性是在不同遗传的基础上，在一定的社会环境和教育条件影响下，通过个体所参加的实践活动而形成的。个性是有条件地、暂时地存在的，所以是相对的。

遗传对个性的形成影响很大，是先天决定因素，是个性形成和发展的前提。例如，任性、倔强、温顺、活泼、开朗、直率、文静、好胜、自卑、傲慢、冷漠、孤僻、固执、腼腆，等等，这些个性心理，早在2～7岁时就有所表现，就有父母方面的烙印，对人的行为表现起着较为持续、特定的影响作用。

环境因素影响着个性形成的进程，决定个性的发展方向和水平。例如，一个人的兴趣、爱好、性格、观点、信念等是在后天的学习和环境影响下形成的。在不同社会条件下生活的人，其个性会受到社会生活环境的影响和制约，特别是社会制度、生活环境、政治形势、文化教育、个人经历，对个性的形成和发展影响更为明显。一个人经历的时代、事件及接受教育、培养后，所形成独特的性格品质在很大程度上决定着一个人的整体素质，从而又决定着一个人一生能否成就一番自己的事业。

个性决定思维，个性决定生活方式。在心理活动过程中，认识是基础，情感和意志是动力系统，并能促进和影响认识。怎样来看待一个人的个性呢？只有经常表现出来的心理倾向和心理特点，才可以认为是一个人的个性。偶然的、一时性的心理现象不能说明一个人的个性特征。

由于每个人的遗传因素不同，社会实践、经历不同，加上心理活动本身是丰富复杂、多种多样的,因而形成的个性也是千差万别的。

四、良好个性的表现

良好的个性主要表现在:身体成熟、情感成熟和社会性成熟。

1. 身体成熟的表现

世界卫生组织给健康下的定义是:健康是指身体上、精神上的完全平衡状态。也就是说,一个人身体没有缺陷和疾病,并有完整的生理、心理状态和社会适应能力。

健康的体魄包括身体健康和心理健康。根据学者的研究,心理健康的标志包括以下3个方面:

(1)正常的智力。正常的智力就是对客观事物的反映深刻、完整、正确程度高,解决问题的速度快、质量好。

(2)健康的情绪。健康的情绪即表明一个人的立场、观点是健康向上的,个人的活动与社会生活的要求处于良好、和谐的状态。其心理特点是富有同情心,具有高度的敏感性,保持充沛的热情。

(3)适度与协调的行为。适度的行为,是指人的行为反应符合人之常情,喜怒哀乐、言谈举止均在情理之中,并与身份相称。

协调的行为,是指人的思想与行为是统一的、协调的,行为有条不紊、按部就班,符合规范要求。

2. 情感成熟和社会性成熟的表现

情感成熟和社会性成熟是良好个性最重要的表现。可以通过以下情形判断自己的情感成熟和社会成熟的表现程度,以便注意纠正。

(1)能正确认识自己,正确评价别人,不以人废言,懂得"以事论事",而不是"以人论事"。

(2)能善解人意,善待他人,充分理解"人必先自爱而后人爱之","人必先自助而后人助之"的道理,真诚、平等待人。

(3)办事说话有主见,有原则,不以他人的喜恶作为自己行事说话的标准。办事说话有分寸,不过头,不过急,不搞片面,不走极端,不一刀切。

(4)对客观事物有敏锐的知觉和正确分析、判断能力,能明确区分事物的现象和本质，正确看待主观和客观要素。

(5)深知世界上的一切事物都是在变动运行，包括自己的思想也在时刻变化着。遇事不呆板，灵活应变，注意原则性和灵活性相结合，在不违反政策、原则的前提下变通处理问题。

(6)有自主意识和独立人格，对自己的思想行为负责。相信自己的力量，对自己所从事的工作充满信心，有坚韧不拔的意志力，不为一时一事的困难、挫折所动摇、干扰，深信自己能够完成或胜任工作。

(7)有较强的自制力，能审慎地控制自己的欲望或情绪。在紧急关头和困难时刻，在重大的事变和危险面前，都能控自己的情绪，沉着应对，处变不惊；听到尖刻的批评，能把握自己的情感，择其善而听之；在物质利益和荣誉面前能控制自己的欲望，保持清醒的头脑；在顺境中能保持清醒的头脑，在逆境中也能保持旺盛的斗志。情绪稳定，不大起大落，忽高忽低。能时刻控制自己的不良习惯。

(8)理性地认识自己的长处和短处、优势与劣势，客观地检查、衡量自己的观点和行为表现。

(9)能融洽地与别人相处，善于简单而有效地处理人际关系。

(10)能够明确地辨别是非善恶，知可为与不可为，三思而后行。

(11)有远见，有强烈的进取心和创新意识，勇于承担风险。

(12)能忍受孤独和寂寞。

(13)明白良好的动机未必会带来良好的效果，能平缓地承受任何委屈。

(14)不会坠入“非此即彼”、“非黑即白”的两极思维陷阱。

(15)精细周密，谨慎处事，不急躁武断，不感情用事。

归纳起来讲，良好的个性就是在保持自我的前提下，会为人处世，充分运用灵活性原则处理方方面面的人际关系，承认与尊重他人的价值。在上级面前、前辈面前表现出不偏不倚，面面俱到，保持冷静，和蔼友善，冷静分析，避免争论，不盲从但也不冷漠视之，保持一定的距离。在朋友、同事、同辈之间，表现为文静友善且具有协作精神，与人和睦相处，关系融洽。在对手面前表现为具有自信心与自制力。一方面相信自己必胜，另一方面保持克制，避免正面交锋。在平时生活中不以小事、烦事使自己烦恼，活得潇洒愉快，超然于物外，坦荡胸怀，顺其自然，知足常乐。

五、如何培养良好个性

由于个性同人的气质、性格、能力、兴趣、爱好等方面是密切联系的，它统一于一个具体人的身上，是非智力因素，是人的整个心理面貌的综合反映，它影响人的品德、智慧、能力、行为和人际交往以及学习、工作效率，左右着人的命运，决定着一个人的事业成就和生活幸福，而改善个性、培养良好个性只能靠自己的发现和纠正。具体讲，从下面 3 个方面去努力：

1. 掌握个性特征，增强自我意识

由于人性的特点不同，每个人形成的个性也会不一样。性格的形成是以一定的能力为基础的，能力的发展水平又要受到性格特征的影响，良好的性格又能弥补某些方面能力的弱点，如勤能补拙，就说明这点。现实生活里，一般能力强的人，非常有个性，适应周围环境比较困难；能力弱一点的人，个性就不怎么突出，比较随和，适应周围环境快，这也反映出人的性格优势、劣势的相抵与互补。如果一个人能力强，个性好，事业获得成功的概率就会大大增加。因此掌握自己的个性特征，发挥优点、抑制或克服缺点，尤为重要。

自我意识又称为"自我知觉"，是人脑对个体所交往的周围关系及其所处的社会地位的一种反映，即主体对自己的知觉。只有在把自我从客体中区别出来，分清我与物、我与非我的关系时，自我意识才能真正形成。自我意识包括自我评价、自我观念、自爱心、自卑感、自信心、自制力、独立性等。需要注意的是，人的自我意识的发展方向和成熟程度是在社会交往中形成和发展的。如果一个人的自我意识能力强，那么他适应社会的要求、单位的要求就快，能适时地发挥自己个性中的优点，抑制个性中的缺点；反之，适应慢，对自己个性中的缺点认识不足，或抑制不了，则自己的品德素养和感情素养便得不到提高，因而难以适应社会的要求。

只有认真审视自己个性的哪些方面能得到别人的良好反应，哪些方面做得太过分而冒犯了别人，并能下决心尽快加以改进，才能提高自己的个人形象。如果一个人对自己的"致命缺点"，置之不理，就会导致失败。对初涉人世、初入社会的年轻的列车员来说，实事求是地审视自己的个性，找出自己个性中的缺点加以改正，现在还为时不晚。

2. 懂得人情，塑造良好的个性

在当今这个充满竞争的社会里，一个人既要懂得人情、了解人情在人生中的重要性，又要保持自己的个性，才能适应时代发展的要求。一个不懂人情的人，虽然能保持一个比较完整的自我，但是却过得十分艰难，在社会上则寸步难行，活得不轻松。一个人情练达的人，在生活中虽然能路路通，左右逢源，却难以保持自我的独立性，不能按自己的心愿行事，时常去揣摸他人的想法、爱好、脾气，尽量投其所好，避其所恶，渐渐地磨掉自我的性格，也活得很累。

不懂得人情的人和人情练达的人都是个性不完美的表现。天下熙熙，皆为利来；天下攘攘，皆为利往。在当今充满激烈竞争的社会里，只有清楚地了解自己个性的优势，保持“自我”，运用灵活性原则，使自己的个性变得更丰富，更有魅力，才能为大众所欣赏。

3. 修炼打磨，塑造良好个性

人生在世，没有个性不行，有个性不修炼打磨完美也不行。修炼打磨就是抑制或克服个性中的缺点。世界上没有治疗个性缺陷的医院，改善个性只能靠自己的发现和纠正。要记住：成功的命运是从改变和完善自己的个性开始的。

修炼打磨，塑造良好的个性可以从道德、能力、性格 3 个方面进行。

(1)在道德修养方面，随时牢记铁路职业道德规范要求，不仅要认真做到，还要尽义务。

(2)在能力培养方面，要面对现实，奋发图强，努力提高自己的专业技能，摸索工作规律，精益求精，勇于创新，干出特色来，如创新列车文明服务用语，研究旅客心理与服务策略等有独特见解。

(3)在性格修养方面，为旅客服务的工作态度表现在：勤奋、踏实、认真，做到灵活变通，切忌辩解；缓和气氛，轻松对话；洗耳恭听，不要插嘴；多赞扬，少批评；做事情不要以自我为中心，善于控制自己的情绪，要有一个好的心态，即积极自信、乐观豁达、直面人生、奋发图强的心态。做事果断，适应变化的环境快；对人、对事执著，对确定的目标有诚挚的态度。以愉快的心情，客观地认识自我，理性地评价自我，肯定自我和接纳自我，相信对方喜欢自己。

除以上三个方面外还要注意：培养优雅的气质应根据自己的气质类型表现，有意识地发挥积极方面，克服消极方面，形成稳定的、以积极因素为主导的良好的气质性格。努力提升外在美，即谈吐文明，举止大方，仪表庄重，机智灵活的良好形象。接受教育，增长知识，扩大视野。扪心自问，自己欠缺什么，有何不足。提出疑问的多寡，决定个人的成长程度和成长速度。

人们提倡张扬个性就是突出与众不同的独特的综合素质，主要表现在自我意识、自主能力、自立精神方面。也就是说，有主见、有头脑、有主骨、有主张，不从俗、不从流、不从媚、不从势，并具有征服力。如果把张扬个性理解为突出自我、独来独往、独断专行那就错了，会导致失败。

第四节　列车员的自我修炼

一个人不仅要注意情感品质、意志品质、性格品质的培养，还需要进行自我修养，而自我修养程度往往反映出一个人的综合素质。列车员的自我修养不仅是职业需要，也是自我成长的需要，主要表现在：有爱岗敬业的精神，能自我控制行为，抑制负面影响，发扬优势、克服弱点，不断调整自己，保持良好的心态，塑造崇高的美好形象，提高对外界事物的敏锐性和承受能力。

一、有爱岗敬业精神

心理需求在人的心理品质的形成和发展中起重要作用。心理需求是多方面、多层次的，其中会有起支配地位的主导需求，表现出人的心理行为。信念就是一个人对某种思想、某项事业有坚信的看法，在心理活动中起主导作用，成为精神支柱。人有了精神支柱，就会产生内驱动力。

人的需要、动机是人行动的动力。一个人活在世上，基本要求有两个方面：一个是为生存，谋求一个与自己性格、爱好、能力、理想追求相一致的职业；另一个是受人尊重，实现自我价值，为社会作出贡献。这两个方面要求都是很正常的，在情理之中。但是要达到这两点要求，无论在什么岗位上工作，都要有上进心，有追求，有抱负，有奋斗目标，有了爱岗敬业精神，才能做好本职工作。

一个人谋求职业，首先应该明白是在为自己工作，是为自身和家庭的生存、发展，提高生活质量而工作。有了这种认识，对企业负责、为企业做好工作便在情理之中。其次有体现自我价值，对社会做一些贡献的愿望。不同的价值观有着不同的追求、不同的抱负。如以信仰为中心的精神价值观；以权力、地位为中心的政治价值观；以现实利益为中心的经济价值观；以稳定、平和、快乐为中心的幸福价值观，等等。但是以自己的价值观定位的目标，不论目标的大小，都需要有爱岗敬业的精神去奋斗，才能获得成功。你选择了列车员工作，首先应该明白是为自己工作，为自身和家庭的生存、发展，提高生活质量而工作。其次有体现自我价值的愿望，有自己人生目标追求，如成为一名优秀的列车员、列车长、劳动模范，等等，如果实现了，就体现出了你的价值。在实现自己价值的同时，必然会对社会做一些贡献，得到大家的认可。必须懂得：你的优质服务满足了旅客的需要，为铁路企业赢得市场，为企业增加了利润，你的工作、你的报酬就有保证。这是因为企业的生存和利润与你的服务密切相连。提倡热爱铁路，忠于职守，不是口号，而是实际情况需要你这么做。对铁路企业负责，实际上也是对你自己负责。保证了安全，不出事故，就保证了企业的利润，你的薪酬就有保证。因此不能只认为我是在为企业干活，而不是在为自己干。如果你没有追求目标，就没有干好工作的动力，不可能有大的作为，那么就体现不出来你的作用和价值来。如果不好好干，工作出差错，甚至出重大事故被追究刑事责任，就会付出惨痛的代价。

记住：今天不努力干工作，明天就要努力找工作。

伟大不只是干轰轰烈烈的事情，也来自平凡的事业，来自平凡工作的日积月累的表现。社会各行各业的很多工作，每天都是简单重复劳动，轰轰烈烈的事情是很少的，平凡的事情却很多，但是行行都能出状元。这就是说，一个人无论干什么工作，只要有爱岗敬业精神，钻研出一技之长，干出与众不同的特色来，就会干出成绩，同样能体现一个人的价值。

列车员如果没有坚定的信念和良好的心理品质作基础，也是干不好或干不了客运服务工作的。应该明白，服务是相互的，每一个人的工作都在为别人服务，别人也在为你服务，有的是直接为人服务，有的是为物服务或间接为人服务。例如，教师教授的知识，是为学生服务；农民生产的粮食、蔬菜，工人生产的工业用品满足大众需要，间接地为大众服务。你去消费，人家为你服务。所以应正确认识客运服务工作的重要意义和作用，即爱岗敬业是搞好客运服务工作的关键。

二、提高自我管理能力

1. 正确认识自己

古希腊哲学大师苏格拉底有一句名言："真正认识自己的人，才是最有力量的人"。一个人的素质提高除了企业多方面创造条件外，更重要的是要有自我意识，正确认识自己，管好自己，这是提升素质、搞好工作、搞好同事关系的一条重要经验和要求。

"知人难，知己更难"。大家都知道这样一个事实，人的眼睛能看清楚远处的东西，却看不清近处的睫毛。看自己难免带有主观成分和感情色彩，这说明一个人正确认识自己是很不容易的，包括对自己的气质、性格、认识能力、学识胆识、工作能力、工作成绩、不良习惯等认识。

客观、全面、正确地认识和评价自己，是指对自己的生理机能、心理素质、智能特长、行为特点以及对周围事物的关系的认识。一个人不能正确认识自己，就是不敢正视自己的缺点或不足，而一味地强调客观或看别人的缺点多，用自以为的优点比别人的缺点，是不成熟的表现。

那么，怎样正确认识自己呢？

(1)自我分析，认识自己

对自己的思想活动、言行表现等进行反省，冷静地分析对错得失，明确努力方向。每次退乘后，像过电影一样，回顾总结值乘工作发生的人和事，自己是如何处理的，哪些地方需要改进。一个对自己的思想活动、言行表现了解得比较清楚的人，相对而言，比较善于驾驭自己的思想和行为。

(2)以他人评价，认识自己

这主要是从自己的工作对象，即周围的人和事的反映中来反思自己的表现和形象。心理学家柯里说"人与人之间可以互相作为镜子，都能照出他面前的人的形象”。别人对自己的态度、评价等都是自己表现的结果,应成为自我认识的参照点,去发现自己的不足,从而警醒。在不足和不良倾向方面,做到见微知著。如果以自我感觉良好来对待周围的人和事,就永远认识不到自己的不足。

(3)与别人相比较,对照检查自己

有比较才有鉴别。孔子曰:“见贤思齐焉,见贤而内自省也”。意思就是与别人相比较,对照检查自己。人都是在一定的社会关系中生活的,只有把自己与其他的社会成员进行比较,才能确定自己的社会位置以及长处和短处。一个人要正确认识自己,就要经常地、自觉地与别人的优点和长处进行比较,找出差距,努力提高自己,就会有所进步。

(4)通过学习提高、认识自己

人与人之间进步的快慢,差别就在于学习,会学习的人,获得的知识越多,潜在的能力也越大。会总结的人,吸收别人的优点、长处多,进步更快。所以一个人无论从事什么工作,都要不断学习,提高认识自己的能力,才能丰富自己的知识和才能。

综上所述,一个人能够理性地认识自己的长处和短处、优势和劣势,并能充分发挥长处和优势是获得事业成功的一个重要条件。

列车员如能在自我体察、分析的基础上,对照列车员的任职基本条件和基本素质要求,找出自己的不足之处,并努力改正,勇于进取,使自己的言谈、举止、态度、能力更趋向成熟。对自己的优点、长处和成绩应该肯定,但不可骄傲,更不可盛气凌人,自以为了不起。

2. 自我激励

自我激励是自我修养的一个重要方面。一个人对自己的工作缺乏信心,不能自我鼓励奋斗,最终将一事无成。人的工作动力,来自于对理想的追求。有理想、有追求,实现自我价值,人生才过得有意义。列车服务工作虽然极其平凡,要做好还是很不容易的,同样需要理想,需要心态,需要方法,更需要自我激励。列车员的工作以旅客服务为中心,在这个过程中,不仅要正确认识自己,树立良好的形象,不能低估自己的价值和潜力,还要不断地激励自己,追求职业理想;保持良好的心理素质,增强进取心;保持清醒的头脑,更新观念,增强对事物的敏锐性和洞察力。

保持头脑清醒需要很好的悟性，一是增强对事物的敏锐性和洞察力，使自己时刻保持清醒的头脑，与时俱进，开拓创新；二是不断改进工作方法，掌握为旅客服务的规律，提高服务水平。

3. 学会控制情绪

情绪是情感的表现形式，是人对客观事物的一种心理体验。情绪会影响一个人的行为。每个人的情绪都会有好的和坏的时候，好的情绪一般会给人充满活力、积极向上的感受，坏的情绪一般会给人消极的负面影响。无论是好情绪还是坏情绪都要学会控制自己，控制自己的行为，使自己能以最合理、最有效的方式行动。

如何自我控制情绪呢？首先是自己保持冷静，镇定自若，稳健地处理问题，化劣势为优势。其次是控制自己的情绪，依靠自我意识、自我评价和自我矫正。

控制情绪、化解不良情绪是成功和快乐的要诀。如遇到一些不顺心的、招致恼怒的事情，若能保持清醒的头脑，给不好的事情以一个好的解释，善言相劝，不良的情绪就能烟消云散。生气、发怒往往是解决不了问题的，仍需要理智和适当的方式处理。如果发怒得当，又属于制怒，表明这个人的思想修养和意志力相当有水平。应该明白，你的工作不会得到所有人的赞许，任何时候都会被人曲解或反对；工作也不会一帆风顺，总会有这样或那样的波折，不可能按照预想的那样发展。有了这些认识，应付不如意的、预料不到的事情，便不会轻易发怒。因此，列车员学会自我安慰、自我调节，做情绪的主人，遵循“遇事不怒”的古训，对任何事情都要采取分析的方法，先理出头绪，抓住本质，然后给予恰当处理。如果遇到不顺心的事，意识到自己要发脾气，就要努力控制自己，逐步把不必要的发怒减少到最低限。记住“发脾气，是拿别人的错误来惩罚自己”。如果一个人面对突发事件显露惊慌失措或悲观失望的情绪，就会严重影响工作，甚至会产生严重后果。

善于控制自己情绪，善于控制他人情绪的人，是有感染力的人。一个善于控制自己情绪的人会有卓越不凡的表现。

无数事实证明，消极的情绪往往是事故发生的重要原因。列车服务工作需要与各种各样的人打交道，会有许多事情使你喜怒哀乐，但是有一点要记住,不管什么情况,什么时候,这种喜怒哀乐一定要围绕和服从企业目标和管理要求,适度而不失理性,做到高兴时要收敛、抑制;愤怒时要制怒、宽容;悲伤时要转移、娱乐;忧愁时要释放、自解;思虑时要放松、消遣;惊慌时要镇静、沉着;不会有一时的感情冲动、表情异常、言行出格、一反常态、魂不守舍的表现。列车员能控制情绪,化解不良情绪,保持健康、快乐的情绪,是搞好服务工作的要诀。

4. 正确对待不同见解

在日常工作中,不论是领导与领导,还是同事与同事之间,容易引起气恼的事情往往是与自己不一致的见解。工作中有不同意见,哪怕是针锋相对的意见,都应该视为是正常现象。这是因为每个人站的角度不一样,思维的方式不一样,考虑的立场、要求不一样,因此不能要求所有人都和你有一模一样的见解,如果是,那反倒是怪事了。如果听到不同意见就按捺不住,激烈反击,或者事后耿耿于怀,不仅做不好工作,不利于团结,还会失去自己的气度。正确的做法是,允许大家各抒己见,相互讨论,求得一致,或者求大同、存小异。

列车员能正确对待不同见解,乐于接受批评,特别是来自旅客的批评,择其善则听之、改之,不仅可以看出你的思想修养,而且表现出你有涵养、有气度,同时也能看出你适应社会的能力。

5. 承受挫折

挫折在心理学上是指一种情绪状态,即个体在从事有目的的活动过程中,遇到障碍或干扰,致使个人动机不能实现、需要不能满足时的情绪状态。挫折是不以人的意志为转移的生活内容之一,是常有的事。一个人遇到挫折,通常会引发心理痛苦、情绪低落、行为偏差,甚至导致疾病。

应对挫折的方法是:一是要有自强不息的精神。在挫折面前不一蹶不振,依然以积极的心态工作,依靠意志的力量,把挫折造成的不幸和对个人的打击,当成是锻炼自己的好机会,再通过自己的主观努力,弥补自身的缺点或不足,使自己很快进步,减轻痛苦和压力。二是提高应对困难和挑战的能力。一个人参加工作,进入群体生活,或多或少都有不如意的地方,总是要受到一些挫折,例如,工作失误受到批评,评先、涨工资没有份,理想没有实现,或与同事发生矛盾,等等。此时需要保持清醒、冷静的头脑，寻求恰当的、积极的方法去面对，让这些困难和挑战成为使自己轻松愉快地工作和生活的动力。

在列车上经常会有受到挫折的旅客，列车员若能仔细观察他们的情绪变化和行为反应，如对情绪易冲动的人，注意防止侵犯性行为出现，千万不能用压抑的办法去对待，不然会引发强烈的反抗，致使车内秩序混乱。对表现情绪委靡的人，切不可触及其痛处，应给予温暖的关心、帮助和鼓励，以增强其战胜挫折的信心。

综上所述，一个善于自我管理的人，有了积极的人生态度，又善于处理人际关系，会使人变得活泼、富于进取心，充满冲劲和抱负。反之，冷漠、消极的人生态度和生硬的人际关系，会把自己置于层层罗网之中，为自己设置障碍，无助于自己成长和才能的发挥以及事业的成功。

提高自我管理能力主要靠自我意识在后天的社会生活实践中经过长期磨炼逐渐形成，这在人的一生事业中起很重要的作用。这个能力又同人的气质、性格有关，是非智力因素，被现代学者称为“情感智商”，简称“情商”。无数实践证实“情商”很高的人容易取得事业成功。青年人可塑性大，只要意识到情感智商对人生的作用，通过对情绪、自信心、挫折、自律、同理心、独立性、人际交往、问题解决、责任心等方面的训练和磨炼，将会有助于完善自我、发展自我、提高自我控制能力。

三、保持良好的心态

心态决定行动。有什么样的心态就有什么样的行动。无论对工作、对同事、对家庭、对子女都需要保持良好的心态，才能有利于自己的事业发展，有利于处理好人际关系，有利于家庭和睦，有利于对子女的教育成长，有利于自己身体健康。在工作中如何保持良好的心态呢?

1. 摆正位置，处好关系

接受领导，服从领导，正确处理好上下级关系、处理好同事的关系是保持良好心态的重要表现，也是你在这个单位能愉快工作的先决条件。对领导、同事要多尊重，特别是自己的直接领导，如果关系弄僵，对自己一点好处都没有，这一点必须明白。领导与下属是在不同的管理层次上，两者考虑问题的角度，处理问题的方式、方法是完全不同的，有很大的差别。

你要相信领导的命令或要求这么做是有他的考虑的，千万不能把领导交办的事情都得自己认可后才去做，否则领导对你就有看法，或者关系弄僵。在工作单位上，列车员与列车长是上下级关系，这个关系必须认同，尊重、服从领导是关键，如果彼此不体谅、不顺应、不接受对方，那就不可能在工作中配合默契。

2. 正确对待工作成绩

不管是领导还是员工，人的本性都是相同的，能够激励你的事情，也同样能够激励领导。领导想在任期内做出成绩，也同样希望部下做出成绩。你做出成绩不要认为是给领导挣面子，同样是为你自己。如果你帮助领导达到目标，他也会帮助你实现愿望，这就是回报，社会就是这样。自己因工作出色而获得领导的“赏识”，表明领导是有识之士；反过来说，这也是自己应该得到的，是公正、公平的体现。领导的赏识或你获得提拔是你主观努力与客观需要相结合的结果，作为下属，要正确地看待领导的赏识，千万不要把成绩当作骄傲的资本，或者没有得到表扬而流露不满情绪，甚至发牢骚，不好好工作，这些都是不理智的表现。

由于客观情况是很复杂的，不是自己想象得那么简单。领导管理的事情多，考虑的问题也多，上下左右的关系都得兼顾。领导随时都想掌握单位方方面面的信息，你的表现、成绩，领导是听得到和看得见的，只是时间早晚问题，而时间是最能考验一个人的。没有得到表扬，此时不能感情用事，应该先作自我反省，看看自己工作是否还有缺点，自己的表现真的无懈可击吗？真没有值得改进的地方吗？哪怕是审视自己没有意识到的影响自己的某些令人讨厌的生活习惯，对自我提高都会有帮助。如果此时感情用事，处理不好就会前功尽弃。

3. 学会欣赏别人

在单位能做出成绩的人很多，应该看到得到表扬或提拔的人，一定有比自己强的地方，应该向他学习，弥补自己的不足。这是调整、保持平常心的一种积极做法。欣赏别人往往会得到对方的好感，同时还有一种潜移默化的作用，会自觉不自觉地学到别人的优点、长处，这对提高自己的能力和个人修养大有好处。同时也要学会自我解嘲，有助于自己保持清醒的头脑和愉快的工作情绪。自怨自艾，发牢骚，说风凉话，都是不可取的，是不理智的表现。学会欣赏别人，多赞扬，少评论或不评论，这是搞好人际关系的好方法。

4. 保持心理健康

有人曾说过："没有一种灾难像心理危机那样带给人们持续而深刻的痛苦。"消极的心理因素对人的身心健康影响最大，它的危害并不亚于病菌，是用任何药物都不能医治的。不健康的心理，如易怒、恐惧、忧郁、焦虑、自卑、嫉妒、多疑等，会使人的感知、记忆、思维、想象、注意、情感、意志、行为动作产生障碍。心理障碍严重的，工作起来就有危险，很容易出安全事故。健康的心理因素不仅能够维护和增强人的身心健康，而且能够提高人的素质。一个人有了健康的心理，就能正常发挥心理功能，即对客观事物的反映深刻，分析全面，正确程度高，解决问题的速度快、质量好。有了健康的心理，就会有健康的情绪，就会保持充沛的热情和高度的敏感性，富有同情心，喜怒哀乐、言谈举止均在情理之中。有了健康的心理，就会有自知之明，能够正确地看待自己和别人，既不妄自尊大，也不妄自菲薄。

5. 保持心态平衡

积极自信，乐观豁达，面带笑容，直面人生是保持心态平衡的重要方面。换句话说，就是要有良好的意志力，持一颗待人处世淡然、坦然，没有奢求和贪欲的平常心。在逆境中不消沉，在顺境中不得意，喜时淡然，忧时泰然，始终保持清醒、理智的头脑。别人有了成绩，应该恭喜，不嫉妒；别人有了难处，应该关心；别人出了差错，不幸灾乐祸。

当一个人出现心态不平衡的时候，往往会做出不理智的行为。如果一个人的不良表现，不注意改正，一旦形成稳固的性格特征，就会显露出性格的弱点，或者出现心态不平衡的状态，成功的机会就会十分渺茫，即使成功，付出的代价也是相当大的，甚至是非常痛苦的。现实生活中，确有工于心计、喜欢取宠献媚的人，一时得利，但从长远看，是舍本逐末。只有把精力放在增长自己的才干上，脚踏实地做出成绩，是最有征服力的，最能得到领导和同事持久的信任和认同。

四、培养健全的人格

人和人的区别不在权力，不在名誉，不在地位，而在心理，在性格，在意志。前者只是外在的表面的东西，而后者则是内在的本质的东西。本质的东西才反映灵魂、反映精神、反映人格、反映品性。

人格，对每个人来说，都是最重要、最宝贵的。人格包括一个人的道德、品质、思想、行为等在处事、接物、待人方面的表现。一个健全的人格表现在以下几个方面：

1. 有自知之明的意识

人有了自知之明，就会对自己有客观的正确认识，有看清事物的能力。正确估计自己的优缺点、知识、能力、特长、兴趣等，不自我炫耀，正确对待和评价别人，有利于个人成长和人际交往。所以说，人贵在于有自知之明。

2. 有谦虚谨慎、沉着稳重的品格

人有了谦虚谨慎、沉着稳重的品格，遇事就会“多思”、“善思”，减少判断的失误。同时有勇于开展批评与自我批评的精神，不断克服自身的弱点，使自己的行为方式适应不断变化的环境，这样有利于个人的成长进步。

3. 有实事求是的精神

人有了实事求是的精神，便会面对现实，正确处理现实生活中的矛盾，不过激，不过头。

4. 有坚强的意志

一个意志坚强的人，能在逆境中保持旺盛的斗志，不怕挫折，不怕失败，敢于挑战。

5. 有活泼开朗的性格

一个性格活泼开朗的人，在任何情况下都能保持乐观的精神状态和稳定的情绪。

6. 严于律己，宽以待人

严于律己，宽以待人是处理好人际关系的重要条件。和谐的人际关系会减少人的挫折情境，有益于身心健康。

7. 热爱劳动，廉洁奉公

人有了热爱劳动、廉洁奉公的品德，就能认真劳动，为集体、企业多作贡献，这是健全人格的重要方面。

8. 坚定正确的信念

信念是一个人赖以从事实践活动的精神支柱。一个没有信念的人，便会精神空虚、萎靡不振、惶惑不安。不仅做不好工作，而且会影响心理健康。一个有坚定正确信念的人，会对未来充满信心，进取心强，能够正确把握人生道路。

人格的力量是具有魅力和征服力的。完善、完整、完美的人格是形成良好作风的基础。培养健全的人格，可以使自己有一个正常的心态，能容纳天下大事和人间真情；能正确对待自己、对待别人、对待工作，正常发挥心理功能，为事业获得成功奠定好心理基础。但是人格的修炼是一个不断完善、力争完整并进而完美的过程。

综上所述，一个良好心理品质的形成和发展，虽然主要靠自我意识和修养，但也离不开环境的熏陶，即单位的培养和同事的关心及影响，所以要注意同单位领导和同事搞好关系，接受单位的教育和管理，这也是个人生存和发展的基本要求。

第五节　列车员服务工作的个性表现

个性反映一个人的心理素质成熟程度和心理健康状况，在人的一生中起着很重要的作用。列车员要使自己具有良好的心理素质，适应岗位职业需要，适应变化的情况，就必须注意个性修炼和个性表现。

一、个性修炼的基本要求

一个人要想修炼好自己的个性则必须对自己严格要求，这样才会有意识地注意自我修炼。具体地讲，有以下几点：

1. 要有肯干、肯钻的精神

肯干，就是要求有实干精神，工作有干劲，态度端正，长期保持良好的工作状态和为旅客服务的热情。

肯钻，就是要求多学习，多动脑筋，钻研业务和技术，拓宽搞好服务工作的思路。丰富的知识可以增强一个人的自信心和分析问题的能力，提高自己内在动力和涵养水平。

2. 要有会干、会处的能力

光埋头苦干不行,必须有会干的能力。会干就是会巧干,有创新,经常提出新的见解和方法,干出特色。埋头苦干可以当一个好职工,而巧干、创新则可以使你成为一名优秀的职工。

会处,就是会灵活处理和协调自己和旅客、旅客与旅客之间的关系;灵活处理自己与领导、班组成员的团结合作关系。与同事相处,不说任何同事的闲话、坏话,回避是非之地;不说不利于团结的话。注意克服或缩小自己的弱点,使自己具有良好的、稳定的心理素质,应对随时变化的情况。

3. 要有会总结的能力

一个人的能力强与弱,一个很重要的方面就在于是否会总结自己和别人的成功经验和失败教训以及规律性的东西。会总结的人头脑清醒,思维敏锐,取长补短,能不断提高自己适应社会的能力。聪明的人往往会在这方面下工夫,它是提高能力、适应环境、调整自我最快的途径。

肯干、肯钻、会干、会处、会总结,不仅是个性修炼的基本要求,而且是衡量一个人是否有能力搞好工作的重要尺度。

二、服务工作中的个性表现

不同的职业,表现出不同的职业个性。对列车员来说,在服务工作中的个性表现需注意以下几点:

1. 仪容端庄

铁路有统一的着装,出乘当班必须着装整洁,佩戴好标志。站、坐、蹲的姿势规范、自然。女同志略施粉黛、淡妆;男同志适时理发、修面。如果过分修饰,油头粉面,会给人一种轻薄、浮滑的印象。列车员要举止大方,文明礼貌,谈吐高雅,行为端庄。

2. 精神饱满

精神是一个人对思想和行为的集中表现。精神饱满主要是精神振作,情绪饱满,有朝气,工作注意力集中,细心观察情况,给人的印象好。精神不振,没精打采,工作没劲,给人的印象不好。

3. 谦虚谨慎

谦虚,就是虚心、不自满;谨慎,就是言行慎重、周密、小心,严格要求自己。谦虚谨慎主要表现在：尊重旅客，尊重领导；对人有礼貌，平易近人；在成绩面前，不居功自傲；在缺点、错误面前不文过饰非；真诚地接受他人批评，保持不断进取的精神。

4. 诚实守信

诚实，就是忠诚老实，实事求是，主要表现在：不隐瞒自己的观点，处理问题光明正大；不弄虚作假，报喜不报忧；不为名利所诱惑，保持清正廉洁；对待旅客、同事以诚相待，表里如一。

守信，就是讲究信用，答应的事情一定要办到，办好；办不到的事情，要委婉地说明原因，不糊弄别人。

诚实守信是获得信任、与人交往的最好表现之一。

5. 自尊自信

自尊，就是做人的尊严，是一种内涵丰富的修养。自尊就是自己要尊重自己，对自己的行为负责，做一个高尚的人；不卑躬屈节，不允许别人歧视、侮辱自己；有自主意识和独立人格，不趋炎附势。

自尊同自负、清高是有区别的。

自信，就是相信自己的力量，对自己所从事的工作充满信心。具有坚韧不拔的意志力，不为一时一事的困难、挫折所动摇，深信自己能够完成或胜任工作。

自尊自信是看重自己、战胜自己、战胜困难的前提，是一种动力。列车员有了自尊自信，就能尊重自己，对自己的思想行为负责，并以十分自信的态度从事工作，注意力格外集中、精力格外旺盛、思维格外敏捷。

6. 尊重对方

尊重对方，就是对别人有礼貌，不论对方的职务、地位高低，着装好坏，有无缺陷，都要做到不卑不亢，不偏不倚，彬彬有礼，热情相待，不傲慢无礼。

7. 工作踏实

工作踏实，就是有吃苦耐劳的精神，不做表面活。对本职工作兢兢业业，扎扎实实地按标准化作业，一丝不苟；不论什么时间的明察暗访，都能一样按标准化作业，一样热情、周到地为旅客服务。不弄虚作假，搞假表扬信，或虚报成绩获取荣誉。不靠拉关系、请客送礼达到当先进的目的，而是做一个经得起检查、让人佩服的名副其实的先进。

列车员有了符合职业要求的个性表现，会在工作上执著、勤奋、认真，自觉遵守劳动纪律、作业纪律，不违章，不违纪，不违法；在任何情况下都能控制自己，保持稳定的心态，对旅客热情，像关心自己那样关心旅客的需求，做好服务工作。

以上要求是现实生活的客观需要，是适应社会的需要。对一个有坚定正确信念的人、对未来充满信心的人、进取心强的人、把握自己命运的人来说，这些要求不会过多过高。列车员能够正确领会这些要求，即使自己个性改变不了，做不到，也能明白一些道理，对保持稳定的心态，控制自己不当的行为以及教育子女成长定会有所帮助的。

第六章

业务知识与岗位作业要求

个人没有过硬的技术业务能力，难以服人。列车员除了具备良好的心理素质外，还必须做到专业知识要精，相关知识要懂，动手能力要强，具有为旅客服务的服务技巧，以及应急处理列车安全事故的能力，才能做好服务工作，提高服务水平。

第一节　铁路运输相关知识

一、我国铁路标志

路徽，是我国铁路的标志，它代表什么意义呢？1950 年 1 月 19 日，原铁道部公布“中国人民铁道部路徽”图案式样是这样说的：

“Ω”代表机车正面；“∩”为人民的人字，代表人民；“I”表示钢轨的横断面，代表铁道。整个图案的意义为人民铁道。

路徽一般用于职工佩带的证章、符号、帽徽、纽扣、工作证以及机车、车辆、建筑物、会场装饰、铁路客货票、公用物品标记等。

二、铁路行车时刻

全国铁路的行车时刻，均以北京时间为标准，从零时起计算，实行 24 小时制。

客票有效期天数的最后一天计算到 24:00 止。

三、铁路线路

铁路线路分正线、站线、段管线、岔线及特别用途线。

正线，是指连接车站并贯穿或直股伸入车站的线路。

站线，是指到发线、调车线、牵出线、货物线及站内指定用途的其他线路。

段管线，是指机务、车辆、工务、电务等段专用并由其管理的线路。

岔线，是指区间或站内接轨，通向路内外单位的专用线路。

特别用途线，是指安全线和避难线。

安全线，为防止机车车辆在未开通进路的情况下，越过警冲标而进入其他线路，与其他线路上的机车车辆发生冲突而设的尽头式线路。安全线有效长一般应不少于 50 m，向车挡方向不应采用下坡道。机车车辆进入安全线并不能保证其本身安全，只有起隔开作用，保证其他机车车辆的安全。

避难线，为防止在陡长下坡道上运行的列车，列车制动失效而失去控制，在区间颠覆或闯入站内与其他机车车辆发生冲突而设置一个反坡，缓和列车的前冲力的线路。可设在进站一端或接车方向末端。避难线的长度应能容纳一个列车。

四、铁路信号

铁路信号是指示列车运行及调车作业的命令，有关行车人员必须严格执行。保证机车车辆安全有序地进行行车与调车作业。

信号显示方式及使用方法，按《铁路技术管理规程》规定执行。

铁路信号分为视觉信号和听觉信号。

1. 视觉信号

(1)视觉信号的种类：信号旗、信号灯光。

(2)视觉信号的基本颜色

红色——停车；黄色——注意或减低速度；绿色——按规定速度运行。

(3)手信号的显示时机和方式

①停车信号:要求列车停车。

昼间——展开的红色信号旗;夜间——红色灯光。

昼间无红色信号旗时,两臂高举头上向两侧急剧摇动;夜间无红色灯光时,用白色灯光上下急剧摇动。

②减速信号:要求列车降低到要求的速度。

昼间——展开的黄色信号旗;夜间——黄色灯光。

昼间无黄色信号旗时,用绿色信号旗下压数次;夜间无黄色灯光时,用白色或绿色灯光下压数次。

③发车指示信号:要求运转车长显示发车信号。

昼间——高举展开的绿色信号旗靠列车方面上下缓动;夜间——高举绿色灯光上下缓动。

④发车信号:要求司机发车。

昼间——展开的绿色信号旗上弧线向列车方面作圆形转动;夜间——绿色灯光上弧线向列车方面作圆形转动。在设有发车表示器的车站,按发车表示器显示发车。

⑤通过手信号:准许列车由车站(场)通过。

昼间——展开的绿色信号旗;夜间——绿色灯光。

⑥引导手信号:准许列车进入车站或车场。

昼间——展开的黄色信号旗高举头上左右摇动;夜间——黄色灯光高举头上左右摇动。

2. 听觉信号

(1)听觉信号的种类

听觉信号有:号角、口笛、响墩发出的音响和机车、轨道车的鸣笛声。

(2)听觉信号显示时机和方式

①响声:长声为 3 s,短声为 1 s,音响间隔为 1 s。重复鸣示时,须间隔 5 s 以上。

②鸣示方式(列车员应知部分):

起动注意信号为一长声,使用时机为列车起动时。

退行信号为二长声,使用时机为列车开始退行时。

警报信号为一长三短声，使用时机为发现线路有危及行车安全的不良处所时，列车发生重大、大事故及其他需要救援时或列车在区间内停车后，不能立即运行通知运转车长时。

缓解及溜放信号为二短声，使用时机为试验制动机缓解时或要求列车乘务组缓解手制动机时。

3. 信号装置

信号装置一般分为信号机和信号表示器。

信号机又分为色灯信号机、臂板信号机和机车信号机。

信号机按用途分：进站、出站、通过、进路、预告、遮断、驼峰、驼峰辅助、复示、调车信号机。

信号表示器分：道岔、脱轨、进路、发车、发车线路、调车、水鹤及车挡表示器。

五、列车方向

列车运行原则上以开往北京方向为上行，由北京开出为下行。上行列车车次编号为双数，下行列车车次编号为单数。

六、安全考核指标

行车安全天数，是指无责任行车重大、大事故、险性事故、一般事故的天数。

劳动安全天数，是指无责任职工死亡、重伤事故的天数。

七、行车事故术语解释

列车员应了解与客运有关的行车事故术语解释，在事故中明白该做什么，不能做什么。

1. 列车发生火灾

列车发生火灾系指列车起火造成机车车辆破损影响行车设备设施正常使用，或发生人员伤亡、货物、行包烧毁等。

2. 列车发生爆炸

列车发生爆炸系指机车车辆在运行过程中发生爆炸，造成其设备损坏,墙板、车体变形或出现孔洞,影响正常行车。

3. 耽误列车

耽误列车系指列车在区间内停车;通过列车在站内停车;列车在始发站或停车站晚开、在运行过程中超过图定的时间(局管内)或调度员指定的时间列车停运、合并、保留。

4. 中断铁路行车

中断铁路行车系指不论事故发生在区间或站内,造成铁路单线、双线区间或双线区间之一线不能行车。中断行车的时间,由事故发生时间起(列车火灾或爆炸由停车时间算起)至恢复客货列车原牵引方式连续通行时止。

如列车能在站内其他线通行,又回到原正线上进入区间的,不按中断行车算。

施工封锁区间发生冲突或脱轨的行车中断时间,从事故发生前原计划开通的时间起计算。

5. 客运列车中途摘车

客运列车中途摘车系指编挂在客运列车中的车辆发生冲突、脱轨、火灾、爆炸、相撞未达到中破及以上程度,不能运行,必须在途中摘下(不包括始发站和终到站)。

八、列车临时停车

一般来说,列车临时停车在单线区间容易发生,特别是列车开行对数达到饱和的区间更容易发生。发生临时停车有以下几种情况:

(1)列车前方站没有股道接车。

(2)前面区间占用不空。

(3)两列车在车站会让(交会或待避)。

(4)有障碍物(人、物、车辆进入),司机紧急刹车。

(5)因救援、抢险等特殊原因,列车调度同意列车在车站临时停车。

(6)机车车辆发生故障,列车不能继续运行。

(7)区间线路突然发生故障。

九、试　　风

列车在发车之前，机车司机操作制动阀向各车厢制动主管充气，压缩空气被送到每节车辆的副风缸里，即空气制动机进行制动试验发出"嗤嗤"的出气声。试风的目的是为了列车运行安全。

十、站台高度

动车组站台高度 1 250 mm，站台边缘距线路中心线的距离不小于1 750 mm。

十一、列车速度

1. 列车技术速度

列车技术速度是指列车在区段运行(不包括列车在沿途中间站的停站时间)平均每小时走行千米数。

2. 列车旅行速度

列车旅行速度是指列车在区间运行加上列车在沿途中间站停站时间在内的平均每小时走行千米数。

3. 列车始发正点率

列车始发正点率按规定时刻正点出发的列车列数与出发列车总列数的比率。

列车始发正点率＝正点出发列车列数/出发列车总列数×100％。

第二节　动车组车票票价计算

一、客票价计算

动车组票价定价是根据国家发展和改革委员会关于高等级软座快速列车票价问题的复函，旅行速度达到110 km/h以上的动车组列车软座票价基准价：每人公里一等座车为0.336 6元，二等座车为0.280 5元，可上下浮动 10％。

一等座车公布票价＝0.336 6×(1＋10％)×运价里程

二等座车公布票价＝0.280 5×(1＋10％)×运价里程

广深线开行的动车组列车票价可在国铁统一运价为中准价上下浮动50％的基础上再上下浮动 50％，其公布价由企业在规定水平内自行确定。

动车组卧铺票价，根据铁运电〔2008〕135 号规定，按现行新空特快不同席别的比价关系和动车组座车的票价确定公布票价：

软卧上铺公布票价＝0.336 6×(1＋10％)×1.6×运价里程

软卧下铺公布票价＝0.336 6×(1＋10％)×1.8×运价里程

旅客票价在实际工作中是以国务院铁路主管部门公布的《铁路旅客票价表》中对应的里程数，硬座、软座、加快、卧铺票种类确定票价。列车员必须掌握《铁路旅客票价表》的查表方法，记住担当乘务区段的停车站的票价。

高速动车组票价的具体制定由各铁路局自己确定，铁路主管部门只规定票价打折的下限，如不得低于已公布票价的 6 折。

动车组票价、动车组软卧票价可按公布票价打折。公布价打折，由铁路运输企业决定，并在公布前 3 天报铁路主管部门备案。

取消强制保险后，旅客在铁路运输过程中发生人身伤害时，依据有关法律规定，属于铁路运输企业责任的，铁路运输企业将按国家有关法律规定进行赔偿。

二、儿童票价计算

按照《铁路旅客运输规程》的有关规定，随同成人旅行身高 1.2～1.5 m的儿童，可以享受半价动车组车票。超过 1.5 m 时，需要购买全价票。每一成人旅客可免费携带身高不足 1.2 m 的儿童一名，超过一名时，超过的儿童人数应购买儿童票。儿童票的座别，应与成人车票相同，其到站不得远于成人车票的到站。

动车组软卧儿童票＝动车组软卧公布票价－动车组一等座公布票价/2

在运行里程不足 400 km 时，公式中扣减的动车组一等座公布票价均按 400 km 公布票价计算。免费乘车的儿童单独使用卧铺时，应购买全价卧铺票。

三、学生票计算

在普通大专院校(含国家教育主管部门批准有学历教育资格的民办大学),军事院校,中、小学和中等专业学校、技工学校就读,没有工资收入的学生、研究生,家庭居住地和学校不在同一城市时,凭附有加盖院校公章的减价优待证的学生证(小学生凭书面证明),每年可享受家庭至院校(实习地点)之间四次单程学生票。新生凭录取通知书、毕业生凭学校书面证明可买一次学生票。

学生票限定在寒假 12 月 1 日至次年 3 月 31 日,暑假 6 月 1 日至 9 月 30 日内有效。检查学生票时需要查看学生证上的"减价优待证"及当年登记的购票次数。超过 4 次时应购买全价票。

动车组列车只发售二等座车学生票,学生票为全价票的 75%。

学生乘坐卧铺需补收全价卧铺票与学生票票价的差额。

华侨学生和港澳台学生按上述规定同样办理。

发售学生票应以近径路或换乘次数少的列车发售。

发现下列情况不能发售学生票:

(1)学校所在地有学生父或母其中一方时。

(2)学生因休学、复学、转学、退学时。

(3)学生往返于学校与实习地点时。

(4)学生证未按时办理学校注册的。

(5)学生证优惠乘车区间更改但未加盖学校公章的。

(6)没有"学生火车票优惠卡"、"学生火车票优惠卡"不能识别或者与学生证记载不一致的。

四、残疾军人票计算

中国人民解放军和中国人民武警部队因伤致残的军人凭"中华人民共和国残疾军人证";因公致残的人民警察凭"中华人民共和国伤残人民警察证"可享受半价的动车组的一、二等座车票。

第三节　车票的识别及其使用条件

旅客车票的识别是列车员最基本的业务技术要求之一，必须熟悉和掌握。

一、动车组车票购买

为确保动车组列车安全运行，乘车有序管理，自 2011 年 6 月 1 日起，凡带“C”、“D”、“G”字头车次的动车组列车实行实名制，须持有效身份证件购票乘车。

有效身份证件包括：居民身份证（包括中华人民共和国居民身份证、中华人民共和国港澳居民居住证、中华人民共和国台湾居民居住证、中华人民共和国外国人永久居留身份证）、临时居民身份证、户口簿、中华人民共和国旅行证、中国人民解放军军人保障卡、军官证、武警警官证、士兵证、军队学员证、军队文职干部证、军队离退休干部证、按规定可使用的有效护照、港澳居民来往内地通行证、中华人民共和国往来港澳通行证、台湾居民来往大陆通行证、大陆居民往来台湾通行证、外国人居留证、外国人出入境证、外交官证、领事馆证、海员证、外交部开具的外国人身份证明、地方公安机关出入境管理部门开具的护照报失证明、铁路公安部门开具的乘坐旅客列车临时身份证明等。

1．5 m 以上 16 岁以下未成年人有效身份证件还包括学生证。

动车组列车车票最远只发售至本次列车终点站。

一张有效身份证件同一乘车日期、同一乘车站只能购买一张实名制车票。

二、动车组车票识别

车票是旅客乘车的凭证。列车员应熟悉本次列车担当区段的旅客车票种类以及铁路乘车证。

车票票面内容有：发站和到站站名；座别、卧别；径路；票价；车次；乘

车日期;有效期;旅客姓名、身份证号。目前动车组旅客乘车车票种类有以下几种:

1. 纸质车票

纸质车票是由承运人出具载明乘车日期、车次、发站和到站站名、票价等内容的纸质乘车凭证,也可作报销凭证。

2. 铁路电子客票

铁路电子客票是以电子数据形式载明乘车日期、车次、发站和到站站名、票价等内容,以规定的身份证件作为乘车凭证,如居民身份证等。

3. 铁路乘车卡

铁路乘车卡是内装磁介质或者集成电路芯片、通过自动检票机(闸机)记录旅客乘车信息的乘车凭证,如中铁银通卡 、广深铁路牡丹信用卡等铁路乘车卡。

4. 虚拟乘车凭证

虚拟乘车凭证是经承运人认可的,通过电子数据形式体现的乘车凭证,如铁路 e 卡通。

5. 动车组车票代码

(1)高速动车组旅客列车代码为“G”,编号 G1～G9998,其中:跨局 G1～G5598,管内 G6001～G9998。

(2)城际动车组旅客列车代码为“C”,编号 C1～C9998,其中:跨局 C1～G1998,管内 C2001～C9998。

(3)动车组旅客列车代码为“D”,编号 D1～D9998,其中:跨局 D1～D3998,管内 D4001～D9998。

旅客进站需要核对身份证,车票加盖车站验证章。

三、动车组车票有效期计算

(1)动车组是直达票,当日当次有效。若改乘当日其他动车组列车不受开车后 2 h 内限制,但须办理签证后乘坐。

(2)通票有效期按乘车里程计算:1 000 km 为 2 日,超过 1 000 km 的,每增加 1 000 km 增加 1 日,不足 1 000 km 的尾数按 1 日计算;自指定乘车日起至有效期最后一日的 24:00 止。

(3)因列车满员、晚点、停运等原因，旅客不能在规定的有效期内到达到站时，车站可视实际需要延长通票的有效期，延长日数从通票有效期终了的次日起计算。

(4)旅客因病中途下车、恢复旅行时，在通票有效期内，出具医疗单位证明或经车站证实时，可按医疗日数延长有效期，但最多不超过10天；卧铺票不办理延长，可办理退票手续；同行人同样办理。

四、车票使用

(1)旅客须按票面载明的日期、车次、席别乘车；并在票面规定的有效期到达到站。

(2)通票中转乘坐动车组列车，需在有效期内在车站办理签证后，方可乘坐。

(3)直达票旅客中途下车，车票作废。

(4)持通票的旅客在乘车途中有效期终了，要求继续乘车时，应自有效期终了站或最近前方停车站起，另外补票，核收手续费。定期票可按有效期使用到站。

(5)对乘坐卧铺的旅客，列车可以收取车票并予以集中保管。收取车票时，应当换发卧铺证；旅客下车前，凭卧铺证换回车票。

成人带儿童或儿童与儿童可共用一个卧铺。

(6)除特殊情况并经列车长同意的外，持低票价席别车票的旅客不能在高票价的车厢停留。

(7)烈性传染病患者、精神病患者或健康状况危及他人安全的旅客，站、车可以不予运送，已购车票按退票的有关规定处理。

五、误售、误购、误乘、越站的处理

(1)发生车票误售、误购时，在发站应换发新票。在中途站、原票到站或列车内应补收票价时，换发代用票，补收票价差额。应退还票价时，站、车应编制客运记录交旅客，作为乘车至正当到站要求退还票价差额的凭证，并以最方便的列车将旅客运送至正当到站，均不收取手续费或退票费。

(2)因误售、误购或误乘需送回时，承运人应免费将旅客送回。在免费送回区间，旅客不得中途下车。如中途下车，对往返乘车区间补收票价，核收手续费。

(3)由于误售、误购、误乘或坐过了站在原通票有效期不能到达到站时，应根据折返站至正当到站间的里程，重新计算通票有效期。

六、丢失车票的处理

旅客丢失车票应另行购票。在列车上应自丢失站起(不能判明时从列车始发站起)补收票价，核收手续费。旅客补票后又找到原票时，列车长应编制客运记录交旅客，作为在到站出站前向到站要求退回补票价的依据。退票需核收退票费。

第四节　铁路乘车证的识别及使用条件

一、铁路职工乘车证的识别

铁路职工乘车证是铁路内部职工、家属乘车使用的车票。填写内容有：姓名、性别、年龄、使用起止日期、乘车区段、席别、事由。

1. 铁路职工乘车证

(1)硬席全年定期乘车证。

(2)软席全年定期乘车证。

(3)硬席临时定期乘车证。

(4)软席乘车证(含临时定期、往返、单程三个使用事由)。

(5)硬席乘车证。

(6)通勤乘车证(含定期通勤、通勤、通学三个使用事由)。

(7)就医乘车证(购粮乘车证使用就医乘车证代替)。

(8)便乘证。

(9)探亲乘车证。

二、铁路乘车证的使用条件

1. 使用乘车证乘车必须“三证”齐全

铁路乘车证限乘车证上所填写的持有人在有效期间的区间使用。

（1）职工使用乘车证乘车必须出示工作证（离休证、退休证），同时出示出差证明书或人事调转命令、户口迁移证明等。

（2）通学乘车证使用必须持有学生证；就医乘车证使用必须持有工作证或家属证以及医疗机构的转院、疗养证明；探亲乘车证使用必须持有工作证及同行直系家属证和探亲证明。

2. 铁路乘车证准乘列车规定

（1）持用全年定期、临时定期、软席、硬席乘车证和便乘证，在正式或临时营业线上，准乘各种旅客列车（国际列车除外）。

（2）持用探亲乘车证，准乘国际、旅游以外的各种旅客列车。

（3）持用通勤、定期通勤乘车证，准乘国际列车以外的各种旅客列车。

（4）持用通学、就医、购粮乘车证，准乘快车和普通旅客列车。

（5）持用铁路全年、临时定期的软席、硬席乘车证均可乘坐空调可躺式客车。

使用铁路乘车证的人员，乘坐动车组列车时，应实名签证后方可乘车。

3. 动车组餐饮、保洁添乘证

遇特殊情况需要餐饮、保洁企业人员便乘接车时，由铁路局客运处填发“动车组列车便乘单”，式样如图 6-1 所示。尺寸为190 mm×150 mm。

动车组列车便乘单

编号：____

姓　　名：____________（等______人）

工作单位：______________________

乘车日期：______年______月______日

车　　次：______________________次

乘车区间：________站至________站

××铁路局客运处（盖章）

20　　年　　月　　日

本证盖章有效，凭证乘车、进出站

图 6-1　动车组列车便乘单

持“便乘单”乘车的人员不得与旅客争座位。

餐饮、保洁企业人员登乘列车监督检查应持有“动车组餐饮、保洁专用添乘证”，此“添乘证”由中国铁路总公司填发，限登乘本公司担当的列车。监督检查应有检查记录。

4. 登乘证

由各铁路局自行设计“动车组列车登乘证”（定期、临时）式样，送交相关动车组列车担当乘务单位周知，以便登乘动车组列车指导工作。

铁路运输各专业人员和安监、公安、卫生等部门需登乘动车组检查、试验时，须持有本局领导签发的“动车组列车登乘证”，方可登乘，不安排座席。无证不准登乘动车组列车。

特种乘车证使用条件和范围，按原铁道部的规定执行。持特种乘车证的人上车，一般由列车长安排。

列车员发现有人违章使用乘车证，如票面加填、涂改、转借他人使用、超过有效期限或有效区间乘车，未持规定的有关证明、证件或伪造证明、证件的，应及时向列车长汇报处理。列车长对上述情况按照有关规定补收或加收票款，同时查扣乘车证及有关证件，抄报有关单位处理。对持用伪造乘车证者，应立即查扣，并移交公安机关处理。

第五节　旅客乘坐动车组的要求

动车组有别于其他旅客列车，由于列车速度高，安全因素作为动车组列车的首要条件，因此对旅客乘坐动车组列车提出如下要求：

一、提前做准备下车

动车组在中间途经车站停留时间较短，一般在省会城市停车2 min，在其他城市停车1 min。列车应提示下车乘客应尽早做好准备，及时下车。只有列车长确认乘客完全进入车厢后，告诉司机关门，列车自动门完全关闭后，列车才会开行。

二、会使用逃生设备

动车组列车每节车厢四角各设置1个破窗锤和逃生窗(窗上贴有红色圆标记),提示旅客在紧急情况下可以打开破窗锤上的粘盖和胶皮扣,用力向上向外拉动,利用锤子砸破逃生窗逃生。此外,位于07号车厢的多功能室仅供乘客生病等特殊情况下应急使用,其余时间不得进入或者改作他用。

三、禁止吸烟

出于健康与安全的考虑,动车组车上的任何地方禁止吸烟。列车广播要经常提示旅客不要吸烟,告知旅客动车组各车厢客室、厕所都安装烟雾报警器。若旅客吸烟发生报警,致使列车紧急停车造成严重后果将依法追究吸烟者责任。同时提示列车中途停靠站时间太短,乘客不要下到站台上抽烟,以免误车。

四、旅客携带品规定

1. 可携带物品

旅客携带品由旅客自己负责看管。每人免费携带品的重量和体积是:儿童(含免费儿童)10 kg,外交人员35 kg,其他旅客20 kg。每件物品外部尺寸长、宽、高之和不超过130 cm。

残疾人旅行时代步用的折叠式轮椅可免费携带并不计入上述范围。

2. 限量携带物品

为方便旅客的旅行生活,限量携带下列物品:

(1)气体打火机5个,安全火柴20小盒。

(2)不超过20 mL的指甲油、去光剂、染发剂。不超过100 mL的酒精、冷烫剂。不超过600 mL的摩丝、发胶、卫生杀虫剂、空气清新剂。

(3)军人、武警、公安人员、民兵、猎人凭法规规定的持枪证佩带的枪支子弹。

(4)初生雏20只。

3. 不得带入车内的物品

(1)国家禁止或限制运输的物品。

(2)法律、法规、规章中规定的危险品、弹药和承运人不能判明性质的化工产品。

(3)动物及妨碍公共卫生(包括有恶臭等异味)的物品。

(4)能够损坏或污染车辆的物品。

(5)规格或重量超过旅客可携带物品规定的物品。

旅客携带品超过规定时,应劝其和动员旅客办理托运。劝阻无效时,可拒绝其上车。

4. 违章携带物品的处理

(1)在发站禁止进站上车。

(2)在车内或下车站,对超过免费重量的物品,其超重部分应补收四类包裹运费。对不可分拆的整件超重、超大物品、动物,按该件全部重量补收上车站至下车站四类包裹运费。

(3)发现危险品或国家禁止、限制运输的物品,妨碍公共卫生的物品,损坏或污染车辆的物品,按该件全部重量加倍补收乘车站至下车站四类包裹运费。危险品交前方停车站处理;必要时移交公安部门处理。对有必要就地销毁的危险品应就地销毁,使之不能为害并不承担任何赔偿责任。

没收危险品时,应向被没收人出具书面证明。

(4)如旅客超重、超大的物品价值低于运费时,可按物品价值的50%核收运费。

(5)补收运费时,不得超过本次列车的始发和终点站。

五、列车上补票

动车组列车上不售火车票,也不允许持站台票上车。在列车有能力的情况下,列车上可办理下列情况的补票,补价票随同原票使用有效。

(1)座席变更,补收座席票价差额和手续费。

(2)旅客持半价票乘车,没有规定的减价凭证或不符合减价条件,补收全价票与半价票的差额,并加收已乘车区间应补票价值50%的票款。

（3）应买票而未买票的儿童，应补收儿童票，核收手续费。身高超过1.5 m的儿童使用儿童票时，补收儿童票与全价票的差额，核收手续费。

（4）旅客在列车上丢失车票，应另行购票。在列车上应自丢失站起（不能判明时从列车始发站起）补收票价，核收手续费。旅客补票后又找到原票时，列车长应编制客运记录交旅客，作为在到站出站前向到站要求退回补票价的依据。退票需核收退票费。

（5）持用伪造或涂改的车票乘车，除按无票处理外，并送交公安机关处理。

（6）持用低等级的车票乘坐高等级列车、铺位、座席时，补收所乘区间的价票差额，并加收已乘车区间应补票价值50%的票款。

六、其他乘车条件的处理

（1）烈性传染病患者、精神病患者或健康状态危及他人安全的旅客，站、车可以不予运送；已购车票按旅客退票的有关规定处理。

（2）对违反国家法律、法规，在站内、车内寻衅滋事、扰乱公共秩序的人，站、车均可拒绝其上车或责令其下车；情节严重的送交公安部门处理；对未使用至到站的票价不予退还，并在票背面做相应的记载，运输合同即行终止。

第七章

动车组车内设备操作

动车组列车员对动车组车内固定附属装置必须熟悉，并掌握一些基本操作要求。操作培训应结合实际担当的动车组类型和分工要求，对照实物进行讲解和演示。由于车型不断改进，本章各节介绍的动车组车内设备操作仅供参考。

第一节　CRH1 型动车组车内设备及操作

CRH1 型动车组由 8 辆车组成，其中 5 辆动车，3 辆拖车；首尾车辆设有司机室，可双向驾驶。总长度213.5 m；编组总重420.4 t。车体宽度3.328 m，车体高度4.04 m。全列车定员 668 人，1、8 号车为一等座席（在列车两头司机室后），定员 72 人，共 144 人，座椅 2+2，靠背可调整；2、3、4、6、7 号车为二等座席，定员 101 人，共 505 人，座椅 2+3，靠背固定；5 号车为酒吧拖车，定员 19 人。可以两组重联运行，最高运行速度 200 km/h。

残疾人厕所在餐车车厢内。

一、车厢侧门

在车厢两侧各设有一个侧门，采用电动单页滑动塞拉门，各门有两级伸出脚踏板，可以适应 800～1 250 mm 的站台，侧门宽度 1 100 mm。

1. 侧门开关装置

侧门设有开门按钮、手动开门把手、车门隔离装置等开关装置。

2. 正常开门操作

全列车侧门的开启集中控制，由动车组司机负责开关。在司机下达允许开门指令后，通过操纵台的开关按钮进行侧门的集控开关，开/关按钮灯亮，同时蜂鸣器响起。当司机按下操纵台上的车门释放按钮后：

(1)乘客可以通过按动"开门按钮"打开本车厢该侧车门。

(2)司机在司机室内操作同时打开全列车一侧门。

3. 正常关门操作

正常情况下，车门打开 30 s 后会自动关闭。如果系统探测到有乘客移动，车门会自动打开，30 s后，再次关闭。如任一侧门处于开启状态，列车就不能开动。系统探测到车门附近有人或物移动时，将停止关门动作。侧门具有防挤压功能。

4. 侧门立柱设置的操作装置

侧门立柱设置的操作装置包括光栏装置、紧急开门装置及本地控制面板。

(1)光栏装置。

(2)紧急开门装置。每个侧门有两个紧急开门装置，一个在内部，位于侧门立柱内侧，称内部紧急开门装置；一个在外部，位于开口后面的裙板内侧，称外部紧急开门装置。

在有电的情况下，用三角钥匙开关"本地操作"，黄灯亮起。用三角钥匙开关"开/关本地车门"，红灯亮，直到车门完全打开前不得松手。关闭用三角钥匙插入"开/关本地车门"复位即可。

在没电情况下，打开车内紧急开门装置，按下红色手柄，用手拉开车门。关门时，先手动把门合上，并用三角钥匙插于内部开门装置中的锁芯，复位即可。

(3)本地控制面板。本地控制面板上设有状态指示灯和使用三角钥匙的操作开关。

二、车厢内部门

1. 内部门分类

内部门分手动车门和自动车门。

司机室门和厕所门是手动车门。

风挡门和过道门，都是电动感应式双扇门，为自动车门。

风挡门位于每辆车的端部。

过道门位于各车的过道和客室之间。

2. 风挡门和过道门的操作

风挡门和过道门设有钥匙开关和主开关。

(1)钥匙开关。钥匙开关设有 A(自动)、C(关门锁定)、O(开门锁定)三个工位，用于设定车门的操作模式。

当钥匙开关在“A”位时，门可自动开关并具有防挤压功能。当门立柱发出“清洁模式”的指令时，所有的过道门和风挡门都被打开并锁定。当司机室发出“火灾模式”的指令时，所有的风挡门被关闭并锁定。可以手动将其打开，但它们会自动返回关闭状态。

当钥匙开关处于“O”位时，车门处于打开锁定位。当司机室发出火灾模式的指令时，风挡门即被关闭锁定。

当钥匙开关处于“C”位时，车门处于关闭锁定位。

(2)主开关。主开关用于运行期间将门机构进行隔离。当主开关被启动时，无论钥匙开关处于哪个工位，车门即关闭，然后可被手动打开。

三、座位调整

一等座位，每个座椅的扶手处设有一个调节按钮，用于调节座椅背靠的角度。一等座椅主要包含织物衬套、头枕片、扶手、小桌板、杂志网、脚蹬等。

二等座位，主要包含织物衬套、头枕片、扶手、小桌板、杂志网等。

座椅旋转式方法是通过踩下座椅下部踏板，逆时针旋转座椅，改变座椅方向。

四、5 号车厢设备

乘务室设在 5 号车厢，有轮椅升降装置、轮椅位置、残疾人厕所、乘务室。乘务室设有车载信息系统智能显示器、旅客信息复位系统和烟火报警装置显示屏。

五、照　　明

列车照明通过列车网络系统集中控制。其他辅助照明控制开关主要有门立柱开关、司机室及乘务员室电灯开关、厨房和餐厅区照明开关、阅读灯开关。

(1)照明控制开关位置。门立柱照明控制开关设置在1号、5号和0号车。司机室及乘务员室电灯开关设置在司机室及乘务员室。厨房和餐厅区照明开关设置在厨房。阅读灯开关安装在行李架上。

(2)照明控制。照明控制分“一般照明控制”和“紧急照明控制”。

一般照明，是指厨房、阅读灯、过道车内外门聚光灯及司机室扇内照明、乘务员室车顶聚光灯以外的照明，由司机室集中控制或在本车门立柱用三角钥匙单独控制。

一般照明打开时，客室照明、餐厅区域客室、厨房照明、阅读灯照明可以单独控制。

紧急照明，是指在电池充电失效时，由蓄电池系统进行供电照明。紧急照明期间，餐厅区域客室照明可被单独控制。

外门照明根据车门系统状态自动控制。

司机室和乘务员室的车顶聚光灯控制，可单独由司机室或乘务员室电灯开关控制。

六、餐吧车设备

餐吧车位于动车组中部。餐吧车一般分厨房区、酒吧服务区、酒吧外储藏区，设有餐桌(立式、坐式)、椅子、吧台、陈列柜、咖啡机、微波炉、冷藏箱(柜)、储藏柜、电磁炉、电茶炉、水槽、垃圾箱、售货车。

七、卫生设备

一等座车设有坐式集便式卫生间，二等座车设有蹲式集便式卫生间。除5号车，每个卫生间有一个供水箱。卫生间内设有整容镜、洗手盆、感应式水龙头、按压式洗手液装置、电源插座、按压式冲洗装置、垃圾箱、烟火感应装置。残疾人卫生间内设有婴儿护理台和求助按钮等设备。当旅客在卫生间内发生紧急情况时，按下求助按钮，立即发出报警声，同时乘务室内显示屏能显示求助信息。每个卫生间门框旁边设有“有无人显示”装置。

除 5 号车厢外，每个厕所间有一个供水箱。供水箱可用时间 48 h。

5 号车厢有两个污水箱，其他车厢有一个污水箱。

厨房内设有卫生系统指示面板，提供酒吧/残疾人厕所的供水箱和酒吧区污水箱的液位指示。

每个车厢内设有污物箱，容积 650 L，餐车污物箱容积 910 L。集污时间 48 h。

八、逃 生 窗

各车厢两侧各设有逃生车窗 3 个，分布在车厢两头、中间。在紧急情况下，乘客可以打开破窗锤上的粘盖和胶皮扣，用力向上向外拉动，利用锤子砸破紧靠破窗锤的第一个车窗逃生。

第二节　CRH2 型动车组车内设备及操作

CRH2 型动车组由 8 辆车组成，其中 4 辆动车，4 辆拖车；首尾车辆设有司机室，可双向驾驶。总长度 201.4 m；编组总重 345 t。车体宽度 3.38 m，车体高度 3.7 m。全列车定员 610 人，7 号车为一等座席 51 人，座椅 2+2，旋转式可调靠背；1 号车二等座席 55 人，2、4、6 号车二等座席定员 100 人，3 号车二等座席 85 人，8 号车二等座席 64 人，共 504 人，座椅 2+3，靠背固定；5 号车为酒吧车，定员 55 人。

一、车厢的基本设施

1. 侧门设置

在车厢两侧各设有两个侧门。在司机室及乘务员室内设置有侧门集中控制开关，通过操作开关，可以以集中控制的方式，同时打开或关闭全列车的侧门。关闭侧门之后，各车厢侧面的显示灯会熄灭，司机驾驶台的关门显示灯为亮起。司机在确认显示灯状态之后，可以开车。

2. 侧面锁闭装置

(1)侧面锁。在车门关闭状态下，车内使用专用钥匙操作，可锁闭侧门(气密和非气密时都可以进行上锁)。

(2)压紧装置。通过油压动力缸顶住侧门，将门和车体紧密贴近，保证车内的气密性。列车运行速度在 5 km/h 以上的情况下，乘务员即使操作侧门开关，侧门也不会打开，这是关门保护电路在起作用；速度达到 30 km/h 以上压紧装置启动，将门和车体紧密贴近，保证气密性。

(3)紧急开关门。在侧门的上方，设有紧急开门开关。在紧急情况下，操作车内侧门上部的汽阀，将侧门气缸里的空气强行进行排气，然后用手动可以打开门。

3. 使用方法

侧门的开关在 1 号和 8 号车的驾驶室和 7 号车的列车员室进行操作，正常情况下由司机集中操作。

特殊情况需要列车员操作时，按如下步骤进行：

(1)将列车员钥匙插入靠站台一侧的侧拉门操作开关，转到“合”的位置。

(2)按下开门开关，车侧灯亮灯，车门打开，乘客可上下车。

(3)确认已无乘客上下车后，按下关门开关。

(4)确认车侧灯熄灭，将列车员钥匙转到“断”位置，拔出列车员钥匙。

二、车厢内部门

1. 内端拉门装置

内端拉门为电动式自动门，分为对应轮椅使用者(7 号车后位，8 号车前位)的加宽型和普通型两种类型，具备防挤压功能。门控电源由设置在门框上的开放开关控制，在“关”位时，可通过手动操作来开关门。在“开”位时，由天花板内置光线开关探测器控制门的开闭。自动门在有故障或停电时，能够手动开关门。

2. 外端拉门(防火门)

外端拉门为装在通道上的防火用不锈钢拉门，在 8 辆编组的 2～8 号通道口的车端部，设有 1 处防火门。为了在全开、全关时能够保持其状态而设置了压紧装置。

3. 多功能室拉门

车门上设有乳白色聚碳酸酯玻璃窗和换气用的通风板。锁为内侧搭扣方式,可在内侧开闭或在外侧用专用钥匙打开或锁闭拉门。

4. 卫生间拉门

卫生间拉门上设有把手和在内侧锁闭的暗锁。在外侧用专用钥匙打开或锁闭厕所。适用轮椅使用者(一等车)的卫生间加宽,设置了可通过按钮开关进行控制的自动开关的拉门。

5. 小便折叠门

小便间的折叠门是向通道侧开的对折门,宽度上力求不妨碍通道上旅客的通行,折叠门没有安装门锁装置。

6. 垃圾箱室门

垃圾箱室门是由氯乙烯发泡材料的夹板构成的。按下锁的突起部位即变成把手,旋转即可打开。关闭时,旋转把手。

三、车　　窗

车窗为气密构造,除司机室、乘务员室以外全部为固定车窗。

1. 旅客座位车窗

一等车每列座席对应一个车窗;二等车两列座席对应一个大车窗。

车窗为气密构造,玻璃材料采用强化玻璃。侧窗窗台为树脂材料,设有能够放置饮料的台面。

在各个车厢的四角设有紧急逃生用的紧急窗,发生紧急危险状态时,可以使用车厢内壁上的破窗锤砸破该车窗玻璃逃生。

2. 乘务员室侧开窗

设有车窗锁闭和气密性开关。

打开车窗步骤:

(1)打开车窗下的车窗气密开关,排除密封橡胶中的压力空气。

(2)打开车窗锁。

(3)打开车窗。

关闭车窗步骤:

(1)关闭车窗。

(2)锁闭车窗锁。

(3)打开车窗下的车窗气密开关,向密封橡胶中充入压力空气,压紧窗体,实现密封。

3. 遮阳幕

遮阳幕采用在拉开的状态下就可以更换面料的可拆装式卷帘装置。在空调发生故障时,可以将遮阳幕放下保持一段时间车内温度不上升。

四、座　　椅

1. 座椅靠背的倾斜度调整

按动扶手按钮即可根据需要进行调整靠背倾斜度。

2. 座椅朝向的调整

为了使旅客乘坐始终面向列车前进方向,保护视力的舒适感。在座椅侧面的下部设有脚踏式开关,以脚踏下开关,手推动座椅即可转动到面向列车前进方向。

座椅过道一侧设有把手或相当于把手的部分,旅客走过道时可以抓住,以保证安全。

残疾人用座椅设置固定轮椅用的安全带。8 号车残疾人用座椅的后侧座椅中,侧扶手中设置拉出式桌子。

五、服务设备及使用方法

1. 卫生间

1、3、5、7 号车厢设有卫生间,门内侧可以用手锁闭,外侧用专用钥匙打开或锁闭。残疾人用的卫生间(7 号车)的拉门为按键式自动门。

卫生间采用坐式便器,安装了洗手装置、清洗用光电开关、灯具托架、扶手、镜子、厕纸支架。

坐便器使用后,即可用手触摸光电开关,放水冲洗污物排入车下的污物箱。

洗手装置采用传感器,手伸到传感器下方,水自动流出,手离开传感器,水自动停止流出。

卫生间内设有紧急按钮，若发生紧急情况时，可按下紧急按钮，车内蜂鸣器报警，乘务员室和司机室的显示屏显示紧急报警信息，列车工作人员能及时收到报警信息，采取相应措施处理。

2. 小便间

1、3、5、7 号车厢后位侧，设有小便间，使用后会自动清洗。在清洗水配管内设置有清洗剂筒，以除去尿迹和臭味。清洗剂需定期补充。

3. 盥洗间

1、3、5、7 号车厢后位侧，设有盥洗间，配有镜子、桌子及插座、洗脸盆。

洗手盆的使用方法：

洗手盆设有全自动光电传感器。使用者将手伸入传感器的下方，传感器会出现自动喷出洗手液、出水、吹出暖风的动作。

(1)喷出洗手液。使用者将手伸入传感器的下方，传感器自动喷出洗手液，设置时间为 0.5 s，手离开传感器或超过时间，传感器即自动停止喷出洗手液。停止 1 s 后，再次将手伸入传感器的下方，会继续喷出洗手液。

(2)出水。使用者将手伸入传感器的下方，传感器自动出水，手离开传感器即可自动停止。若连续出水 60 s，传感器也会自动停止出水。需要再次用水，用手遮住传感器即可继续出水。

(3)干燥。将手伸入干燥传感器的前面，就会自动出热风干燥，手离开自动停止。

洗手液的补充方法：

(1)按下 5 min 停止开关，LED 监控器亮橙色灯，使出水以外的动作都停止，洗手液补充作业才能正常进行。

(2)用手指按住洗手液补充口盖子的下部，由于上部的磁石错开能够形成空隙，手指伸入空隙将盖子卸下。

(3)从补充口注入稀释过的洗手液。补充洗手液时要缓慢倒入，否则会溢出。洗手液箱的容量约 4.3 L。从洗手液过滤器中能看见洗手液，就表示补充满了，应停止注入，拧紧补充口的盖子，结束补充。

(4)再次按下 5 min 停止开关，LED 监控器熄灯，恢复正常状态。

(5)用手测试洗手液喷出传感器动作,确认洗手液喷出正常。

注意事项:洗手液必须使用指定的品牌、型号和稀释倍率,否则会造成洗手液容器故障;补充洗手液时使用的容器要保持清洁,严禁沾有稀料等有机溶剂和甲醛等消毒剂。

4. 多功能室

多功能室设置在 7 号车,仅供乘客生病等特殊情况下应急使用,其余时间不得进入或者改作他用。室内设有可对叠的婴儿床(放倒靠背)、折叠式的座椅;在上部设有行李架,天花板上设置了扬声器及调风板;在前面设置了镜子、荧光灯开关及紧急蜂鸣器开关(在拉门发生故障而被关在房间内时使用);在出入口的上部设置了挂钩。

5. 备品室

在 3 号车上设置有备品室,能够收藏紧急用渡板、大型收藏箱、绳索及应急灯等备品。

6. 大件行李存放处

在通过台除确保放置手持行李的空间(2、4、6 号的前/后位,1、3、5 号车的后位)之外,设置了折叠式架子,用于存放大件行李。

第三节　CRH3 型动车组车内设备及操作

CRH3 型动车组由 8 辆车组成,其中 4 辆动车,4 辆拖车;动车组的两端端车内设司机室,列车运行由前端司机操作。时速 350 km。两列动车组可以连接在一起运行。车体宽度 3.265 m,车体高度 3.89 m。全列车定员 600 人,5 号车为一等座席 56 人,座椅 2+2,座椅设有脚蹬和可调座椅靠背;部分一等座车厢设有高级座席或包房。1、8 号车为二等座席,定员 73 人;2、3、6、7 号为二等座席,定员 87 人,共 494 人。座椅 2+3,靠背为可调整式;4 号车为座车和餐车合造车,定员 50 人。

一、基础设备

1. 侧门

侧门数量 22 个,全列车侧门的开启集中控制,由动车组司机负责开关。

2. 感应式内端门

感应式内端门数量22个。位置:二位端共计12个,一位端共计8个。它由自动门感应器、紧急按钮、开门锁定机制、关闭锁定机制、手柄组成。

3. 座位

一等座位,每个座椅的扶手内侧处设有一个调节按钮,用于调节座椅背靠的角度,提高乘坐舒适度。一等座椅配有织物衬套、头枕片、扶手、小桌板、杂志网、脚蹬等。

二等座位,每个座椅的扶手下方设有一个调节按钮,用于调节座椅背靠的角度,提高乘坐舒适度。二等座椅配有织物衬套、头枕片、扶手、小桌板、杂志网等。

每组座椅下部设有方向可调装置,通过踩下座椅下部踏板,改变座椅方向。

4. 车窗

车窗采用光学折射原理的减速玻璃,减小动车组列车高速运行产生的视角冲击,而给人带来的身体不适感。

二、服务设备

1. 卫生设备

2、3、5、6、7号车设有卫生间2个,均为坐式便器;每个卫生间门框旁边设有“有无人显示”装置。

2. 电茶炉

1、3、5、6、8号车位于车厢二位端,2、7号车位于车厢一位端,4号车位于吧台外侧墙壁内设有电茶炉。电茶炉前的指示器板上有电源、加热、缺水显示灯。使用时需将按压开关按至底部(起防烫伤作用),缺水显示灯亮起时,表示水箱缺水,应通知机械师关闭电茶炉电源开关。

3. 残疾人服务设施

残疾人服务设施包括残疾人专用区域和残疾人卫生间及残疾人弯道。

(1)残疾人专用区域位于5号车二位端1、2号座席对面空挡处。

(2)残疾人卫生间及残疾人弯道均位于5号车二位端。残疾人卫生间设有内外自动触摸式门锁、残疾人紧急呼叫按钮。坐便器两侧设有不锈钢扶手。自动触摸式开关门装置如开门后没有任何操作，则 45 s 后自动关门。残疾人卫生间的手动开关门锁在卫生间门左侧墙板上方，如锁闭手动开关门锁，则自动门锁装置失效。

(3)残疾人卫生间内设有婴儿护理台和“SOS”求助按钮等设备。使用婴儿护理台时只需抬起把手即可打开使用。“SOS”求助按钮按下后，紧急呼叫就显示在乘务室 MMI 显示屏上，同时会通过车厢扬声器发出提示音。

4. 电子显示屏

电子显示屏位于车厢内端门上方，乘务室墙壁背面上方。显示屏显示列车运行日期、车次、时速、运行时间、编组及服务设施介绍、车外温度、安全提示、投诉电话。

5. 电源插座

电源插座位于车厢一、二端墙壁下方各 1 个，4 号餐吧车 5 个，5 号车每排座席靠近通道一侧座席下各 1 个。

6. 乘务室

位于 4 号车二位端，室内设有列车 PIS 广播通信设备 1 台，紧急制动阀 1 个，列车影视操作控制系统 1 台，MMI 显示屏 1 台(可控制车内空调温度、照明、查询车内有无异常并显示有解决提示等)，电源插座。

MMI 显示屏有操作按键(打开/关闭、亮度对话、白天/黑夜切换、语言选择、信息框、故障浏览、纠正措施、显示转换、纠正、光标、Enter/确认、键盘软按键)。

第四节　CRH5 型动车组车内设备及操作

CRH5 型动车组由 8 辆车组成，其中 5 辆动车，3 辆拖车；首尾车辆设有司机室，可双向驾驶。总长度 211.5 m，编组总重 451 t。车体宽度 3.2 m，车体高度 4.7 m。可两列重联使用。CRH5 型动车组根据车体定员数有两种情况：大定员车体定员 622 人，8 号车为一等座车，定员 60 人，座椅 2+2，座椅为不可旋转型；1 号车为二等座车，定员 74 人；2、3、4、

5 号车为二等座车，定员 93 人；7 号车为二等座车，定员 73 人，座椅2+3，座椅为不可旋转型。小定员车体定员 586 人，1、8 号车为一等座席，定员 56 人，共 112 人，座椅 2+2，座椅为可旋转型；2、3、4、5 号车为二等座席，定员 90 人，7 号车为二等座席，定员 74 人，共 434 人，座椅 2+3，座椅为可旋转型。6 号为餐车酒吧，定员 40 人。7 号车设有残疾人旅客座席。

一、侧门操作

每节车厢两侧各设有一个集控车门。

1. 外侧控制装置

车门外侧主要控制装置包括：触摸式开门按钮、车门紧急解锁拉手、内凹式拉手、手动车门锁。

使用方法：在车门外开门时，将车门紧急解锁拉手扳至 90°位置，同时拉动车门，即可开启车门；司机释放后可以设有触摸式开门按钮开门（司机释放后按钮内部灯呈亮灯状态，未释放为灭灯状态），上部按钮供成人使用，下部按钮供儿童及残疾人使用。

2. 内部控制装置

车门一侧壁板设有紧急三角锁、蜂鸣器、紧急开门按钮、车门紧急解锁拉手，在手动解锁车门使用。

手动解锁有两种方法：

(1)用三角钥匙向左侧拧动紧急三角锁，此时蜂鸣器蜂鸣，向下搬动车门紧急解锁拉手至 90°位置后，拉动车门（关闭时用三角钥匙将侧面的紧急三角锁向右拧动到位，车门蜂鸣器无蜂鸣声即可）。

(2)直接将紧急开门按钮外部防护罩打破按住按钮，再将车门紧急解锁拉手向下搬动至 90°位置后拉动车门。

在车门另一侧壁设有触摸式红色开关按钮、绿色开关按钮，用于车厢内操作开、关门。但是按钮必须在司机释放后方可使用。司机释放后按钮内部灯呈亮灯状态，未释放为灭灯状态。

3. 车门踏板

每个客室门的入口处均有一个车门踏板，它由两个铰链支撑，两个铰链根据站台高度调整踏板高低，低站台情况下将踏板升高，高站台情况下将踏板降低。踏板在顶部或放底部位置时，必须使用三角钥匙锁定车门踏板，以策安全。

4. 站台补偿器

车门踏板装有一个电驱动可伸缩站台补偿器，用于搭接在高站台和门口之间。站台补偿器位于车门踏板边缘，列车停稳、开门后，站台补偿器自动伸出。发生故障时，应通知随车机械师调整。

5. 车门和站台补偿器的安全操作

(1)当列车加速至 5 km/h 或该速度以上时，由乘务员操作的车门开启授权和车门开启控制可自动取消；当列车减速至 5 km/h 或该速度以下时，必须重新按允许的规定操作。

(2)速度为 5 km/h 或超过该速度时，车门必须自动关闭。

(3)车门开启过程中，如站台补偿器未处于正确位置，则需阻止车门开启。

(4)车门关闭过程中，如站台补偿器未返回原始位置，则需阻止车门关闭。

(5)车门上设有若干敏感边条，如关闭过程中在车门和门框之间碰到任何人或物体，则敏感边条会使车门重新完全启动。约 5 s 后，车门将自动重新关闭。该过程会循环重复操作，直至障碍物被清除。即使在无安全装置保护下，手指(最小直径 10 mm)也不可能被夹在车门和门框之间，因此车门会一直运动直至关闭循环结束。

(6)站台补偿器设有收回装置，当作用于其上的力超过 300 N 时，用于阻止站台补偿器关闭。如果关闭过程中检测到站台补偿器上有障碍物，则踏板会打开至完全开启位置并尝试重新关闭。尝试几次后站台补偿器停止并发出故障指示。

(7)每个车门上均设有声音信号蜂鸣器，间隔 1 Hz 鸣响。车门即将关闭时(鸣响 2 s)；因检测到障碍物开启时(鸣响 2 s)；紧急开启车门时(只要在该情况下)，以 5 Hz 间隔鸣响。车门处于停用状态，但踏板未收回时(鸣响 20 s)。

6. 车门指示灯

车门指示灯是客室门的车门关闭、开启信号装置，车门内侧设有内凹式拉手,上方有红色、绿色、白色三个显示灯,在通过台区的内部可见。显示绿灯表示车门正常,车门完全关闭、锁定且站台补偿器收回;红灯表示车门故障,车门未完全关闭或站台补偿器未收回;白灯表示车门隔离、停用。

二、电动内端门

每节车厢两端各设有电动内端门,用于保持车厢温度和隔离运行中间连接处产生的噪声。

电动内端门的主要控制装置由黄色开启按钮、红色解锁复位按钮、三角锁和内凹式拉手组成。通过电动内端门时,只需按下内侧或外侧黄色按钮,端门即可打开,延时数秒后自动关闭。需要长时间开启内端门时,须按下内侧或外侧红色按钮。再次按下红色按钮电动内端门关闭,恢复自然状态。以上操作需将三角锁置于解锁状态,在锁定状态时,各按钮不可用。

三、照明灯、阅读灯及电源插座

每节车厢的照明设备由随车机械师统一操作。

一等座车在行李架底面设有阅读灯,按下开关键灯即亮,灯座可以转动进行角度调整。

在座席下方设有电源插座,卫生间、大件行李存放处及过道墙壁设有部分插座。

监控室位于餐吧车二位端、单编组 2～7 号车设有综合控制箱,一般由随车机械师操作。

四、服务设备及操作

1. 座椅配置物

一等车座椅有织物衬套、头枕、扶手、小方桌、杂志网、脚踏板等,在行李架底面设有阅读灯。

二等车座椅有织物衬套、头枕、扶手、小方桌、杂志网等。

2. 靠背调节

每个座椅的扶手处设有靠背角度调节按钮,旅客可以根据自己需要的舒适角度进行调节。

大定员(622 人)车体为向上扳动座席下方的拉手,同时身体向前滑动即可进行调整。

3. 座椅旋转

设有旋转装置的座椅可以进行座位朝向调换。调换方法是先将座椅、茶桌板归位,然后轻轻踏住座椅下方的脚踏板,按顺时针方向旋转座椅。大定员车体的座椅不能旋转。

4. 折叠桌

背靠折叠桌展开即可使用。位于扶手内的折叠小桌需要打开扶手活动盖板,向上取出后打开使用。

5. 衣帽钩

座椅侧面墙壁设有衣帽钩,按压下部悬挂点弹出。

6. 残疾人座椅

单组 7 号车二端设有残疾人专用区域及残疾人弯道。残疾人使用的轮椅用防护带将其固定。

大定员(622 人)车体 7 号车厢设有残疾人座椅,位于 74 号,座椅靠墙壁一侧有紧急求助按钮。

7. 车窗、遮阳幕

车窗采用减速玻璃。车窗处设有半透明内嵌下拉式遮阳幕。

8. 卫生间

卫生间分蹲式便器和坐式便器两种,均采用真空集便器。卫生间门设有“有无人”显示装置。每个卫生间设有洗手盆、感应器、洗手液盒、干手器、烟雾感应装置、触摸式冲水按键。另备有卷纸、抽纸、坐便垫等用品。卫生间还有垃圾箱。

9. 残疾人卫生间

残疾人卫生间设在 7 号车厢,采用坐式便器。设有内、外触摸式自动门锁,紧急求助按钮、不锈钢扶手、婴儿整理台、电源插座等设备。进入使用时按下黄色按钮,即可开门,进入后先按下黄色按钮,在门完全关闭后再按下红色按钮,锁闭卫生间门。出来时按下黄色按钮开门。

需要求助时,可按下坐便器一侧或内门上的“SOS”残疾人紧急求助按钮。紧急呼叫显示在机械室显示屏上，同时机械师室和车厢内扬声器发出提示音，再次按下“SOS”按钮，可取消紧急呼叫。

残疾人卫生间设有婴儿整理台，使用方法是抬起把手，将婴儿整理台打开，确定整理台平稳，即可使用。

10. 垃圾箱

垃圾箱设在每节车厢连接处和电茶炉下。

11. 备品柜

全列车共设备品柜 5 个，分别位于 6 号车机械师室对面一个，7 号车二位端 2 个，1、8 号二位端各一个。车门防护网存放在 1、8 号车备品柜内。

第五节　CRH2 型长编组卧车动车组车内设备及操作

CRH2 型卧车动车组由 8 辆车动车和 8 辆拖车组成固定编组，全列车大定员 630 人，二等座席 2 辆，定员 110 人，软卧席 13 辆，定员 520 人，8 号车为餐车。采用动力分散型交流传动的牵引方式，适用于电气化铁路的既有线和客运专线。在既有线上可以200 km/h以下速度运行，在新建电气化铁路客运专线上可以 200～250 km/h速度级运行。

一、各车厢设备

1. 动车

2、3、6、7、10、11、14、15 号车为软卧动车。

车厢设备包括软卧包间 10 间，定员 40 人；坐式卫生间、蹲式卫生间、电茶炉、洗脸间、客室信息显示器、呼叫显示器、紧急窗（在车厢两头的第二位车窗）、垃圾箱；运转服务配电盘/控制继电器/接地开关盘。两侧各设有一个侧门。

2. 拖车

（1）1、16 号车为二等座席拖车，车厢设备有：司机室、乘务员室、坐式卫生间、蹲式卫生间、洗脸间、储物柜，备品洁具柜、客室信息显示器、呼叫显示器、紧急窗(在车厢第1、6位车窗)、垃圾箱、灭火器;运转服务配电盘/控制继电器/接地开关盘。两侧各设有一个侧门。座椅2+3,定员55人。

(2)8号餐车,车厢设备有:配餐室、乘务员室、机械师室、吧台、休闲区、餐厅、备品洁具柜、储藏柜;列车信息控制/影视系统控制屏、收音机广播装置、客室信息显示器;电茶炉、冰箱、烤箱等用具;灭火器、紧急窗、一侧拉门。

(3)4、5、9、12、13号车为软卧拖车,车厢设备有:软卧包间10间,定员40人;坐式卫生间、蹲式卫生间、洗脸间、客室信息显示器、呼叫显示器、紧急窗(在车厢两头的第二位车窗)、垃圾箱;运转服务配电盘/控制继电器/接地开关盘,备品室、灭火器;两侧各设有一个侧门。

4、7号车装受电弓。

1、3、5、7、9、11、13、15号车厢设有电茶炉。

2、6、10、14号车厢设有水箱、水泵。

二、呼唤控制系统

CRH2型卧车动车组设有包间影视控制板、呼唤显示屏服务系统。

包间控制板的触摸式按键用于调节包间内的广播音量和向外发出呼唤信息。触摸呼唤按键,呼唤显示屏即发出呼唤信号,该包间外的呼唤指示灯亮起。

车厢的呼唤显示屏,除8号餐车外,每辆卧车设在二位端小走廊。各车呼唤显示屏通过广播系统列车干线网络进行通信,显示全列车的呼唤信息。

乘务员室的呼唤显示屏设在1、8、16号车厢乘务员室内,呼唤显示屏每个页面只能显示相邻4个车厢的信息,乘务员通过触摸翻页按键查看其他车厢、卫生间的呼唤信息。

显示屏上显示包间号或卫生间工作状态的指示灯颜色,分别代表不同的信息:

灰色——表示正常,没有呼唤信息。

黄色——表示当前设备通信故障。

绿色——表示有乘客按下呼唤按钮，该包间或卫生间有情况，需要乘务员立即去查看该包间或卫生间发生的情况。

三、烟火报警系统

在座车客室、乘务员室、软卧车各包间、各电气柜、走廊、卫生间、餐车餐厅、配餐间内，均设有隐藏式感烟探头。在 8 号餐车上设置 2 台烟火报警主机。

烟火报警主机通过电流环与终端装置（MON）通信，将每个感烟探头的状态（探头未接、报警、故障、正常）发送给 MON，这些信息在随车机械师室的显示屏显示。

报警装置分布点：1 号车、16 号车驾驶室有 5 处，客室 2、8、10 列座椅，乘务员室、卫生间、配电柜均设有报警装置。软卧车 1、2 包房，3、4 包房，5、6 包房，7、8 包房，9、10 包房设有报警装置。配电柜、卫生间设有报警装置。

四、照明系统

CRH2 型卧车动车组使用荧光灯和 LED 灯具。阅读灯采用 LED 灯具，其他采用荧光灯。

五、车内其他设施

1. 应急灯

1 号和 16 号车驾驶室各配有应急灯 16 个，1、8、16 号车乘务员室各配有 1 个应急灯。

2. 紧急用渡板

4、8、12 号车备品室配有紧急渡板各 1 个，在列车紧急情况时用于疏散旅客。

3. 绳索

4 号和 12 号车备品室配备绳索各 8 根，8 号车机械师备品室配备绳索 16 根，用于侧拉门。紧急用绳索 4、12 号车备品室各 1 根，8 号车机械师备品室 2 根。

4. 灭火器

驾驶室设有 5 kg 的 ABC 干粉灭火器。每个车厢前位通过台和后位通过台各设置一具2 kg水性灭火器和干粉灭火器，在发生火灾时用于扑救。

5. 备品室

备品室设在 4、12 号车。

6. 内部门和锁

(1)软卧车自动内端门。软卧车自动内端门为 MY670DP1 型电控电动式单扇移门。其操作方式分为手动操作和电动操作，由安装在上导轨下表面的转换开关切换。

手动操作：将转换开关扳到 OFF 位置，断开电控系统电源，此时门系统处于手动操作状态。用手扣住门板框架中部的扣手，即可拉动门板，实现开门。

电动操作：将转换开关扳到 ON 位置，电控系统接上电源，门系统将以低速进行第一次关门，初始化参数，初始化完成后，进入电动操作状态。

开门：门系统在有电情况下，处于自动状态。光电感应开关探测到有物体时，将发出开门信号通知门控器，门控器接收到开门信号后，启动电机，通过传动系统开门。

关门：门开到位后，光电感应开关未探测到有物体时，门控器控制延时 4 s后自动关门。门控器控制延时时间可以在 0～30 s 调整。

(2)座车自动内端门。1 号、16 号车在客室与通过台之间的内端墙处设有自动感应式的电动拉门。电动拉门的开与关是通过顶板内光电开关的检测自动进行的。通过门前后的光电开关来检测出人或物体的通过状态，可以防止被门夹住的情况。

自动开闭门有故障或停电时，用手动也能够轻松进行开闭。

(3)软卧包间拉门。包间拉门的开与关在拉门内侧，按按钮所示进行开启、锁闭操作。在拉门走廊一侧门框旁有门锁，列车员可以用专用六角钥匙转动门锁芯，解锁后拉动拉手将门扇推动到底，实现开门。

7. 乘务室

在 1、8、16 号车设有列车员乘务室，内设有办公桌、物品柜、衣帽钩等;在 8 号车乘务室内设有应急担架和扬声器等。

第六节 CRH380A 型动车组车内设备及操作

CRH380A 型动车组编组 8 辆,由 6 辆动车和 2 辆拖车构成编组,采用动力分散型交流传动牵引,最高时速可达 350 km,可以在新建 300 km/h速度级客运专线上运行,也可在新建 200 km/h 速度级客运专线上以 200 km/h 速度运行。

全列车定员 490 人。一等座车 2+2,宽幅软座座椅,二等座车 2+3,软座座椅。1、8 号车为带观光区的二等座车,每车定员 45 人;3 号车为带 VIP 半包间的一等座车,定员 42 人。包间设有 4 个 VIP 座椅;4 号车为带残疾人使用设施的一等座车,定员 51 人;2、6、7 号车为二等车,定员为 85 人。座椅可以旋转,靠背可以手动调节和锁定。乘务员室在 5 号车。

一、车　　门

1. 侧拉门

侧拉门由司机室以及乘务员室内设置的开关集中控制操作。关闭侧拉门之后,各个车厢侧门外部的显示灯熄灭,司机台的关闭显示灯亮起,司机确认关闭显示灯状态之后发车。侧拉门左侧设有车内单控开关。右侧设有车外单控开关。

2. 外端拉门

外端拉门是装在两辆车之间的贯通口上为防火用而设置的不锈钢的手动拉门。在 2、3、5、6、7、8 车的一位端各一个,在 4 号车的一、二位端设有外端门。

在正常运用中该门藏于外端墙的内部,是不使用的,通过弹性定位装置保持固定状态。需要使用时,先把手动拉手从门板内取出,然后用力拉动拉手,即可把门拉出,门板上的扣手露出,此时必须把拉手缩回到门板内部,才能继续关门,关门到位后,弹性定位装置把门板顶紧在外端墙上,起到隔断两辆车的功能。

3. 内端门

内端门采用电控电动式移门。

二、车厢设备配置

1. 一等车车厢

3 号车为一等车，定员 42 人，有 VIP 半包间、卫生间、盥洗室、电开水炉、电器柜、备品柜、行李室。

4 号车为一等车，定员 51 人，有卫生间、盥洗室、电开水炉、电器柜、行李室、车上水箱、残疾人座。

2. 二等车车厢

1 号车头，二等车，定员 45 人，有驾驶室、卫生间、盥洗室、观光区、电开水炉、电器柜、备品柜、行李室。

2 号动车，二等车，定员 85 人，有卫生间、盥洗室、电开水炉、电器柜、行李室、车上水箱。

5 号动车，二等车，定员 52 人，有餐饮区、厨房、卫生间、盥洗室、乘务员室、机械师室、电开水炉。

6 号动车，二等车，定员 85 人，有卫生间、盥洗室、电开水炉、电器柜、行李室、车上水箱。

7 号动车，二等车，定员 85 人，有卫生间、盥洗室、电开水炉、电器柜、备品柜。可乘坐轮椅。

8 号车头，二等车，定员 45 人，有驾驶室、卫生间、盥洗室、观光区、电开水炉、电器柜、备品柜、行李室。

3. 设备配置

各车厢均有运行配电盘、服务配电盘。

服务配电盘，布置相关空气调节装置、送排气装置、照明、自动门和各显示器的 NFB(脱扣开关)、空调显示设定器、外部电源用连接器等。

在车厢内端墙上，设有车内信息显示器、车号显示器、禁烟标记、洗手间使用显示器、紧急报警按钮等设施。

车厢每一个座椅底部设有 220V 插座供旅客使用。在通过台及走廊车顶、洗手间设有 LED 筒灯。

侧出入口部作为行动不便者使用无障碍设备，设置开关门预告声装置。

三、服务设备

车体结构采取隔热、隔音、降噪措施，提高了乘坐舒适性。

1. 观光区

观光区设置在 1 号车和 8 号车靠近驾驶室处。观光区设置了边柜、VIP 座椅、沙发。

边柜亦称功能柜，设有翻板桌、电视转臂、折叠桌。

(1)折叠桌

桌面是通过螺钉固定在桌面安装架上面，反面安装装饰板。折叠桌桌面打开可供餐饮或娱乐使用。展开方法：扣住桌面装饰板凹处，拉动桌面并放平主桌面自锁，再将副桌面拉开。收起方法：收回副桌面，手动抬起桌面，绕可动转轴向上旋转，桌面贴着固定座的导轨道向下滑动翻转，与固定座的立面平行并自锁。

(2)电视转臂

电视转臂需要通过 x、y、z 轴的旋转实现电视屏幕的展开与收起。展开过程为：逆着坐标轴方向看，收起时状态，绕 z 轴逆时针旋转 90°，绕 y 轴顺时针旋转 90°，绕 x 轴逆时针旋转 90°，呈展开状态。收起时与展开过程相反。讲解须实物实际操作。

(3)观光区隔断

司机室与观光区之间设有观光区隔断，用于头车司机室与观光区之间，起到划分区域的作用和为乘坐在观光区的旅客提供不同服务。旅客通过调节玻璃透光度，达到观光的目的。

2. VIP 包间

在 3 号车设有 VIP 包间，内有 4 个 VIP 座椅及 2 个茶桌。VIP 座椅上设有阅读灯、餐桌板、控制面板、视频系统、电源、旋转拉索、防擦条、杂志袋等。

3. 一、二等车座椅

一、二等车座椅可以旋转 180°，面向列车前进方向，以保证旅客视觉舒适。座椅靠背可以手动控制调整倾斜角度。

4. 旅客行李存放

(1)行李架。

(2)物品存放处。在通过台处设有物品存放处,可以存放大件行李。

5. 乘务员室

乘务员室设有办公桌、转椅和电器柜,安装了扬声器架和备用灯架。

6. 给水卫生系统

(1)给水系统。给水系统分为车上水箱供水系统和车下水箱供水系统。2 号、4 号、6 号配置 400 L 车上水箱,5 号餐车配置 700 L 车下水箱,其他车配置 400 L 车下水箱,均采用电动水泵供水给卫生间、盥洗室、电茶炉。

(2)坐式卫生间。坐式卫生间门为拉门,内锁,外暗锁开,采用真空保持式便器,设置瓣阀,以防止臭味冒出。卫生间内设有紧急呼叫按钮,在发生意外情况时使用。

残疾人卫生间的拉门为按钮式自动门,并设有婴儿尿布床、可折叠扶手。

(3)蹲式卫生间。蹲式卫生间门为拉门,内锁,外暗锁开,采用真空保持式便器,设置瓣阀,以防止臭味冒出。

(4)排污系统。采用真空集便系统收集来自便器的污物。按动便器冲洗按钮,真空集便系统开始工作。车上盥洗废水通过排水管路径车底水封装置排至车外。

第七节 CRH380B 型动车组车内设备及操作

CRH380B 型动车组是通过技术引进、消化、吸收,由我国自主创新的新产品,编组 16 辆,全列车定员1 004人。

一、车厢基本设备

1. 一等座车

1 号、16 号为一等车,定员 22+9;2 号车为一等座车,定员 29+4;4 号车为一等座车,定员 56 人。一等车 2+2 座椅,有卫生间、影视系统。

每个座椅上设有笔记本电脑用的电源插座。

1 号头车，设有 VIP 观光区和 VIP 包间、VIP 服务区及卫生间；一等座席 22 人，且与 VIP 区分区服务。16 号头车，设有 6 人商务半包间，4 人VIP 半包间，一等座席 17 人。

2. 二等座席

5 号车二等座车，定员 71 人，6～8 号、10～15 号车均为二等座车，定员 80 人。二等车 2+3 座椅，有标准卫生设施、影视系统。每个座椅上设有笔记本电脑用的电源插座。

3. VIP 车

VIP 车设有 2+1 座席区，有影视、娱乐、卫生、服务设施，定员 24 人。

4. 餐座车

餐座车设在 9 号车，设有乘务员室、厨房，定员 38 人。

二、观光区布置与服务设置

1. 整体布置

观光区设有控制面板、杯托、折叠桌、电视、呼叫服务功能。

观光区服务台设有可放耳机、报刊等的储物兜，抽拉式的小桌板可以为坐在后方的旅客提供方便。

司机室后墙采用电控液晶雾化玻璃，通透性可随意控制，提高乘坐舒适度。

2. 服务设置

(1)旅客乘坐休息时灯光可调，有小件行李存放处。

(2)有餐桌设置。

(3)座位附近有电源插座及工作台。

(4)有影视、书报架设置。

(5)有呼叫服务功能设置。

三、包间布置与服务设置

1. 整体布置

包间内设有 VIP 沙发、茶桌、电视、阅读灯、门帘、服务呼叫按钮等设施,为旅客在车上办公、娱乐、休息提供方便。还设有控制面板、杯托、折叠桌、电视、呼叫服务功能。

司机室后墙采用电控液晶雾化玻璃,通透性可随意控制,提高乘坐舒适度。

2. 服务设置

(1)乘坐的沙发可以转换为卧铺,灯光可调。

(2)有餐桌设置。

(3)座位附近有电源插座及工作台,可以办公。

(4)有影视、书报架设置及耳机存放处。

(5)有呼叫服务功能设置。

(6)有小件行李存放处。

四、半包间布置与服务设置

1. 整体布置

设有一个 VIP 包间、两个一等包间。包间间壁高度为1 600 mm,具有一定的私密性和开放性。还设有茶桌、电视、阅读灯、服务呼叫按钮等设施,为旅客在车上办公、娱乐、休息提供方便。

2. 服务设置

(1)有 VIP 座椅或一等座椅。

(2)有餐桌设置。

(3)座位附近有电源插座及工作台,可以办公。

(4)有座椅电视或车顶电视。

(5)有呼叫服务功能设置。

(6)设置行李存放架及茶几。

VIP 座椅可实现由坐姿到半躺、平躺状态的一键转换功能,也可以在断电情况下实现手动复位;坐姿时可使用茶桌;座椅的任意状态均可使用阅读灯及影视系统;设有呼唤按钮;座椅在列车调向运行时可实现 180°旋转。

此外,客室布置设有 VIP 座椅、行李架、餐桌、服务台、插座(座位附近)、座椅电视。服务区有衣柜、操作台、洗池。操作台上设有微波炉等设备。

五、饮水装置

车端设置的电热开水器具有缺水保护功能，在列车运行过程中，所有控制自动运行，当开水器出现故障或列车供水箱缺水时，干烧信号灯闪烁，电热开水器会自动停止烧水。

六、给水卫生装置

全列车净水箱总容量为 5 000 L，可满足一次往返运行10 h的供水。

全列车污水箱总容量为 5 850 L，可满足 4 个单程运行收集。

垃圾箱总容量为 850 L，可满足定员一餐后垃圾收集。

全列车卫生间 27 个，其中 VIP 卫生间 3 个，残疾人卫生间 1 个，标准卫生间 23 个。

头车卫生间，供包间、VIP 观光区的旅客使用，有卫洗丽、冷热水装置、紧急呼叫按钮、坐便器、卫生纸等设施。

VIP 卫生间，设计理念为旅客提供五星级宾馆卫生设施，有卫洗丽、冷热水装置、紧急呼叫按钮、坐便器、卫生纸等设施。

通用卫生间，有门控器、感应洗手系统、坐便器、紧急呼叫按钮、卫生纸等设施，可以满足坐轮椅的旅客使用。如有旅客按下紧急呼叫按钮报警，但本人又无法打开卫生间门，列车员可以拉门上用方形钥匙从外面打开卫生间解救受困旅客。门控器有 3 个关闭程度的传感器：10%、90%、100%，以控制减轻门体与门限的冲击。卫生间设有婴儿尿布更换台。

标准卫生间采用模块化设计，有洗手系统、坐便器、卫生纸等设施。

第八节 应急梯、防护网操作

一、应急梯使用条件与方法

1. 存放位置及数量

动卧列车应急梯放于首尾司机室内各 4 副。

CRH1E 型动车组存放在 01、00 车备品柜内。

CRH2A 型动车组存放在 01、00 车司机室配电柜指定位置及 03、07 车备品柜内。

CRH2B 型动车组存放在 01、00 车司机室配电柜指定位置及 03、07、11、15 车备品柜内。

CRH2E 型动车组存放在 01、00 车司机室配电柜指定位置及 04、08、12 车备品柜内。

CRH3 型动车组存放在 01、00 车司机室座椅下及 04 车备品柜内。

CRH380A 型动车组存放在 0、1、3、7 号车备品柜内。

CRH380AL 型动车组存放在 0、1、4、8、10、15 号车备品柜内。

CRH380BL 型动车组存放在 3、9 号车备品柜内。

由于车型改进和各担当段管理方式不同，上述指定存放位置可能有所变化，各担当段按实际情况讲解。

2. 使用条件

(1)动车组列车因发生火灾、爆炸事故停车时，使用应急梯向地面安全地带疏散旅客。

(2)当动车组列车无法接入高站台线路，只能在低站台停车时，动车组列车工作人员在列车长的统一领导下，认真瞭望后，提前打开列车停靠一侧的踏板，并确认踏板锁闭良好，打开车门使用应急梯组织旅客安全乘降。

(3)遇特殊原因，动车组列车需要无站台停车或列车尾部未靠站台停车时，乘务员确认邻线无列车通过、无危及人身安全障碍物后，在有车站工作人员接车的一侧使用应急梯组织旅客乘降。CRH1E、CRH1、CRH3 型动车组若停靠在500 mm及以下站台或无站台时，需组织旅客通过“应急梯”下车。

3. 使用方法

(1)得到上级允许后，由列车长指定列车工作人员两人一组分别到指定车厢领取应急梯。

(2)工作人员取得应急梯后，分别到指定车门先将应急梯展开，锁定牢固，再将固定好的应急梯从车门处放下，确保放稳。

(3)使用应急梯时,工作人员必须先行下车进行防护,再组织旅客有序乘降。

(4)CRH3 型动车组里急用梯自身带扶手,向上提起,用套管将扶手固定即可。

(5)旅客疏散完毕后,工作人员收回应急梯送回指定存放位置。

二、防护网挂放方法

1. 存放位置及数量

动卧列车的防护网放置于 9 号车储藏室内,共计 16 具。

CRH1 型动车组存放在厨房储物柜内;

CRH2、CRH380BL 型动车组存放在 3 号车备品柜内;

CRH380AL 型动车组存放在 4、8、10、15 号车备品柜内;

CRH380A 型动车组存放在 3、7 号车备品柜内;

CRH3 型动车组存放在 4 号车厨房存储柜内对面的储物箱内;

CRH2B 型动车组存放在 5、7、11、13 号车一位端的备品柜内;

CRH2E 型动车组存放在 4、8、12 号车二位端的备品柜内;

CRH5 型动车组存放在 1、8 号车备品柜内。

2. 使用条件

(1)动车组发生临时停电或空调故障 20 min,应急通风功能失效或无法满足需求时,列车长接到随车机械师故障情况通知并按规定请示上级后,根据车内实际情况及动车组乘务人员的配备情况,确定开门个数,指定人员安装防护网,然后打开装好防护网的车门通风。

(2)动车组车门在运行中发生故障,乘务员发现或接到旅客报告后,应就地看守并报告列车长,并将靠近故障门的客室门锁闭,通知机械师及时关闭故障门,进行处理。当故障门无法关闭时,乘务员要按要求安装防护网,并在车门值守,确保安全。

3. 挂放程序

(1)列车工作人员在列车长的统一安排和指挥下,按一人一门的原则在车门处挂放防护网进行防护,挂放防护网的车门为列车靠站台侧(区间停车时应避开邻线侧，两侧均有邻线时开前进方向左侧）车门。

（2）挂放时，将防护网的警示语面向车内，先将防护网的上卡槽挂放在车门内扶手上，并用三角钥匙拧紧固定，再将防护网的下卡槽用三角钥匙拧紧固定在车门内扶手上。

（3）安装完防护网后将所负责区域未安装防护网的车门进行隔离。隔离锁位于车门下部。使用车门钥匙将锁芯拧到隔离位置。

（4）隔离完车门后，向列车长汇报，听从下一步指示。

（5）立岗于防护网 1 m 处，面向防护网，做好安全宣传。

（6）列车故障恢复后，按照列车长指示，关闭车门（或司机复位集控关门），取下防护网并将隔离锁复位。

（7）防护网由随车机械师保管。

第九节　动车组设备安全操作

一、电茶炉安全操作

（1）列车员操作电茶炉必须经过培训考试合格，方可使用和看管。

（2）必须严格执行交接制度。接班时需确认各部状态良好后，方准进入正常操作。

（3）操作时，首先确认电茶炉供水系统各截门、水阀状态良好，位置正确，电茶炉不缺水干烧。

（4）正常情况下，应将控制开关放置在正常使用位，同时严密监视电茶炉水位。当水位过低或听到报警时，应立即切断电源。

（5）发生设备故障时，应首先切断电源并及时向列车长、随车机械师反映情况，及时处理。不得擅自拆卸电茶炉配件和打开控制箱。经确认故障排除后，方准继续使用。

（6）应经常保持电茶炉清洁，严禁用水冲刷炉体。不得在茶炉上堆（存）放各种杂物。需保持排水系统清洁畅通。

二、微波炉安全操作

（1）微波炉烹调时，不得使用金属网架及其他金属和带金、银边的器皿,仅可使用陶瓷、耐热玻璃、耐热塑料等器皿。

(2)烹调前应先放好转盘支承及玻璃转盘,再将盛好的器皿放在玻璃转盘上进行烹调。

(3)不得直接加热装在密封容器内的液体和其他食物,以免发生爆炸。使用保鲜纸遮盖食物烹调时,需将保鲜纸一角折上,使蒸汽可以溢出。

(4)当食物在塑料、纸或其他可燃材料制成的简易容器中加热或烹调时,应随时注意,防止起火。

(5)烹调少量食物时,要多观察,防止过热起火。不得用微波炉煎、炸食物。微波炉内无食物时,不得使微波炉工作,以免损坏设备。

(6)从微波炉内拿出食物和器皿时,应当使用锅夹或戴上隔热手套,以免高温烫伤。

(7)烹调过程中发生冒烟或起火现象时,应立即切断电源,不得立即打开炉门,避免遇空气加大火势。

(8)微波炉内禁止加热不符合微波炉烹饪要求的食品。不得加热后存放任何物品。

(9)微波炉炉门或门封损坏出现异常时,需及时与车辆乘务员反映情况,不得继续使用。

三、灭 火 器

动车组每节车厢两端分别配备干粉和手提式水雾灭火器。

碳酸氢钠和碳酸氢钾干粉灭火器适用于扑救易燃液体、可燃气体的初期火灾,包括石油、石油产品、油漆、有机溶剂和电气设备等。

操作时取下灭火器,拔掉保险销,将喷嘴对着火源根部(带软管的灭火器,要紧握软管喷嘴)压下压把,快速推进,直至将火扑灭。

手提式水雾灭火器可以扑灭可燃固体、可燃液体、可燃气体及一般电器火灾,可抗 36 kV 的电压。使用方法与干粉灭火器相同。扑灭电器火灾时,灭火距离不少于 1 m。灭火后处理现场时,必须切断电源。

四、紧急停车装置

1. 客室紧急制动手柄

CRH1 型动车组客室配备紧急制动手柄，位于每辆车厢的过道的侧墙上。使用时机和方法：当列车发生火灾等紧急情况需要停车处理时，拉动紧急制动手柄，紧急制动即被启动，列车控制系统自动进入以下程序：

(1)司机室“暂停乘客启动的紧急制动”按钮开始闪亮。紧急通话单元启动，司机可以和乘客或乘务员进行语音通话，以决定要采取的措施。

(2)如司机在 10 s 内按下暂停按钮，并至少保持 3s，紧急制动取消。否则，列车将自动发生紧急制动。

2. 紧急按钮、火灾按钮

CRH2 型动车组车上配备紧急按钮、火灾按钮，位于车厢客室两端的通道的门框上方。使用时机和方法：当列车发生火灾等紧急情况需停车处理时，按下紧急用“Emergency”左侧按钮，蜂鸣器报警且司机室和乘务员室的 MON 显示屏显示报警信息，司机根据情况进行停车处理。按下紧急用“Emergency”左侧按钮，显示紧急报警。

复位操作在各车厢的配电盘内设有复位开关，按下复位开关可以复位该车厢紧急、火灾蜂鸣器。

3. 紧急制动阀

紧急制动阀配备在 CRH3、CRH5 型动车组上。设在车厢内一、二位端，机械师室内 1 处。CRH3 型动车组在 1、8 车观光室和 4 车乘务室内各增设 1 个。

使用时机和方法：紧急情况下需要停车时使用。使用时先打开防护罩(有的没有)，不必先行破封，只需直接将手柄向下拉至底部，列车停稳后应将紧急制动阀上提复位。

4. 紧急制动拉手

紧急制动拉手配备在时速 300～350 km 的 CRH2 型车上，设置在乘务室和机械师室各 1 个，共 2 个。

使用方法：当列车发生紧急情况需停车时，拉下紧急制动拉手，中途不得松手，迫使列车就地制动。其使用效果区别于车厢内紧急制动按钮。

5. CRH380 型动车组的紧急制动

紧急制动被激活将会在 CC 下的 PIS-MMI 上显示给列车乘务区的操作人员，显示信息为"在××车厢紧急制动被激活了"，并且一个已存储的不会被打断的通告将会通过扬声器系统输出。

五、过 渡 板

CRH2 型动车组配有过渡板，放置在 3、7 车。使用时机在动车组运行途中因故障不能继续运行时，将旅客从故障车上过渡到相邻线救援列车上时使用。使用时需按程序组装放置，安装扶手和防护绳。

六、紧急逃生窗及紧急破窗榧

CRH1、CRH2、CRH3、CRH5 型动车组上均配备紧急逃生窗及紧急破窗榧。每节车厢四角设有逃生窗，逃生窗上用红色圆标志，在逃生窗的墙壁或行李架下设有紧急破窗锤，每车 4 把。

使用时机在紧急情况旅客逃生时使用。使用方法是握住紧急破窗锤把手，用力向外侧拔出，拔出时铅封即开，对准车窗上击打位置标记或车窗玻璃，用力击打，利用把手外侧将未完全脱离的玻璃推向车体外侧，须注意不要碰伤手。

七、站台补偿器

CRH3、CRH5 型动车组车门踏板装有一个电驱动可伸缩站台补偿器，用于搭接在高站台和门口之间，防止旅客下车时因踩空发生意外。

使用时机和方法：在列车停稳开门后，站台补偿器自动突出，补充站台与车体之间的空隙，防止旅客下车时因踩空发生意外。站台补偿器的手动开关：当站台补偿器失去自动功能时，可以使用钥匙手动打开补偿器，站台补偿器方可突出；收起时需用手将补偿器扳起，不得松手的同时，用钥匙手动开关关闭即可。此操作必须在车门关闭前完成，否则车门无法关闭。

站台补偿器设有收回装置，当作用于其上的力超过 300 N 时，用于阻止站台补偿器关闭。如果关闭过程中检测到站台补偿器上有障碍物，则踏板会打开至完全开启位置并尝试重新关闭。尝试几次后站台补偿器停止并发出故障指示。若车门指示灯显示绿灯表示车门完全关闭、锁定且站台补偿器收回。若发生故障时,应通知随车机械师调整。

八、卫生间紧急按钮

CRH1、CRH2、CRH3、CRH5 型动车组上均配备卫生间紧急按钮。

使用时机和方法:各型动车组残疾人卫生间设有紧急按钮,旅客在卫生间发生紧急情况时,按下开关即可报警。

九、紧急通风装置

1. 时速 300～350 km 的 CRH2 型动车组

在车厢一、二位端(分别设于大垃圾箱、大件行李处、折页门厕所墙壁、通过台墙壁以及餐吧售货柜内)对角设置紧急通风装置,每车 2 个。

使用时机及性能:在列车断电后,该装置可自动进行通风换气,最长时间可达 2 h。

2. CRH3 型动车组

紧急通风装置设置位置在每节车厢顶棚设有针孔状紧急通风系统。

使用时机及性能:当动车组发生断电空调系统不能正常运行时自动启动,最长可维持 30 min。车内的吸气装置为车内墙板下侧板条缝内侧,过道处的吸气装置设在车厢两端过道处顶棚上的吸气孔。

十、气 密 窗

CRH2 型动车组的乘务室、机械师室配备气密窗各 1 个。

使用时机和方法:供机械师需瞭望时使用。严禁任何人在列车正常运行中打开气密窗,禁止任何无关人员进入司机室。

十一、应急照明灯

CRH1、CRH2、CRH3、CRH5 型动车组上均应配备应急照明灯。应急灯位于每节车厢的两端。在全列车厢不能正常供电时,打开应急灯使用。

第十节　旅客信息系统和影音系统操作

各担当段应根据动车组类型不同，确定旅客信息系统和影音系统操作办法。列车操作自动广播装置按各局规定执行。自动广播发生故障时，由客运人员进行人工广播。

一、旅客信息系统

旅客信息服务系统是为旅客和列车工作人员工作联络服务的，能起组织指挥、服务的作用。旅客信息系统包括信息显示、车内外标志、列车运行信息与自动报站、列车广播、电视、呼唤显示、列车通话系统。

旅客信息系统设备由随车机械师操作。

旅客信息系统主要通过电子显示屏提供与运行相关的信息，主要有以下两个方面内容：

(1)将运行信息显示在车厢两端的过道门上方的电子显示屏上，如车号、厕所有无人信息、列车运行速度、车内外温度、到站等信息，并有声音播出。

车外电子显示屏在上下门上方，显示列车运行区间、车次、车厢序号。

(2)处理列车员与乘客之间的声音通信。

二、广播系统

广播系统实现的主要功能有：司机与司机之间的专线联络通话；司机与乘务员之间的联络通话；乘务员之间的联络通话；通话可以被强插或监听；提供一路通话通道，可以多方同时通话；司机乘务员对全列车进行广播或对定点车厢进行广播。

1. 广播内容

广播内容按客运段、铁路局宣传部、客运处审定录制，车辆部门录入进行广播。

动车组在始发前 5 min 播放安全提示，始发后 5 min 内播放欢迎词、安全提示及背景音乐，终到站前 5 min 播放终到告别词。

2. 广播联络方式

(1)人工广播。人工对旅客进行广播。

(2)自动广播。从车辆信息控制装置接收广播所需要的信息,自动进行广播。

(3)无线电广播。从无线接收系统获得音频信息进行广播。

(4)乘车口音响。从车辆设备接收左右门的开关信息,控制乘车口处的扬声器发出开关门的警示声音。

(5)司机、乘务员之间的联络,是通过司机台控制放大器(包括联络装置)、乘务员控制放大器、配电盘控制放大器进行联络。

(6)联络方式。全体联络呼叫和个别联络呼叫。

3. 全列广播操作步骤

(1)用三角钥匙打开播音柱箱门,取出手持广播话筒。

(2)按照显示屏的显示操作,按下【广播】键→【全车】键。按住手柄左侧的【播音键】进行播音。

(3)播音完毕松开播音键,放回播音柱箱内锁闭箱门。

4. 定点播音操作步骤

(1)用三角钥匙打开播音柱箱门,取出手持广播话筒。

(2)按照显示屏的显示操作,按下【广播】键→【局部】键→选择需要定点播音的车厢号。按住手柄左侧的【播音键】进行播音。

(3)播音完毕松开播音键,放回播音柱箱内锁闭箱门。

5. 定点呼叫操作步骤

(1)用三角钥匙打开播音柱箱门,取出手持广播话筒。

(2)按照显示屏的显示操作,按下【呼叫】键→选择需要定点呼叫的车厢号。按住手柄左侧的【播音键】进行播音。

(3)播音完毕松开播音键,放回播音柱箱内锁闭箱门。

6. 全列车播放 MP3 音乐以及 AM/FM 广播

运行时间在 3 h 以内的列车,一般只播迎送词、服务设备介绍、安全提示、站名和背景音乐。运行时间在 3 h 以上的列车,可在不干扰旅客休息的前提下,适当增加播放内容。列车通过广播、图形标志、电子显示屏、文字提示等形式向旅客广泛宣传环境保护和禁止吸烟规定,提示旅客不得随意丢弃杂物。

7. 人工广播操作（通过控制放大器向全部车厢广播）

（1）拿起送受话器。

（2）按下【广播】键开关。

（3）广播显示灯闪烁，可以进行广播。

（4）通过送受话器上的麦克风开始广播。

（5）广播结束时，广播指示灯熄灭，结束广播。

（6）放回送受话器。

三、影视播放系统

影视系统采用集中播放和控制的形式，每节车厢设有影视系统箱，车厢内各液晶屏独立播放影视内容。全列车连接成一个以太网络，作为影视音乐节目和管理的传送平台。动车组机械师室设有影视系统监视屏，对全列车的影视系统进行统一管理。

影视系统监视屏设置有管理界面，乘务人员或维护人员通过该界面对全列车影视终端进行集中管理。

1. 车内信息显示装置

动车组客室两端车厢通道的门框上设置车内信息显示器，接收从车辆信息终端装置传来的信息，固定或滚动显示当前到站、前方到站、正晚点情况、当前时间、运行速度、实时新闻、禁烟标志和厕所使用等为旅客服务信息。

2. 座车影视系统

在客室两端墙处设有 15 in 数字液晶终端，由列车播放视频节目，通过扬声器播放视频伴音；当列车进行广播时，扬声器转换为广播内容，影视伴音停止；当广播结束时，自动恢复到原来的状态。

3. 软卧车影视系统

每节软卧车各有一套影视系统。每个包房内有 4 台各自独立的 15 in 数字液晶终端，每个数字液晶终端设有独立的节目控制门板并带耳机插孔。在同一时刻，影视系统同时播放 4 套视频节目，旅客可以选择其中 1 套节目观看，通过耳机收听视频伴音。当列车进行广播时，耳机转换为广播内容，影视伴音停止；当广播结束时，自动恢复到原来的状态。

4. 餐车影视系统

在餐厅设有壁挂式15 in数字液晶终端，由列车播放视频节目，通过扬声器播放视频伴音；当列车进行广播时，扬声器转换为广播内容，影视伴音停止；当广播结束时，自动恢复到原来的状态。

当广播系统进行全列车背景音乐广播时，该指令由机械师室内的影视系统监视屏通过RS485总线通知广播系统播放背景音乐，播放的音源为MP3或FM节目。观光区内的VIP座椅上耳机和一等车座椅上耳机不进行广播切换。

影视系统设有USB口，通过该通信口可实现影视主机内节目及播表更新。

5. CRH380型动车组影视系统

影视系统采用集中播放和控制的形式。影视系统在每节车厢均有影视系统箱，其中餐车配有1台影视系统主机箱，二等车每节车厢各配有1台影视系统设备箱，一等车各配有1台影视系统设备箱。影视系统监视屏是系统的管理中心及数据存放中心，通过列车干线以太网络发送媒体音频信号。

影视系统功能根据座席级别的差异有所不同。

(1)VIP座席旅客可以通过VIP座椅扶手上的娱乐单元自主选择欣赏本机存储的音频节目，并能通过该娱乐单元访问列车网络系统，进行信息查询、网页浏览。

(2)一等座席旅客可以通过座椅音频娱乐单元选择收听MP3、视频伴音、收音机音频；通过车厢配置的电视看视频节目，并能通过自备笔记本电脑访问列车网络系统，进行信息查询、网页浏览。

(3)二等座席旅客可以通过车厢配置的电视看视频节目，通过乘客区扬声器收听视频伴音、背景音乐或收音机音频。

5号车机械师室设有影视系统监视屏，对全车的影视系统进行统一管理。影视系统监视屏设置管理界面，乘务员或机械师通过该界面的全列车影视终端进行集中管理。

四、紧急通话

每个车厢过道靠近外门处设有紧急通话单元。出现紧急情况时，乘客可以通过紧急通话单元与司机通话。

紧急通话方法：

(1)乘客按下紧急通话单元面板右下角的红色按钮或拉紧急手柄启动紧急通话单元。

(2)启动后，紧急通话单元的红色 LED“等待”被启动；司机室播出“注意”提示音，按钮“紧急通话”开始闪亮；此时紧急通话单元的指示显示于 IDU 和 PIS 显示屏上。

(3)司机按“紧急通话”按钮。

(4)按钮变为一直亮着，“注意”提示音播放停止，紧急通话单元的绿色 LED“通话”亮起。乘客即可通过紧急通话单元的麦克风与司机通话。

(5)司机保持“通话”按钮处于按下状态，即可通过司机室的麦克风、扬声器向乘客讲话。特殊紧急通话单元的红色 LED“等候”被启动。

(6)司机释放“通话”按钮，等候乘客的回话；紧急通话单元的绿色 LED“通话”亮起，乘客即可与司机通话。

(7)司机再按一次亮着“紧急通话”按钮，结束通话。

五、动车组广播故障处理

动车组发生广播故障，列车长应将故障发生时间、故障情况、修复时间及时向本段调度室、动车车队汇报。

1. 广播录播内容无法正常播放时

列车长应立即向随车机械师通报。不能修复时，由乘务员采取口播形式向旅客进行广播内容的宣传。

2. 部分车厢广播发生故障时

乘务员应立即向列车长报告，并使用播音柱按该时段口头通告用语，向旅客进行通告宣传。

3. 遇播音柱故障无法播音时

二等软座车乘务员应站在列车运行方向第三排坐席靠背处的过道上，面向后方，口头向旅客进行有关通告宣传。软卧车乘务员逐包房进行有关通告宣传。

第八章

服务理念与服务技能

当今的市场经济，迫使铁路进行大改革，彻底甩掉了“铁老大”架子，走向市场，参与竞争。为此，铁路采取大提速，更新服务设备和服务理念，提高服务水平，以此来赢得交通市场的占有率。

第一节　列车服务理念

服务是一种满足社会、企业、团体以及他人需求而提供的劳务活动。更新服务观念，为旅客提供优质服务是铁路履行铁路运输合同的基本义务之一，也是每个客运人员必须考虑和做到的事情。

一、“旅客至上”的服务理念

服务理念，是指人们从事服务活动的主导思想意识和对服务活动的理性认识。服务理念是在一定的经济、文化环境的影响下，在实践中逐渐形成的。

铁路客运服务对象是旅客，是铁路旅客运输的中心工作。没有旅客，铁路企业就没有经济效益，甚至无法生存，职工就没有工作。旅客是铁路企业的命根子，是衣食父母，必须把他们摆在“至上”的位置上，即“旅客至上”，这一服务理念是在人们生活水平的提高，文化水平的提高，市场竞争的迫使下逐渐形成的。“旅客至上”四个字，内涵丰富，不单纯是一个理论概念，要实现这个理念的具体要求，是需要动脑子的，是需要付出艰辛的劳动的。例如，××次列车曾经发生这样一件事，几位旅客到餐车用餐，为他们其中一位旅客庆祝生日，准备点生日蜡烛。餐车服务员发现此情况，首先考虑到列车安全，立即上前微笑劝说："列车在山区运行，摆动大，平稳性不够好，蜡烛容易倒在桌塑料台布引起火情，列车运行中风大，十分危险，后果严重，不能这样做"。餐车服务员的微笑、解释，以及表示歉意，他们不理睬，给他们上菜还受到挑剔。此时，餐车长到列车广播室为他们点播一首《生日快乐》歌曲，随着音乐的响起，餐车服务员送上一碗长寿面，并亲自道一声："生日快乐"，旅客非常感动，满意地笑了。这个事情充分体现了客运人员遵循"旅客至上"的服务理念，动脑子满足旅客的愿望，而不是用规章制度制止点蜡烛行为。"旅客全上"的理念是每个客运服务人员必须树立的，并且要尽好义务和责任。

体现"旅客至上"的常用服务用语，如"您随时可以得到"、"我想我应该能够做到"、"我能为你做些什么"、"以我们现在的条件尽可能地满足您"、"我随时等待您的需要"等用语，使用这些用语是一种艺术与技巧融为一体的完美的展示，容易形成一种自然的、富有美感的行动，会使旅客感到亲切和舒心。

二、让旅客"走得好"的服务理念

过去铁路总是把春运、暑运看做是负担，控制买票，把"走得了"作为铁路旅客运输的工作目标，列车里的"脏、乱、差"的情景始终没有改观。如今观念转变，把"走得了"变成"走得好"作为新的服务理念，保证旅客坐上车，喝上水，吃上饭，不挨寒冻，不受酷热，高高兴兴到达目的地，"脏、乱、差"的现象得到了彻底纠正。铁路把春运、暑运、节假日都看做是铁路创收的好机会，有客流就增开车次，出现了客流量屡创新高的局面。这一服务观念的转变，大大提升了铁路旅客运输的服务质量，增强了广大群体对铁路的信任，增加了铁路的经济效益。

三、旅客的需求就是服务工作的指向

旅客出门旅行是一种有目的的心理活动，他们的情绪、愿望和需求随时都会表现出来，并带有个性心理特征。从服务与被服务的关系看，所谓的客运服务心理，就是客运职工为满足旅客旅行心理需求的服务心理。如果列车员不懂得人的心理表现特征，忽视对旅客旅行活动的心理分析，按照自己的想法，一味地发号施令，违背人的心理规律，独断专行，必然会降低服务工作的有效性，引起旅客强烈的不满。旅客来自四面八方，各种各样的人都会出现，心理活动也是多种多样的，有好奇的，有文雅的，有活跃的，有安静的，有享受的，有忧郁的，有焦躁的，有挑剔的，等等；旅行的目标也是不相同，有探亲的，有旅游的，有访友的，有做生意的，有外出打工的，等等。从某种意义上讲，列车是人群的集散地，各种各样的、稀奇古怪的事情都会发生。列车客运职工同这些旅客打交道，没有良好的素质作支撑便难以应对旅客的各种不同心理活动需求，难以承受无理、误解、挑剔所造成的委屈和伤害。如果不懂得旅客旅行心理需求，就不会有切合实际的工作方式，积极、主动、热情地为旅客服务。所以列车员必须以旅客需要作为做好服务工作的指向，不断提高自我修养水平，使自己的思想和行为符合工作需要和要求，面对各种复杂变化的情况，能够及时调整自己的心态和承受能力，沉着应对，提高服务的有效性，减少工作的盲目性，减少同旅客的矛盾。

热情洋溢的迎宾语，提示旅客注意的关切语，调节车厢气氛的幽默语，要求旅客配合的敬请语，都能展示出列车员的素质和服务才能。更新服务理念，提高服务意识是做好客运服务工作的思想基础。

第二节　旅客旅行心理活动分析

列车员为旅客服务就是自己与旅客的心理活动交流过程，是一个相互关心、相互理解、相互适应、相互沟通的过程。列车员掌握旅客旅行心理是一门学问、一种技能，是满足旅客需求、做好服务工作的前提。

一、旅客旅行的心理活动

人的需求是人的本性，决定着人的行为，是人参与活动的内在动力。不同的旅客有着不同的心理需求。旅客在列车上的心理和需求与在其他场合的心理和需求是不一样的，带有其特殊性，如安全、顺利、快捷、方便、舒适、经济、安静等心理需求比较突出。具体地讲，在列车上有个座位，不拥挤，车内卫生、整洁，饮食、饮水、用水方便，就感到满意。卧铺车厢，环境清洁、安静，能得到舒适的休息，不被干扰；在餐车用餐，希望饭热菜香，卫生可口，价格适宜。少数民族用餐另有专门安排。旅行中能消遣娱乐，听听新闻、看看文艺节目。老年人希望睡下铺，行动方便，希望客运服务人员能够提前通报到站站名，等等。这些心理活动的满足是与其他场合不一样的，列车工作人员必须了解这种特殊性，才能有针对性地做好服务工作，让旅客满意。

按照人类需求发展的规律性和层次性，仍然可以把旅客旅行心理需求分为两大类，即生理需求和心理需求。

生理需求，也称为物质需求，包括吃、住、用等方面，要求安全、舒适、方便、卫生。人们出门在外，首先顾虑的就是身体的安全和健康，才能顺利进行旅行活动并到达目的地。人们离开家门时，亲人、朋友都会预祝其“一路顺风”，意思就是平平安安到达目的地。这充分表明了人们把安全需求放在头等重要的地位。如果安全、舒适、卫生需求得不到满足，将是无法忍受的，会导致不良情绪的发生，使其烦闷、焦躁不安，会对铁路不满。整洁的卫生环境蕴含着文明，标志着铁路企业的管理水平和良好的形象。

心理需求，也称为精神需求，是除了生理需求之外的其他需求部分，要求得到别人的关心、尊重、理解，及时得到服务。特别是客运服务人员的关心、理解、尊重对旅客旅行愉快至关重要。长途旅行，坐车时间长，难免产生寂寞感和孤独感，需要同别人接触交谈，需要相处和谐、愉快，希望听听广播，增加见闻和知识，欣赏歌曲、文娱节目。特别是老年旅客、行动不方便的旅客、带小孩的旅客更需要关心和照顾，使其心情愉快。对重病旅客服务，多说一些安慰的话，这位旅客将感激不尽。

二、旅客旅行共性心理分析与服务

在社会生活中，由于职业的不同，经济收入的不同，形成不同的旅行心理活动和需求是很正常的，服务也应该是多种多样的。由于人们的生活水平提高，越来越多的人选择动车组旅行，客运服务工作应根据不同职业旅客的心理活动，进行针对性的服务，满足不同层次的服务需求。

在列车上，旅客共性心理需求主要表现在以下几个方面：

1. 提供方便的心理需求

常言道："在家百日好，出门一日难"，"在家靠父母，出门靠朋友"。出门在外求方便是人之常情，事之常理。在列车上，方便从何而来？主要靠列车提供，列车员为旅客提供方便是职业的要求，竭尽全力满足旅客求方便的心理需求是客运服务人员应做的工作。例如，旅客中途上车不拥挤，能顺利找到座位，就会感到坐车方便；餐车保证热菜热饭，盒饭供应有不同价格；保证开水及时供应；厕所干净，正常开放；随时提供洗漱用水；及时提前通告到站站名；列车上随时可以办理补票手续，效率高，手续简便，等等，这些做到了，可以使旅客感到处处、事事、时时方便，心情就愉快，对铁路服务工作就满意。

2. 安全正点的心理需求

所谓"一路平安"就是不发生任何人身安全和财物安全的意外事故，这是大家的共同愿望。安全正点是铁路旅客运输取得旅客信任的最核心的要求，铁路企业必须保证旅客列车不发生行车、火灾、爆炸事故，这就要求列车员要组织好旅客上下车，避免碰伤、摔伤，查堵"三品"不上车。

如果铁路安全无保障，发生行车、火灾、爆炸事故，旅客难于逃生；车上治安不好，旅客被不法之徒打劫，旅客更会提心吊胆；列车晚点很多，旅客会产生焦虑情绪，就会对铁路不满。铁路沿线治安不好，向列车扔石头，砸伤旅客也会使旅客感到不安全。列车上没有医疗条件，旅客患急病希望得到快速安排救治等问题都反映了旅客求安全的心理。所以，铁路客运必须保证列车运行不发生火灾、爆炸事故；保证正点始发、到达；做好列车治安管理工作，确保一路平安。

3. 环境良好的心理需求

随着人们的生活水平的提高，旅客出门旅行的要求越来越高，对列车设备、卫生环境的要求是舒适、安静、卫生、方便，并把它作为一种消费享受来看待。如果车厢里是一个脏、乱、差、异味弥漫，高声喧哗、吵闹，则会使人心里烦躁，心情郁闷久久不能平静，会使人心里不愉快；如果车厢里是一个清洁、卫生、安静的环境，则会使人心里愉快，心情比较平静。特别是旅途长，人员又多，车厢内活动范围狭小，各种气味、烟味的"熏陶"，加上列车振动、摇晃，人很容易疲劳和烦躁，发生疾病，甚至产生幻觉，发生异常行为，因此列车提供舒适的环境是十分重要的。

4. 尊重人格的心理需求

尊重的需要包括自我尊重和得到别人的尊重。人格就是做人的尊严。旅客不仅需要得到客运服务人员的热情服务，更需要得到尊重，不能用不礼貌的语言和行为对待旅客，包括国籍、民族、风俗习惯、兴趣爱好、年龄性别、体态特征等方面的尊重，如西方人忌讳“13”，同他们交谈应尽量避开这个数字，不然会引起反感。旅客在列车上，希望听到客运服务人员对他们的尊称；希望对他们热情而有礼貌，不说粗话、不讲脏话，说话态度和蔼。对经济收入不高而求廉的旅客，客运服务人员不能流露出丝毫看不起的神态。对生理有缺陷的旅客，客运服务人员不能有歧视的态度，要尽量提供方便，给予同情和照顾。尤其是有过错的旅客，更希望得到客运服务人员的谅解和尊重。因此要求客运服务人员对旅客要一视同仁，平等待客。不以权势、衣帽取人，更不能居高临下，盛气凌人。礼貌待客，微笑服务，做到旅客上车有迎声，服务到座有话声，问事求助有回声，工作失礼有歉声。

5. 轻松愉快的心理需求

在列车上，人员集中，活动空间有限，加上车窗关闭，空气不流通，容易使人心烦和困倦，特别是长途旅行的旅客，难以消磨时间，度日如年。车上坐久了，无事可干，就会感到烦闷，产生孤独感、寂寞感。一旦这些感觉上升，心里就容易产生抑郁状态，有的甚至产生恐惧感。为使旅客摆脱这种心理状态，可以通过影视播放、看书、打牌、观看车厢外景色等调节旅行生活，通过列车广播旅游知识、文艺娱乐节目等增加旅途情趣，调节旅行生活，这样不仅可以增加一些见识，而且可以感到轻松愉快，解除坐车的疲劳和寂寞。

6. 饮食卫生的心理需求

长途旅客一般携带的食品、饮料有限，有的人甚至什么吃的东西都不带，只想在列车上吃点卫生可口的饭菜。因此车上提供的饮食：一要卫生，不供应腐烂变味的食品，不出售无商标、无厂名、无有效期的商品；二要分档次，满足不同层次的旅客需要；三要满足不同民族、不同习俗的需要。

三、旅客个性心理分析与服务

由于每个人的个性心理特征、文化素质、年龄、性别、经历以及出门旅行的目的不同，会有不同的心理活动的表现，需要对不同类型的心理进行针对性的服务。

1. 好奇型心理

好奇型心理的特点是：好看、好问、好动，对旅行过程中发生的事情感到什么都新鲜、惊奇，这类人多属出门比较少或初次出门旅行。对好奇型心理的旅客，对他们的询问要耐心地回答和解释，主动地多给他们介绍一些旅行常识和安全注意事项，使他们感到满意。他们好动，要劝他们注意安全。

2. 文雅型心理

文雅型心理的特点是：有一定的文化知识，有一定的修养，也善于言谈交际，多为知识分子和机关工作人员。对文雅型心理的旅客和他们交谈时，要注意言行举止，文明礼貌。

3. 活跃型心理

活跃型心理的特点是：喜欢活动，好交际，喜欢聊天，喜欢打听各种新鲜事，爱在车厢内走动，对人热情大方，乐于助人为乐。他们情感外露，变化多端，经常处于兴奋状态。在服务工作中，尽量满足他们喜欢交往、爱说话的特点，也可以发挥他们助人为乐的特点，帮助有困难的旅客。

4. 满足型心理

满足型心理的特点是：无过多过高的要求，能体谅列车服务人员的工作，容易满足。对满足型心理的旅客，主动地给以照顾和关心，达到他们的要求即可。

5. 安静型心理

安静型心理的特点是：多为年龄较大，身体不太好，动作、反应较缓慢，易于疲劳，喜欢安静。对安静型心理的旅客，特别是年龄大的，应给予较多的关心和重点照顾。

6. 享受型心理

享受型心理的特点是:对旅途生活要求较高,比较讲究档次。对享受型心理的旅客,根据列车现有条件,应尽量满足他们的要求。若条件不允许,应耐心地解释,切忌急躁情绪和冷淡态度。

7. 抑郁型心理

抑郁型心理的特点是:沉默寡言,心事重重,愁眉苦脸,无心思与别人交谈,食欲、睡眠较差,因车厢内空气、温度或外因刺激,易突发精神病或意外事情。对抑郁型心理的旅客,应把他们作为重点旅客来服务,热情相待,主动关心、了解、开导,以减轻乘车心理压力,但谈话不要过多,不能同他们开玩笑。同时也要观察他们的状态,防止意外事故发生。

8. 焦躁型心理

焦躁型心理的特点是:情绪不稳定、焦躁不安、神经紧张,易于亢奋。对焦躁型心理的旅客,应相机行事,给予关心开导,但接触不宜过多,注意观察其动态,以防发生意外。

9. 挑剔型心理

挑剔型心理的特点是:性格外向,说话尖刻,不善解他人,好挑剔。对挑剔型心理的旅客,要有耐心,控制自己情绪,尽量做好服务工作,虚心接受其正确意见,对过分的挑剔,采取策略宣传教育,提高素质和修养,使之正确对待列车服务工作。

10. 变态型心理

变态型心理的特点是:态度蛮横,言行粗俗。变态型心理的旅客虽然为数极少,亦应当高度警惕,应晓之以理,避免触及,防止意外事故的发生。

11. 急躁型心理

急躁型心理的特点是:对人热情、感情外露、说话直来直去,言谈中表现自信,容易激动,喜欢争论,还想争赢,评价容易走极端,绝对化。对他们的服务,要注意谦让,不要激怒他们,不去计较他们冲动的言语,一旦出现摩擦,应尽量回避。

12. 稳重型心理

稳重型心理的特点是:自我控制能力强,说话做事深思熟虑,力求稳妥，不慌不忙，会安排自己的生活，不愿意打扰别人，感情很少外露，喜欢安静的环境。因此客运服务人员对他们的服务除做到热情周到外，介绍或交代事情时，应注意讲话的语气和速度，不要啰嗦，应简单明了。

第三节　客运服务的仪容仪表

旅客出门旅行总是希望得到体贴入微的接待和服务，这也是人间常理。客运服务质量不仅取决于客运职工业务技术能力的高低，而且取决于客运职工精神面貌的好坏，其中客运职工的仪容仪表，就是一个人精神面貌和外观形象的体现，是给旅客“先入为主”的第一印象。

一、仪容仪表

在客运服务中，仪容仪表给人的感受是十分重要的，留下的印象也是十分深刻的，它会直接影响人的心理变化。讲究仪容仪表美，是实现优质服务的重要内容和要求之一。因此在招聘列车员时，对身材、身高、容貌、笑容等自然状况都应有一定的要求，这是职业需要。

所谓仪容仪表，是指人的外表的形态和表露，它包括自然要素（容貌）和社会要素（气质、风度、教养、素质、服饰、谈吐、体态、表情等）。社会要素能给人以良好知觉的外表，它是经过后天自我塑造的结果。

仪容仪表是一个人的精神面貌和外观形态的表露。一个好的仪容仪表，会有亲和力，体现对服务对象的尊重，同时反映铁路企业的管理理念和服务水准。因此要求客运职工的仪容仪表是：衣着整洁、美观大方、表情明朗、笑容自然，不允许打扮得怪模怪样、花枝招展或衣着又脏又皱，更不允许板着面孔、冷若冰霜。

二、服饰要求

铁路是规定统一着装的行业，铁路服饰的颜色、样式朴素大方。它不仅是行业的标志，而且统一着装上岗会给旅客一种端庄、稳重、舒适的感受。对客运职工的服饰要求是：衣着整洁、朴素大方。具体要求是：衣着整齐、合体，不能大小悬殊、七长八短、褶皱不堪，不能带油垢、污痕、异味；

衣扣、带要系好，不能袒胸露怀；帽子要戴正，鞋跟不宜过高，不允许穿拖鞋上岗。铁路客运服务工作，不允许任何人独出心裁，花枝招展，怪模怪样或歪戴帽子，那样做是一种不文明、不礼貌的行为，会引起旅客反感和厌恶。

男性、女性列车员按夏装、冬装的不同要求着装，不得随意改变制服款式。按规定要求佩戴职务标志。

三、仪容修饰要求

仪容多就容貌来说的。仪容修饰是指梳妆打扮。人除了着装，还要修饰自己的容貌，这是仪表美的又一个重要方面。容貌包括自然美和修饰美两个方面。俗话说："三分长相，七分打扮"。容貌清洁，适当美化也是必要的，它可以弥补某些先天缺陷，增加美观。在列车上，女列车员适宜化淡妆，不适宜使用香水和香粉。男列车员不理怪发，刮干净胡须。

四、姿态要求

姿态，就是一个人的动作姿势和态度的综合表现。具体地讲，姿态就是讲究人的站、坐、走、蹲的样子。俗话说："坐有坐相，站有站相"。容貌好，但"相"不好则不能体现一个人的仪态好。一个人姿势端庄、态度和谐，会使人产生愉悦和亲切的感受；板着面孔、冷若冰霜、姿态难看，则会令人反感，同时也会埋下冲突的种子。

端庄的姿态给人一种经过训练、有教养的感受，体现一个人的思想修养和精神状态。列车员在车门立岗迎接旅客上车，站的姿势弯腰驼背，两腿大开，或抱臂腆肚，就是一种不雅的动作，显得失礼，会给旅客留下不好的印象。由此可见，站、坐、走的姿势正确与否，能直观地反映出一个人的精神状态和形象。

英国美学家培根对人体美的评价是这样说的："相貌的美，高于色泽的美，而秀雅合适的动作，又高于相貌的美，这是美的精华"。这里所讲的"秀雅合适的动作"，就是讲的优美协调的姿态。一个人有优美的体形，没有文雅的姿势，也不能显潇洒、有气质。一个人只有美丽的容貌和华丽的服饰，而没优美协调的姿态，也不会体现出形象美。可见，优美协调的姿态对一个人的形象美、气质美、风度美是何等的重要。一个人的相貌、形体、肤色虽然是先天的，然而人的姿态优美却是可通过训练培养的。我国古人很讲究一个人的姿态修养，要"站如松，坐如钟，行如风，睡如弓"。它不但是人体美学的高度概括和总结，而且是促进人们身心健康、体现精神风貌的重要途径和标准。下面就站、坐、走的姿势做一些介绍。

1. 站的姿势

(1)两脚跟相靠，两脚尖成45°～60°开角，身体重心放在掌、脚弓上。

(2)两腿并拢、立直，髋部上提。

(3)腹肌、臀部微收缩并上提。腹部、臀部前后相夹，髋部则略向中间用力。

(4)挺胸，肩往后展，背部挺直。

(5)两肩自然放松，气下沉，自然呼吸。

(6)颈脖挺直自然，头顶上悬，两手臂自然放松、下垂。

(7)下颌微收，双目平视前方或下颌并拢稍往上抬，面带笑容。

男士两脚分开、脚尖朝正前方，平行站立，双手在身后交叉，左手半握拳，右手握左手手腕处或双手自然下垂，手指并拢伸直靠身旁。

女士两脚靠拢，右脚略向后，两脚尖分开呈90°左右展开，双手在腹前交叉，右手放在左手左手食指并拢外翘，其余四指并拢稍为向内。

这样的站姿，体现在工作中，融在仪态举止中，做到规范与自然相结合，动作自如，分寸得当，使人感到既有教养，又不做作，挺拔端直犹如劲松，构成人体优美的曲线，给人一种挺拔笔直、气宇轩昂、庄重大方、精力充沛、生机勃勃的风度美的感受。

如果站立随便，塌腰，耸肩，双腿弯曲或不停颤抖；在庄重场合，双手叉腰或放入裤兜里都会给人留下不好的印象。

2. 走的姿势

走路是人们生活中的一种活动方式，反映一个人的形象。走的姿势要好、要美、要有精神，就有一定的要求：

(1)上身挺直，两肩平稳，目光平视，微收下颌，面带微笑。

(2)手臂伸直放松，手指自然弯曲，摆动时以肩关节为轴，上臂带动前臂，两臂前后自然摆动。

(3)行走线路要成为一条直线。

(4)脚尖稍微抬起,脚跟先接触地面,依靠后腿将身体重心推送到前脚脚掌,使身体前移。

(5)步幅适当,一般为前脚跟与后脚的脚尖相距为一脚长。

例如,与旅客相遇,躲闪灵敏,或侧身、面向来宾让路或行走,微笑致意,以示尊重对方。需要进入包房,应先敲门两下,再推开门进入。

列车乘务员集体进出车站时,要列队行走,女性在前,男性在后,列车长或客运值班员在队列中后部同步行走。

3. 坐的姿势

(1)入座时,要轻、要稳。

(2)面带微笑,双目平视,嘴唇微闭,微收下颌。

(3)两肩往后平展,挺胸,直腰,收腹,自然放松,两臂自然弯曲,手掌放在膝盖前,亦可放在椅子或沙发扶手上,掌心向下。

(4)双膝、小腿自然并拢、靠紧,脚尖朝前,双腿正放或侧放,双脚并拢或交叠。男士入座时,双膝可以分开,膝、脚尖朝前方;女士入座时,若穿着裙子,应将裙子摆稍稍收拢一下,两腿并拢,不可叉开,两手虎口交叉,右手在左手上,右手食指稍翘,放在左腿靠近膝盖的地方。

(5)坐在卧铺上,坐满 2/3 即可。谈话时,可以侧坐转身,面向对方,忌只转头不转身。

(6)告辞起立时,立正面向对方后退出卧铺(包房),然后离去。

4. 手臂举动姿势

手臂上举时要做到姿态优雅。手指示方位时,手的五指并拢,小臂带动上臂,根据指示的距离的远近调整手臂的高度,身体随手的方向自然转动,目光与指示的方向一致,表情自然、面带微笑;收回时,小臂向身体内侧自然靠拢。

5. 端拿递送

(1)服务时要面带笑容,和旅客有适当的语言交流(如请慢用等)和眼神交流。

(2)端托盘时,双手端住托盘的后半部分,大拇指握紧托盘内沿,其余四指托住托盘底部,托盘在腰间以上胸部以下端平,微向里倾斜;托盘上放置的物品不应过高,不超过胸部为宜。

(3)拿物品应轻拿轻放。拿水杯时,一手握住水杯把手(无把手水杯拿水杯的下 1/3 处),一手轻托水杯底部。

(4)递送物品时,面对旅客成 45°角,双手递送物品到位;若旅客亲自接物品,须当对方接稳再松手。

加强姿态修养,就要在工作和社会交往中用美的思想、美的品德、美的标准要求自己、约束自己,注意不洁不雅的小动作,如在众人面前抓耳挠腮、挖耳朵、挖鼻子、咬手指,坐时弯腰驼背,跷二郎腿,抖动不止等。注意清洗自己的手和修剪指甲,保持清洁;经常洗澡控制身体的异味,如汗臭、口臭、体臭。一个人养成良好的行为姿势,不仅美观,有利于身体健康,同时体现出良好的思想修养和精神状态。男性列车员做到上述要求,体现出男性的"阳刚之美"和良好的思想修养和精神状态。女性列车员做到上述要求,体现出女性的文静典雅之美和良好的思想修养及精神状态。

第四节　列车服务的语言艺术

语言是人们用来表达意思、交流思想的工具。语言表达是一种技能、一门艺术,它不仅能衡量一个人的能力水平高低,而且可以看出一个人的思想、道德和修养。语言表达不好会影响自己、企业的形象。为此,列车员必须重视语言艺术的学习和应用,这是岗位职业技能的要求。

一、服务用语对旅客的心理影响

语言是人们交流思想、表达情感,建立良好人际关系的工具。俗话说:"良言一句三冬暖,恶语伤人六月寒",可见语言的艺术对人的刺激是很强烈的。客运职工与旅客打交道,能否掌握语言艺术和应用语言技巧,会直接影响旅客的心理反应。一句不中听的话,往往会刺激对方,进而发生争吵或对骂,给旅客留下不好的印象,直接关系到铁路的声誉。优雅的举止、文明的语言、和蔼的态度能使旅客心情舒畅、愉快,即使出现分歧,通过温和、文雅、彬彬有礼的语言,也可以平息冲突,显示出铁路员工有教养、素质高，从而树立了铁路的威信。人是有思想、有感情的，人与人之间的关系应该是平等的。客运服务中的礼貌用语就是一种相互尊重的表现。旅客在列车上得到尊重的、热情的、周到的服务也是他们应该得到的合理权益。

对客运职工来说，口才是实现优质服务、事业有成的必备条件。客运服务人员说与不说话，话说得好与不好，直接影响到服务的水平，影响到铁路的声誉。所以，在客运服务中，讲究语言艺术是非常重要的，这不仅是工作的要求，同时也是衡量一个人有无涵养和能力水平的重要尺度。在客运服务中，对旅客说话必须注意语言的规范性、礼节性、完整性、准确性、逻辑性、策略性，说话的声调要温和、文雅、生动、亲切、谦逊，切不可说脏话、粗话、怪话，恶语伤人，更不可用粗野庸俗的话语刺激、侮辱旅客。

言为心声，就是表明一个人的思想、道德、修养的文明程度。只有在尊重的基础上才能做到语言和气、文雅、不俗气、有礼貌。言语文明礼貌与否，取决于是否对人尊重。如果你对别人不尊重，缺乏这个思想前提就不会有文明礼貌的话语出现。文明礼貌的谈吐，会让对方产生尊重、礼让的感受。反之，说话大大咧咧，满不在乎，脏话、粗话、怪话乱讲，只能给旅客留下没有教养的坏印象。

良好的语言表达能力不是天生的，是可以通过生活实践和工作实践培养、锻炼的。

二、礼貌用语在客运服务中的作用

礼貌用语是客运服务人员的一种服务工具和技巧，是很重要的精神劳动，这是其工作性质所决定的。铁路客运服务人员是铁路企业的代表，在旅客面前的一言一行，都会有不同凡响，会留下不同的印象。

礼貌用语在服务中有哪些作用呢？这是客运服务人员必须懂得和运用的。

1. 组织作用

列车员是车厢的管理者，在旅客中有一定权威，车厢内发生的事情，旅客自然而然地就会找列车员。列车员向旅客讲解有关旅行过程中的事宜,具有一定的组织功效,使其服务工作有序、有效进行。例如:"各位旅客请准备车票,准备验票了。"此时,旅客就会把车票准备好,接受查验。又如,列车员送开水时,说:"各位旅客,现在我给大家送开水,请需要开水的旅客准备好茶杯,在座位上等候。"这个通告起到了三点作用:一是开水有了;二是要准备好茶杯;三是不要走动,在座位上等着。有了这种礼貌用语组织旅客活动,可以看出列车员的个人素质修养和能力以及优质服务。

2. 教育作用

列车是宣传国家法令、铁路规章、旅行常识的场所,也是道德检验的场所。例如,宣传禁止携带危险品、不在车内吸烟、不随地吐痰、不乱扔脏物、禁止向窗外扔物品等。这些宣传就起到了教育旅客讲究卫生、注意社会公德的作用。

3. 帮助作用

旅客在旅行过程中会出现各种各样的问题,需要客运服务人员帮助解决。在解决的过程中,需要用礼貌用语去解释、安慰、开导、制止,提供"不是亲人胜似亲人"的帮助,使旅客感到满意。

4. 融洽作用

列车上有各种各样的旅客,服务与被服务的不一致,往往会产生矛盾,如物品放在过道上而不让放;无票乘车要其下车而不想下、又不想补票等如此多的矛盾,列车员只能通过礼貌用语耐心地做工作,既坚持原则,又要妥善处理。例如,"请您把物品放到行李架上或座位底下","请您补票",当旅客的行为得到纠正,应说声"谢谢您的合作",这样做给人的感觉是尊重对方、关系平等;如果服务工作打扰、妨碍了旅客时,说声"对不起",旅客听后会谅解,矛盾就可能不发生或者化解。说声"请"字,旅客听了舒服,就愿意协助你的工作,这样大家的感情接近,关系融洽,营造和谐的氛围,使旅客心里愉快,自己的服务工作也得到了方便。

5. 感化作用

一个人的思想倾向和感情色彩,会在具体的工作表现中流露出来,不管是有意识或无意识的表现都会给人们留下深刻的印象。如果流露出来的是礼貌用语和文明行为,则体现的是心灵美、风度美、气质美、行为美,这种示范性的作用，往往会感化、影响一个人的看法，从而潜移默化地推动整个社会文明程度的提高。

礼貌用语是一种技能，是一种平缓、解决旅客之间纠纷的方法。会不会用则显示出一个人的能力高低。如果两个旅客吵架，用“吵什么吵！吃饱了撑的”，“要吵架，到外面吵，这里不是吵架的地方”等类似的话语去处理这种纠纷，只能反映出服务人员的一种怨恨态度，无助于纠纷解决，只能表明这个人的服务水平和工作能力很差。如果用和蔼、坚定的口气：“请问两位有车票吗？”把他们的注意力引过来，看过车票后，微笑地说：“车票是我们的请帖，来到我们车上就是我们的客人，请两位看在主人的面子上，互相谦让一点，就别吵了，出门在外，碰在一起是一种缘分，真不容易，相互谅解一下，就好了。”如果用这种处理方式平缓纠纷，甚至达到平息争吵，也就显示出礼貌用语的感化作用。

三、服务语言的基本要求

语言表达是一种技能和艺术，是衡量一个人能力的标准之一。好的口才可以显示一个人的才干和魅力，受人尊敬和欢迎，是促使事业成功不可缺少的重要才能。客运服务语言的基本要求有以下几个方面：

1. 用语文明礼貌

(1)称呼用语

称呼用语是客运职工对旅客最常用的第一句话。恰当的称呼，加上亲切的语调、热忱的表情，会给旅客留下一个好的印象，使其感到心情舒畅。好的称呼用语是同旅客建立良好关系十分重要的一步。根据旅客的年龄、性别、职业以及风俗习惯等给以尊称，以示对人有礼貌。如对老年人称呼“老大爷、老大娘”，对少年儿童可称呼“小朋友、小同学”，对男士称呼“先生”，女士称“太太、美女、小姐”。在使用人称时，应多称呼“您”、“这位”、“那位”；这样称呼彼此对距离就拉近。对长者和尊贵的客人不能称呼“你”，对每一位旅客不称“这个人”、“那个人”，更不可针对其弱点、缺陷乱称呼。

(2)接待用语

接待用语，多用“请”、“劳驾”等用语。一声“请”，会使人感到亲切，一声“劳驾”，会使人主动谦让。切不可动不动就喊“喂”、“我喊你呢，你聋啦”等类似的话语和口气。在工作繁忙时，对旅客的询问，要有耐心，说“请稍等一下”，不能一言不发或说“你不能等一下”等。

2. 语调要柔和

服务语言不仅要口齿伶俐，吐字清晰，用语准确、恰当，自然大方，而且语音要清晰、语调要柔和，这样才能产生好的说话效果。语调柔和，主要是通过语音高低、强弱和说话的快慢来表达。说话注意语调，会让旅客听得清楚又感到悦耳。那种粗声粗气、平平淡淡，不注意语调的说话，会显得粗暴、生硬、无礼、乏味。那种命令式、审问方式的谈话，更会令人生气、生厌，是不可取的。所以，列车员要说好服务用语，一定要掌握好说话的语调。

3. 表达要恰当

在为旅客服务中，说话要做到表达恰当。如果说话表达不恰当，也会引起误会，甚至由此发生冲突，影响服务质量。如何做到说话表达恰当呢？

(1)要看说话的对象

由于说话的对象不同，要用不同的用语和说话的方式，区别对待。如同长者、领导说话，尊重为先，用“请”字就比较合适，显示你尊重他人、有礼貌。和小朋友说话，就没有必要用“请”字。

(2)要使用标准、规范语言

由于旅客来自不同的地方，只有使用大家都能听得懂的标准语言，才能相互交流思想，彼此沟通。因此客运服务一定要讲普通话，做到语言正确、准确、简练、朴实、生动。具体地讲，就是发音准确，吐字清楚，音质纯正，词组与词组之间，句子与句子之间，抑扬有节，顿挫恰当，富有形象性和激情，优美、动听，让旅客听得清楚，能理解、明白。不使用大概、也许、可能、差不多等不肯定、不准确的语言，避免多余的语句和重复的语言，不讲土语、粗话、行话、脏话。

(3)讲话要有分寸

讲话要有分寸，意思表达准确、适度，不说过头话、绝对话，不讲与服务无关的话题，不打听旅客的个人情况，如年龄、婚姻、职务、收入等情况，以免发生不必要的误会和麻烦。

4. 服务忌语

不说不尊重、不中听的服务忌语，如“嘿、老头、大兵、问别人去、你吃饱了撑的、有完没完……”多用文明服务用语，如“同志、老大爷、您好、谢谢、你有什么困难请告诉我、请您先过……”

5. 常用的礼貌语言

我国传统礼仪语言是非常讲究尊重他人、十分注意语言美的。如尊称、敬语、称谓、礼貌用语等。

(1)尊称

对他人父亲、母亲、儿子、女儿、哥哥、妹妹等，用“令”尊称，如令尊、令堂、令郎、令爱、令兄、令妹。用“贤”尊称，如贤内助、贤兄、贤弟、贤婿、贤侄。用“尊”尊称，如尊容、尊言、尊意、尊兄、尊大人、尊夫人。用“贵”尊称，如贵姓、贵庚、贵体、贵校、贵公司、贵先生、贵夫人等。还有用于尊重女性的，如芳龄、芳名、芳容。

(2)敬语

向对方表示尊重和敬意。用“请、请进、请上车、请教、请用茶、请用餐、请笑纳、请批评”，等等。在日常交际中，如：

初次见面，说“久仰”；分别重逢，说“久违”。

请人批评，说“指教”；求人原谅，说“包涵”。

求人帮忙，说“劳驾”；求人方便，说“借光”。

麻烦别人，说“打扰”；向人祝贺，说“恭喜”。

求人解答，用“请问”；请人指点，用“赐教”。

托人办事，用“拜托”；赞人见解，用“高见”。

等候客人，用“恭候”；请人勿送，用“留步”。

请人看稿，称“阅示”；请人改稿，说“斧正”。

对方来信，说“惠书”；归还原主，说“奉还”。

(3)称谓

按习惯称谓如：同志、老大爷、老大娘、师傅、老师、小朋友、小同学、先生、夫人、太太、小姐、女士等。按职务职称称呼的，如林教授、黄校长、陈经理、张总、赵局等。

(4)日常礼貌用语

客运服务人员必须用好、用对日常礼貌用语。

服务礼貌用语“十个字”:请、您好、对不起、谢谢、再见。

欢迎时的礼貌用语,如“欢迎您乘坐我们的列车,欢迎您到车上检查、指导工作”。

问候时的礼貌用语,如“您好、早安、中午好、晚安、近来身体好吗”。

祝贺时的礼貌用语,如“祝您节日愉快、祝您生日快乐、祝您生意兴隆、祝您事业有成”等。

告别时的礼貌用语,如“再见、请慢走、明天见、祝您旅途愉快、欢迎您再来”等。

征询时的礼貌用语,如“需要我帮您吗?请您讲慢点好吗?我能为您做些什么吗?您还有别的事情吗?这会打扰您吗?”

应答时的礼貌用语,如“不必客气、没关系,照顾不周的地方,请多多指教(请多多包涵),非常感谢,谢谢您的好意(厚意)”。

表示道歉时的礼貌用语,如“请原谅、失礼了、实在对不起、谢谢您的提醒、是我们的错、对不起”,等等。

表示推托的礼貌用语,如“没有听说、很遗憾、不能帮您的忙、你提出的要求是可以理解的、让我们考虑一下、想想办法、尽力而为”,等等。

自我介绍时的礼貌用语,如“我叫×××,随时为你服务,乐意为你效劳”。

满足旅客需要时的礼貌用语,如“当然可以,我马上送来”,等等。

不能满足旅客需要时的礼貌用语,如“对不起,我们的×××已用完,请你选用×××可以吗?非常抱歉,我们这里没有×××”,等等。

当旅客向你致谢时的礼貌用语,如“请不必客气,很高兴为你服务”,等等。

当旅客向你致歉时的礼貌用语,如“没关系、不要紧、这算不了什么”,等等。

受投诉或批评时的礼貌用语,如“感谢你告诉我们,我将你说的情况向列车长报告,请接受我们的歉意”,等等。

处理错误过失时的礼貌用语,如“很抱歉,可能出了点差错,实在对不起，我马上去查明情况，给你一个满意的答复”，等等。

自我介绍的欢迎辞示例：

“先生们、女士们，你们好！欢迎你们乘坐××××次动车组，我是本车厢的列车员，我姓王，叫王林，这是我的对班。”

对班自我介绍说：“我姓何，叫何玉芳。”两人合说：“在整个旅途中将由我们为您服务。”

“现在我向你们介绍一下包厢里的设备：门的左边有电灯和呼唤器，窗口下方有广播音量旋钮，床下面有拖鞋，茶几下面有暖水瓶，如果你需要什么请按呼唤器，我们随时为你服务，预祝大家旅途愉快。”

四、交谈的语言技巧

“以勤为主，话当先”这是对客运服务人员的基本要求。列车员要同旅客打交道，做好服务工作，要有正确处理好人际关系的能力和语言艺术。交谈是人与人之间相互交流感情的互动活动，口才好的人，说话受欢迎，能“化干戈为玉帛”，达到相互了解、增进友情的目的。那么，如何掌握交谈的技巧呢？

1. 交谈要真诚

与旅客交谈时，面对对方，保持适当的距离（50～100 cm），目光注视对方的眼睛以示尊重。交谈要有诚意，不能油腔滑调，不能胡乱地恭维、过分地说好听的，不然会给人一种虚伪的感觉。也不能傲慢、冷漠、慢待和随便对待旅客。交谈要精神集中，眼神要注视对方，不能东张西望，心不在焉、漫不经心，说话走题、无重点，这样做会使旅客感到你没有诚意和他交谈。

2. 不要说话过头，不留余地

与旅客交谈除了要有诚意外，不能过分自信，说话不要用绝对化，没有回旋的余地或一口回绝。例如，旅客需要你帮忙，而你正忙得不可开交，你要是说“不行，我帮不了”那就不好。此时，你可以这样委婉地说明，“我实在有困难，并不是不愿意为您效劳”；或者说“非常抱歉，我现在脱不了身，你能不能等到我忙完这个事再去”。这样做，既没有完全拒绝了他的要求，也给自己留下了时间。

3. 礼貌用语不可滥用

如"谢谢"、"对不起"等礼貌用语的使用，必须发自内心，配之一些眼神动作。如果轻率地说"谢谢"，缺乏诚意，就变成了没有味道的冰淇淋。如果经常把"对不起"挂在口边，会使人感到莫名其妙，也会对你产生缺乏诚意的印象。

4. 要学会察言观色

人在不高兴、情绪低落的时候，容易发火，粗暴，不想被别人打扰，也不想接受他人的询问，甚至会恶语伤人。此时，与人交谈的口气要温和、亲切，说话要彬彬有礼、委婉动听。千万不要用质问、教训、讽刺、斥责甚至审问的口气与人交谈，这样做很容易产生分歧和冲突。

5. 注意避讳

在交谈中，应避讳谈论一些不愉快的事情或对方不愿意回答的问题、反感的问题；不道听途说，忌出言不逊；不谈容易引起争论的话题；不饶舌、不自夸、不"抢说"、不过多使用"我"字、不争辩、不摇头晃脑、不指手画脚、不使用不雅不俗的词语。

五、说服人的技巧

在列车服务工作中，旅客经常会问许多事情或需要向旅客进行说服工作。例如，铁路规章、规则的解释，铁路旅行常识，旅客不文明行为的纠正等，需要进行说服。

说服，是以求得对方的理解和行动为目的的对话活动。说服人不是一件容易的事，将会遇到种种有形与无形的抗拒，要使说服有效就更难了，这不仅要求进行说服工作的说服者的人品令人佩服，而且要以对方关心的事为话题，并符合对方的理解思路。

一般从赞赏和真诚的鼓励开始，不采取强压手段压迫对方接受，要表现出亲切的态度，表明你的提议真实可信，让对方正确理解你的话语。要使谈话的气氛保持和谐、融洽，必须以尊重的态度，引出话题，让对方多发表意见，自己少讲，随时利用语调和手势表示赞同，配合对方所流露出的情绪，做出附和对方的适当的反应，会留下好的印象，使得谈话能顺利地展开。

说服别人的技巧可以归纳为这样几句话：调节气氛，以退为进；争取同情，以弱克强；善意威胁，以刚制刚；消除防范，以情感化；投其所好，以心换心；寻求一致，以短补长。一句话，就是针对听者的基本素质状况、所处的地位、当时的心态、接受能力和自己掌握情况的程度说话，这样就能做到说话得体，容易产生共鸣，容易令人接受，容易使人理解，容易让人信服。

六、处理顶撞的技巧

在服务工作中被个别旅客顶撞的事是难以避免的。但这种事情若处理不当，不仅影响自己的情绪，而且极易影响铁路的声誉。因此在这种情况下，首先要保持冷静，克制自己的情绪，采取"降温减压"的方式，即用同情、关切、商量的语气或通过中肯诚实的语气相劝，劝其息怒，保持平静，这时最能看出你处理问题的水平。如果顶撞你的人意见有可取之处，应以宽广的胸怀和诚恳的态度接受其意见。这样做，无论顶撞者本人还是其他旅客都会暗暗佩服你，并为你的豁达大度所折服。如果顶撞你的人意见是错误的，你无须进行反驳，可以心平气和地同他讲道理，以理服人，使其心服口服。

处理顶撞不管你说些什么，都要尽量避免发脾气。如果自己的情绪失去控制或情绪激动，说些过头的话或做出过激的行为，只会使顶撞你的人占上风，对你更加有怨气，也无济于事，此时也表现出你缺乏涵养和工作能力。

七、问话与答话技巧

向旅客发问要注意发问的目的和内容，要考虑对方是否能够回答你提出的问题和是否愿意回答，因此要用敏锐的眼光观察和搜寻旅客的表情、反应，确定发问的内容和方式。

发问应注意的四点包括：

(1)发问前要先拟定发问腹稿，注意发问的速度，不能太急、太慢，不然容易引起对方反感，不愿意回答你的提问。

(2)避免含糊不清的措辞；避免使用威胁性或讽刺性的问句；避免盘

问式或审问式的问句。

（3）对于避讳的问题，或难以启齿的事情，不宜发问。问句的类型很多，如开放式问句，“您对我们的工作有什么看法？”探索式问句，“您有什么困难需要我帮助吗？”选择式问句，“您希望我在什么时候为你服务？”还有封闭式问句、澄清式问句、含第三者意见的问句、多重式问句、对答案具有暗示性的问句等，这些问句应尽量少用，并做到“多听少说”。人为什么有两只耳朵、一张嘴，就是要你多听、少说，多听要比少说更为有益。

（4）回答旅客提问，要有礼貌，有道理，巧用婉转、含蓄的语言进行回答，避免因直言快语的回答引起失敬和失和。解释铁路规章的出发点还是要为旅客服务，而不是用铁路规章约束旅客。

记住：反驳不用粗活，自卫不带谩骂，出言机智，理礼双全，不得罪和伤害对方，使其礼中知理，心悦诚服。

八、赞美与批评技巧

1．赞美的技巧

渴望赞美是人性的最爱。每个人都希望他人能肯定自己的优点和长处，从而肯定自己的价值。怎样掌握赞美的技巧呢？

首先要认识赞美的作用。适度赞美对方，能够创造出一种热情友好的交往氛围，能使对方形成良好的行为规范和道德风貌，积极与你合作，共同创造一个舒适的环境。适当的赞美，可以产生亲和心理，能使你与旅客的心理距离拉近，关系融洽、和谐，心境美好。

其次把握赞美的原则。赞美的原则：良好的动机与客观实际相一致的原则；情境交融的原则；热情具体的原则；适度的原则。例如，当一个人正苦恼时，你却去赞美他，他不但听不进去，反而会反感，认为你在有意讽刺他的失败，看他的笑话。如果用过头的或是肉麻的恭维话，会令人感到你在轻视他，不怀好意。所以，赞美他人必须掌握原则。

再有就是掌握赞美的方法。一般用得多的方法有：直接赞美，当着对方的面，以明确具体的语言，微笑着赞美对方的行为、能力、外表，特别是当着大家的面赞美他，产生的效果更佳。例如，“你这一身打扮，可年轻了10岁；一看你就是一个知书达理的人”。间接赞美，可以运用语言、眼神、动作、行为等向对方折射你自己的心情。中介赞美，通过第三者，表示对他的工作、行为的赞扬。如“他觉得你很不错，是一个信得过的人”。赞美的方法还有许多，不再举例，一句话：你想人家有什么样的优点，你就怎样去赞美他，这是最好不过的方法。适当的赞美和灵活的服务技巧结合运用，往往会收到不错的效果。

2. 批评的技巧

批评或多或少对被批评者来说都有自尊心受损伤的感觉。旅客由于不熟悉铁路规章，或不小心，或缺乏自觉性，产生某些过失行为，是难免的。如果当着大家的面批评他，很容易伤害他的自尊心，感到非常的不愉快，甚至会发生纠纷。因此批评更要讲究技巧，以达到纠止的目的。

批评一般采取温和、渐进、商讨、发问的方式进行为好。旅客有了过失行为，请他到乘务间，给他讲清利害和道理，给予必要的关心和安慰，这样会使批评的效果更好。

批评的态度要温和，不可声色俱厉，让人接受不了。以庄重严肃的态度批评，这是对对方的一种尊重，也较为容易接受；若用戏谑的口吻讽刺批评，不论动机如何友善，终将引起对方不满；使用含糊笼统的措辞，往往将具体的事情变得抽象、失真，这种捉摸不透的批评容易引起对方不以为然或者反感。

批评要留有余地，不说过头话。切忌否定他人人格，不可随意把对方说成是一个“讨厌的人”、“不要脸的人”，说这些侮辱性的话是对他人人格的不尊重。

批评纠正旅客的不良习惯，可以采取间接的方式进行。例如，某一个旅客感冒，痰很多又很浓，随口吐在地毯上，还用脚擦一下就了事，毫不注意这样吐痰会对周围旅客产生不好影响，大家看到，心里很不舒服。如果客运服务人员此时送上纸杯或卫生纸，提示他把痰吐在纸杯里或卫生纸上，然后丢到垃圾筒里。这样做，既纠正了不文明行为，又不得罪这位旅客，车内保持了卫生，旅客也为之称赞，觉得客运服务人员做得对。可以说这种间接方式的批评也是一种服务技巧。

九、服务态度

在客运服务工作中，处理与旅客的关系，或认识和改变客观事物，都反映一个人这样或那样的态度。例如，有人热爱客运工作；有人认为客运工作没有出息，工作没干劲，马马虎虎。有人对待旅客热情、和蔼；有人对待旅客冷漠、粗鲁。由于每个人的经历和所受到的教育不同，所形成的个人气质、性格、能力以及需要、动机、兴趣等心理活动不同，所以对待人、事、物、观念的态度是不一样的。

态度是个人对他人、对事物、对观念的比较持久的肯定或否定的内在反应倾向。态度指向的对象极其广泛，包括对他人、对集体、对物体、对事件、对制度以及代表具体事物的观念等。如表现出赞成或反对，喜欢或厌恶，接近或疏远，肯定或否定等，这些就是态度的具体表现。态度影响一个人的行为，表明一个人的生活方式和对事物、对他人及各种活动的选择。

服务与态度是两个不同的概念。服务是通过提供劳务活动，如供应开水、清扫垃圾、调节车内空气、通告站名等事情以满足旅客需要而做的事情。态度则是对人、对事的内在反应倾向，是喜欢或讨厌，是赞成或反对，是热情或无情等。

态度的表达方式有两种：一是语言表达；二是面部表情和身体姿态动作。例如，给旅客供应开水时，面无表情，不说一句话，哪怕你送上三五次，旅客仍然认为你不热情，你也得不到理解和欢迎。所以列车员要做好服务工作，必须有热情的语言，微笑的表情，实在的服务，方能得到旅客的理解和欢迎。

服务与态度的关系是相辅相成的，其中一样没有做好，同样不会产生好的效果。服务工作做得再多，也弥补不了由于态度低劣所造成的不好影响；而良好的、真诚的、热情的态度则可以弥补服务工作的失误或不足。

服务与态度既反映一个人的思想修养，又反映一个人的工作水平。可见，服务态度是提高服务质量的重要技能。

心理学家认为态度有 3 种主要成分：认知成分、情感成分和行为倾向（意向）成分。

认知成分,是指一个人对人、对事的认识、理解和评价,是“态度”形成的基础。如客运职工认识到服务质量关系到路风问题,关系到维护消费者权益问题,那么,他就会注意讲究服务技巧和态度。

情感成分,是一个人对“态度”对象在认识、理解和评价过程中所产生的喜欢或厌恶、尊敬或藐视、同情或冷淡的内心体验。情感成分是态度的核心。情感是有方向性的,既有积极情感,如尊重、喜欢、同情、关怀、热爱等;又有消极情感,如藐视、冷淡、害怕、反感、仇恨等。

行为倾向(意向)成分,是一个人对“态度”对象的反应倾向,即准备对态度对象做出某种行为反应的意向。例如,对安全工作一丝不苟,是表明一种行为倾向,而不是行为本身,是做出这种行为前的思想倾向或意向。

上述态度的 3 种成分是紧密相连的,构成态度的整体。往往是先有认知,而后产生情感,情感决定行为的意向。情感对态度的形成和改变起主要作用,又往往是态度最真实的表现。例如,一个人发脾气,有人会说“要什么态度”;受气者心平气和地说理,别人也会说“他的态度好”。

态度的形成不是天生的,而是在后天的社会环境中,经过学习而形成的。态度也可通过实践训练和教育而有所改变。影响态度形成的因素有以下几点:

(1)需要的影响

能满足自己需要或有助于达到目标的对象,必然会产生积极的态度,反之,则会产生消极的态度。

(2)知识和信息的影响

知识的范围和深度,信息的广度和准确度,会影响一个人的态度。如一个职工因吸烟引起列车火灾,其他职工就会引以为鉴,增强安全意识,不在列车上吸烟。

(3)群体的影响

群体的影响主要是从众心理表现,个人服从群体规范要求。这个群体风气好,个人也要表现好;这个群体风气差,个人表现好了,往往还会受到孤立,或者随大流。

(4)个性与情感的影响

一个人的性格本身就包含了对现实的态度,不同性格的人对现实的态度是不一样的。对待客运服务工作的态度,反映在两个方面:一是对本职工作的态度,认真负责,不马马虎虎;二是对旅客的态度,就是服务态度,要求谦虚恭谨,热情诚恳,和蔼可亲,细心周到,无微不至。这里面包含了人的认知、情感、行为倾向(意向)成分。同时体现一个人的职业道德、文化素质和思想修养的成熟程度。

良好的服务态度不仅是个人优秀品质的表现,而且能为企业创造品牌,创造价值。

第五节　客运服务的体态语言

在列车服务工作中,除了口语交流服务外,还有体态(形体)语言服务,它是无声的语言,作用同口语服务一样重要,若表现得当,则胜于单纯仪容之美。所以,列车员在工作中必须心神专注地注意体态的表现。

一、表情语言

1. 眼神表情

俗话说"眼睛是心灵的窗口","眼睛会说话"。这是由于人的情绪感染引起眼睛、面部的不同变化而产生的不同的眼神表情,它给人以不同的感受。例如:

美丽、动人的眼睛,是一种善意、友好的表情,有一种讨人喜欢的感觉。

轻蔑、傲慢的眼睛,是一种轻视、高傲自大的表情,有一种不愿意与之交往的感觉。

聪敏、机灵的眼神,是一种深邃、炯炯有神的表情,给人一种拥有智慧和力量的感受。

温柔的眼睛,是一种关爱、亲切的表示,给人一种和善、乐意交往的感觉。

眼神表情主要是目光投向不同,给人的感受也不同。例如:

目光向上看,上扬着脸颊和半掩着眼睛,是一种邀请。

目光向上向远,则是目中无人、高傲自大的表现。

目光向下看,有时是表示等待对方的回答。

目光略为朝下看,表示自己的情真意切。

当与人谈话时,目光向下看对方的下巴,表示礼貌。目光向下看,而且躲躲闪闪,不好意思,又给人一种害羞软弱的感觉。

东张西望的目光,会引起别人对你的注意和预防。当被介绍与人认识时,眼睛要看着对方的脸部,切勿将对方四下打量,否则是不礼貌的表现。当对方和你谈兴正浓时,切勿东张西望转移视线,否则对方会以为你听得不耐烦。

目光直盯一个人身上,特别是女性,这样做是不礼貌的表现。

正视对方的眼部,表示对对方的尊重、对谈话的内容感兴趣,也表示女性的自信与心地纯洁。

在客运服务中,用热情、友好、诚实、善良的眼神来对待旅客,不仅显示出你有礼貌,而且能告诉旅客你能为他做好服务工作。如果你用冷漠、奸诈、嘲笑、蔑视的眼神对待旅客,不仅表现出不礼貌,而且工作注定要失败,还会得到旅客的批评。因此列车员在同旅客交谈中,要精神集中,注视旅客,重视谈话内容,切忌漫不经心、左顾右盼、东张西望,或头不抬、眼不睁,上下打量对方,直视、眯眼、瞪眼、白眼鄙视旅客,这样做会使旅客产生反感,情绪不安,甚至发生不愉快的争吵。在回答旅客询问时,两眼要平视对方面部,微笑相对,表现出对对方的一种尊重、认真的态度。

2. 唇部表情

不同的唇部姿势有着不同的含义。例如:

撅起嘴,表示轻微的不高兴或生气。

努努嘴,表示怂恿和撺掇。

撇撇嘴,表示轻蔑和讨厌。

咂咂嘴,表示赞叹或惋惜。

3. 笑容表情

俗话说"出门看天色,进门看脸色。"客运服务人员与旅客之间没有什么根本性的利害冲突,只是存在着一种服务与被服务的关系,试想脸色难看,能给旅客留下什么好的印象吗?

笑是人类思想、情感、情绪外在表现的一种形式,是人们对客观生活现象的一种主观的反映。笑，是面部表情表现的一种形式。有多种笑法，如微笑、欢笑、苦笑、讥笑、奸笑、假笑、含心笑等。对笑的描绘也有许多词汇，如笑容可掬、喜笑颜开、皮笑肉不笑等。在社会交往中，每个人都愿意同面带微笑的人交往。

在客运服务中，最常用的笑是微笑，这是职业需要。微笑是一种无声的语言，表示友善、谦恭、和蔼、可亲、融洽，给人以热情、温暖、亲切、友好的感觉，产生的效果最好。微笑可以使人们的心灵得到沟通，人格得到升华，人情得到融合，从而显示你的美丽和魅力。

微笑是一个人的涵养、精神面貌、高超技能的展现。提倡微笑服务，实际上你没有什么付出，就会使旅客对你有可亲可信的感觉，心情愉快了，就会称赞你，这就是微笑的作用。当然，发出真正的微笑并不容易。首先微笑的产生需要发自内心的、心甘情愿的服务愿望，有了这种愿望，就有了职业责任感，就会把旅客当作自己的客人、朋友对待，深刻理解旅客的心理状态，产生发自内心的真诚的微笑，主动关心他们的需要，做好服务。其次是要有自我控制情绪的能力，若在上岗前碰到烦恼的事情，甚至伤心的事情，要尽量排除这种心理干扰，尽快进入工作状态。提倡发自内心的真诚的微笑，就要做到亲切自然，既可融洽同旅客的关系，又可增进相互的了解和友谊，使旅客处于愉快的心理状态。

微笑可以自我训练养成。其方法是口角的两端要平均地向上翘起，心里高兴，口里默念普通话的“一”或“茄子”或“田七”字音，加上眼睛显示出笑容。

要记住：微笑会让你更加美丽，更加具有魅力。一个不会微笑的服务员是不容易得到旅客赞赏的。

二、动作语言

动作语言是一种无声的、以人的肢体动作来表达人的意识行为的方式。有了它的配合，同样会起到增强接待、交谈、演讲的力度和气势的效果。就列车服务工作而言，有以下几点：

1. 手势语言

手势是无声音的动作，它能表达人的一些思想，如鼓掌欢迎；手臂一摆，表示“请”；食指和中指分开，表示“胜利”；大拇指竖起，表示“好”。

手指着自己的鼻子尖，是一种极不文明的手势，常见于打架、骂人的时候；手指着他人，指指点点是不礼貌的动作，等等。

迎接旅客上车时，应两脚站直，上身微微前倾，注视对方，面带笑容，左手下垂或背在身后，以右手肘关节为轴，手五指伸直并拢，掌心向上或侧立，从身前抬起指向上车方向，再说声“请上车”，以示谦恭，使得这一动作有声有色。反方向左右手换一下也可以做。做手势的要求：简洁、幅度要小，显得优雅。

2. 鞠躬礼

鞠躬的意思是弯腰行礼，表示对他人的恭敬。其方法是：立正站好，保持身体端正，双手自然下垂，在体前成虎口交叉，右手搭在左手上，面带微笑。迎接来宾时，挺胸展肩，上身向前倾斜 15°～30°，目光向下，并同时用“您好”或“欢迎光临”等礼貌用语问候。给旅客致歉时，鞠躬成 45°。

3. 握手礼

单手握，是最普通的握手方式，两人会面时，双方各自伸出右手，手掌呈垂直状态，四指并拢，拇指张开，肘关节微屈抬至腰部，上身微倾，目视对方与右手相握，并可适当上下抖动，以示亲切。

双手握，表示对对方加倍的亲切和尊敬。自己同时伸出双手握住对方的右手。它的适用范围是：年轻者对年长者，身份低者对身份高者。握手时可以用：问候、关心、欢迎、致歉、祝福等类型的话语，增加气氛和情感。

握手三要素：先后顺序、握手时间、握手力度。

先后顺序，通常是年长（尊）者、职位高者、上级、老师先伸手，然后是年轻者、职位低者、下级、学生及时伸手与之呼应。客人来访时，主人先伸手，以示热烈欢迎。告辞时，待客人先伸手后，主人再伸手与之相握，这样做，才合乎礼仪。

握手时间，初次见面，握一两下，控制在5 s之内即可。与异性握手切忌时间太长，与同性握手时间也不能太长，以免对方欲罢不能。如果双方是亲密或多年不见的朋友、同学、同事，握手时间可以长一些。

握手力度，有握手的感觉就行了，不能握出疼的感觉。

握手时还注意站立端庄，不能左顾右盼、心不在焉或者眼睛朝向别的地方，这是冷落对方的表现；不能跨着门槛握手，不能坐着握手(老年人、残疾人除外)，不能交叉握手，不能戴手套握手。

综上所述，服务工作的学问是很多的，搞好服务工作同样需要丰富的服务知识、熟练的服务技能以及灵活的服务方法。学会这些知识技能会使你懂得处世、为人的原则和行为规范，懂得怎样尊重别人和自己，尊重旅客和亲朋、同事；学会这些知识技能会使你学会判断美善丑恶，学会用恰当的语言、恰好的行为，表现出对旅客的尊重、热情、友好、文明、礼貌，同时，个人修养也能得到提高，促使你变成一个高尚的人，有人格魅力的人。

第六节　服务技巧

要想做一个优秀的列车员，仅仅有做好服务工作的良好愿望是远远不够的，还必须讲究服务技巧，掌握旅客心理需求，抓住服务的关键时刻。

一、尊重为先，用心服务

旅客乘车虽然是一次短暂的接触，但是列车服务给旅客留下的印象却是深刻的。按照车种、票价，提供相应的服务是铁路应尽的义务和责任。无论哪种档次的服务都要做到尊重为先，用心服务，这是做好服务工作的关键技巧。

1. 尊重为先

旅客与客运人员彼此发生矛盾冲突，往往是一方缺乏对另一方的尊重所造成的。旅客至上，尊重为先，是做好服务工作的前提。有了尊重旅客的意识，就会举止文明，用语和蔼，有亲近感，会产生好的服务效果。列车员应该清醒地认识到尊重旅客的同时是在尊重自己；善待旅客的同时是在善待自己。尊重旅客、善待旅客是自己的工作职责要求。

2. 用心服务

任何事情不用心去做是不可能取得成绩的。客运服务工作同生产物质产品一样，不用心服务同样会出“次品”、“废品”。对旅客指手画脚、拉拉扯扯、推推搡搡、歪头斜眼的不雅行为表现,就是服务的次品、废品。旅客至上的理念落到实处的关键在于来自发自内心的信念,用真情去为旅客服务。你用心为旅客服务,一是能主动发现服务的机会,施展你的服务技能,满足旅客的期望值。二是你会想办法,提供旅客满意的服务,再挑剔的旅客,也会被感化。

二、掌握旅客旅行心理

有一个人性化的旅行环境,提供与票价相符的服务,旅客会有一种享受的感受。因此列车员通过分析旅客的共性心理和个性心理,掌握旅客旅行心理需求,这是做好服务工作的技巧之一。

1. 安全

安全,是旅客心理的首要要求。希望在列车上不发生火灾、爆炸事故,不发生旅客挤伤、撞伤、烫伤、杀伤情况,财物被盗事件,不希望发生意外伤害。

2. 舒适

舒适,是旅客旅行心理的基本要求。要求列车上的服务设施先进,备品清洁卫生,摆放整齐美观;卧具干净、干燥;窗明几净;车内清洁卫生,厕所、洗脸间干净,无积水;保持车容整洁,卫生做到随脏随扫;无老鼠、蟑螂、虫害。保持良好的环境,给人一种舒适的感受。

3. 便利

便利,也是旅客旅行心理的基本要求。就是要求列车上食品供应经济实惠,无伪劣、过期、霉烂、变质食品;提供充足的洗漱水和饮用水,卫生洁具使用良好,洗、用方便。

4. 便捷

办理补票、旅途变更手续简便。

5. 全面

全面,是旅客旅行心理的较高要求。就是列车服务工作要全面,如防暑降温、通风换气、保温取暖有保证,病伤救治及时。设置的医疗点、服务点、办公席,标志明显,服务有内容。

三、抓住服务的关键时刻

服务是无止境的,服务的学问多,搞好服务需要心理学、管理学、美学、公共关系学等知识。例如,送开水,始发送的是迎客水,餐前送的是助餐水,餐后送的是清口水,清晨送的是保健水,终到前送的是友情水等,送水就有这么多的学问,就看你自己怎么想、怎么做。用心琢磨,学问就出来了。抓住服务的关键时刻,做好服务工作就有许多学问,就做得到点子上。例如,上车时刻,给旅客一个好的第一印象:如精神集中,热情迎接;列车开出时刻,检查车门保证安全;保洁员打扫通道卫生,保持环境干净,给人舒服的感觉。旅客坐定时刻,列车广播旅行注意事项,给予温馨的感受;整理行李架,车容整齐美观,保证旅客安全。下车时刻,提醒旅客不拥挤,注意脚下防止摔伤;提醒旅客带好随身物品。清晨时刻,洗漱间卫生,准备好了开水。使用厕所……这些时刻所做的事情,虽然是小事情,其中每一个细节、每一个瞬间都可以直接作用于旅客的感受、印象、判断,同时也能显示出你的品德、工作态度、责任心。每一个列车员都是有文化的人,只要用心都可以总结服务的关键时刻,研究其要点和方法,创造出自己的工作特色。若能给旅客留下美好的印象,就会显示出服务的魅力。

四、针对性地提供优质服务

服务虽然是无形的、可变化的,但是好的服务却蕴含着文明和个人修养。做好针对性服务,也要动脑筋,掌握一定的火候和技巧,如需要什么,什么时候要等,将主动服务和旅客需要结合起来,才能把服务工作做到点子上。

提供优质服务,一是真心把旅客当作“上帝”,主动关心旅客,主动与旅客沟通,尽可能满足旅客要求。二是把温暖传递给旅客,为旅客排忧解难。三是热情耐心地为旅客办事,解答咨询。

提供优质服务,会让服务工作做得再好些,当然付出就要多一些。有付出就有回报。在提供优质服务的同时,自己得到了锻炼和提高。一是丰富了服务知识,因为在提供优质服务的过程中,你要了解旅客,了解他们的需要,了解工作程序,了解服务方式方法,从而丰富了服务知识。二是练就了服务技能，懂得了针对不同旅客应采取什么服务方式，用什么方法为旅客服务最能使旅客满意，学会沉着冷静、果断处理突发事件，妥善处理旅客不满，会逐步形成优秀的服务机智和服务能力。三是提高了个人修养，提供优质服务会使你变得彬彬有礼，个人修养得到全面提高，可以促使你变成一个高尚的人。四是获得了丰厚的回报。工作出色必将得到相应的回报，如荣誉、提职、增薪，是个人成长的标志。

五、把握一个时机和度

好动机不一定有好的结果。提倡主动热情为旅客服务，不是越主动、越热情越好，这里有一个时机和度的问题。例如，中午休息送开水，把旅客惊醒了，旅客就不高兴，送开水的时机就不合适；若在开饭时间送开水，此时旅客正需要，会对你的工作感到满意，这就叫做服务工作做到了点子上。又如迎接旅客上车，一个旅客携带的东西多，又带一个小孩，上车有困难，此时上车人多，你是帮助旅客提东西还是帮助小孩上车，这里就要讲究方法。如果你帮助旅客把行李提上车，离开岗位，而小孩没有上车却在站台上，就容易被其他旅客挤倒、挤下站台，造成伤害，反而会增加麻烦，甚至发生纠纷。此时，应当帮助旅客照顾小孩上车。如果你帮助旅客提行李上车，也只能轻拿轻放，不能用力过大，轻轻地扶一下即可，否则容易把旅客推倒或撞上车壁，引起旅客不满。同样，主动扶老携幼更要掌握好一个度，轻轻地扶一下，用力过大，会把旅客绊倒，也会引起麻烦。整理旅客行李也是如此，要事先问一下，能不能移动，否则你先动了可能会引起麻烦。问候旅客也得把握一个度，问候次数多了，效果会适得其反。所以热情、周到的服务要把握一个时机和度，不是越频繁越好，越热情越好，还要看旅客是否需要。

六、礼貌待人，文明服务

为旅客提供良好的旅行环境和服务设施，不断提高服务质量，文明礼貌地为旅客服务是铁路承运人的义务。礼貌待人，文明服务是搞好旅客服务的技巧之一。动车组列车员为旅客服务应把握一个原则："有需求有服务，无需求无干扰"。在任何情况下都要保持冷静，忍耐、忍耐、再忍耐，始终以笑脸相迎，微笑服务，不激化矛盾，要化解冲突。

礼貌待人应做到“旅客来时有迎声，旅客问询时有答声，照顾不周有歉声，旅客帮忙有谢声，旅客走时有送声”。并做到“五不计较、三不说”。

五不计较：旅客反复挑剔不计较；旅客频繁问事不计较；旅客提意见不计较；旅客态度急躁不计较；旅客失礼不计较。

三不说：不说伤人的话；不说噎人的话；不说过头的话。尽量做到语言亲切，声调平和，音质清晰，音量适当，语调适中，音色优美。

文明服务应做到“轻来轻去，轻声轻语，轻拿轻放，轻关轻开”。

第九章 涉外旅客运输服务

随着我国改革形势的发展，国外旅客不断增多，做好涉外旅客运输、接待服务工作非常重要。它不仅是一项接待友好使者的服务工作，而且是一项非常重要的宣传工作。由于每个国家、每个民族，有着不同的风俗习惯、宗教信仰和生活禁忌，因此列车员在接待国外旅客服务中，更需要注意尊重对方，以友好为前提，做好服务工作，让他们满意。

第一节　涉外旅客服务纪律要求

一、维护祖国尊严

涉外服务是代表一个国家对外宾进行工作。在接待服务过程中，不做任何有损国家的事，不说任何有损国家的话，坚决维护国家利益，维护中华民族尊严，不失人格和国格。

二、严格保守机密

涉外服务中，注意提高警惕，严格执行国家保密制度。乘车途中与你交谈时，应先弄清谈话问题，实事求是地进行交谈，自然大方。自己不清楚、不知道的事，不乱说，不信口开河，不该说的不要说，不自行其是。

三、涉外旅客运输要求

1. 涉外旅客随身携带品

涉外旅客随身携带的物品应自己看管，超过重量时，按国内同样办理。

2. 涉外旅客上车安排

涉外旅客上车后，列车员原则上按照车票票面指定的席别、卧铺、车厢、铺位号安排，不得随意调整。如确需调整须涉外旅客同意后调整。如不同意调整不得强行调整。

如遇到不同国籍、不同信仰、不同政治态度的涉外旅客同时乘车，列车员应向列车长汇报，分开安排。

3. 服务礼节要求

外宾上车应执行登记制度。接待外宾应做到：谦虚谨慎，服务周到，讲究礼貌，不卑不亢，自然大方，彬彬有礼。不该说的话不说，不该知道的事不打听，并要尊重他们的风俗习惯、宗教信仰和生活禁忌。

为外宾服务应做到“五不”：不自吹自擂，强加于人；不任意移动和翻阅外宾的书刊、物品；不随便夸奖称赞外宾的东西；不随意坐外宾座位；不吃生葱蒜等异味食物。

同外宾交谈要注意分寸，称赞对方不宜过分，自己谦虚也要适当。谈话保持一定距离，不可太近，以防唾沫溅出。谈话注意让外宾有充分表达自己意见的机会，自己少讲，相机主动谈话。不打听年龄、薪酬和其他私事。谈话应注意手势，同一种手势，不同的国家表达的意思是不一样的。与外宾在车厢走道相遇时，应表示热情友好，主动让路。同方向行走，如无急事，不要抢行。

防止闲杂人员进入包房，以免发生意外事故。外宾离开包房、到餐车就餐或下车到站台散步，应锁门。

在外宾面前，衣着整洁，行为姿态端正。不做剪指甲、挑剔牙齿、掏鼻孔、挖耳朵、打喷嚏等不礼貌的行为。

外宾的化妆各具特点，不要少见多怪、指指点点、切磋化妆术。

对个别外宾的不友好言行，要具体分析，正确对待，不能感情用事。事后向列车长汇报。

4. 卫生要求

车上的洗脸间，应备有毛巾、香皂，厕所应备有卫生纸，坐式马桶、坐圈及盖板应进行卫生消毒。包房无异味，洗脸间、厕所随时清扫，保持干净，无积水、无臭味。

5. 赠送礼物

外宾向你赠送礼物时，应婉言谢绝，如盛情难却，也可接受后向上报告。涉外服务工作人员，未经上级许可，不得向外宾赠送礼物。

6. 遗失物品

车上发现外国籍旅客的遗失物品，应及时交还，不能交还时，编制客运记录，交车站处理。

第二节　部分国家的礼仪与禁忌

本书只谈及列车员在列车上接待外宾时需要注意的礼仪与禁忌，注意对不同种族、国籍、民族的旅客应一视同仁，尊重民族习俗、宗教信仰和饮食习惯。

一、英国的礼仪与禁忌

英国人比较注重礼貌礼节，待人彬彬有礼，见面时互相握手，互道“早安”、“下午好”，喜欢别人称呼他们的荣誉头衔。英国人生活比较讲究，参加社交活动时，总是服装笔挺整洁，特别是中上层人士，讲派头，讲绅士风度，言行谨慎，不轻易动感情，也不轻易表态。不喜欢谈私事、个人职业、收入及价格(如你的衣服多少钱)等。英国对妇女比较尊重，不能问及女士的年龄。

英国人内向、含蓄，富有幽默感，严守约会时间，遵守纪律，秩序井然地排长队。

禁忌：在英国，忌用大象图案；把孔雀看作淫鸟、祸鸟；忌用人像作商品的装潢；不要以百合花作为礼物送人，百合花意味着死亡；忌“3”、“13”。

二、法国的礼仪与禁忌

法国人性格豪爽热情，喜欢交际，乐观爱美，服装比较讲究，法国妇女爱美、好打扮，对化妆品很重视。

法国人的日常礼节用握手表示，如是亲朋好友则以亲吻或拥抱代替握手。对女士表示谦恭礼貌是法国人的传统。法国人喜欢有文化素养和美学素养的礼品。

禁忌：法国人忌菊花、杜鹃花、纸花和黄色花朵。忌桃、仙鹤图案，忌墨绿色。忌谈政治、钱和个人隐私。

三、美国的礼仪与禁忌

美国人性格热情大方，浪漫开朗，容易交往，喜欢谈话，喜欢交朋友，自由平等观念较强，不喜欢盲从别人的意愿，更讨厌被别人奉承。美国人独立性强，成功靠自己努力，并非依赖家庭背景或别人的帮助。崇拜强者，不同情弱者。开创精神是美国人性格中一个重要部分，他们喜欢尝试新鲜事物，不满足平稳单调的生活。

美国人不拘小节，生活习惯比较随便，言谈举止比较随心所欲。谈话时喜欢用手势来表达自己的意思。与美国人谈话时应保持一定距离。美国人不论年龄和社会地位，都喜欢直呼对方名字，如福特医生、卡尔斯律师等。不论男女，见面时一般相互握手，彼此熟悉的女性之间、男女之间也亲吻面颊。

禁忌：美国人讨厌蝙蝠，认为是凶煞的象征，因此不能向美国人展示、销售有蝙蝠图案的物品，也不能作为礼品赠送，避免引起麻烦。忌“星期五”、“13”。忌谈个人隐私。

四、日本的礼仪与禁忌

日本是一个注重礼节礼貌的国家，人们在日常生活和社会交往中，见面互相问好，总是彬彬有礼。行礼方式很讲究，初次见面要鞠躬，问候礼是30°，告别礼是45°。鞠躬要脱帽，初次见面，只鞠躬行礼，不握手；老朋友见面时握手。常用的见面问候用语有“您好”、“您早”、“晚安”、“对不起”、“拜托了”、“请多关照”、“失陪了”等，行礼方式还有“屈体礼”，“屈体礼”又分“站礼”和“坐礼”。

日本很注意培养人的坚强性格、坚强意志以及遵守纪律和认真办事的品质。他们时间观念强，注意穿着和仪表。

禁忌：日本人忌讳绿色和荷花图案，忌3人合影，认为中间被左右二人夹着，是不幸的预兆。赠送礼品的数字忌讳“4”、“9”，因为“4”的发音与“死”相似，“9”的发音与“苦”相似。

在吃饭时，“忌八筷”之说，即不可舔筷、迷筷、扭筷、移筷、插筷、掏筷、跨筷、剔筷。

五、俄罗斯的礼仪与禁忌

俄罗斯人性格豪放、开朗，喜欢谈笑，纪律性强。与人相见，开口先问好，一般礼节是握手，朋友问好互相拥抱并亲吻面颊。与人相约，讲究准时。俄罗斯人爱清洁。称呼俄罗斯人称其名和父名。

俄罗斯人忌讳被说小气，忌给其寄鲜花、乳制品、面包和香蕉。

初次见面，忌问私事，忌问妇女年龄。

六、德国的礼仪与禁忌

德国人勤勉，有朝气，纪律性强，喜欢音乐，讲究卫生，服装整洁。在礼节上讲究形式，约会讲究准时。与德国人交谈时，可以谈个人业余爱好、体育和足球之类的运动，不要谈论打篮球、垒球和美国式橄榄球。

禁忌：德国人有信奉基督教的，有信奉天主教的。除宗教禁忌外，德国人还对颜色禁忌较多，如茶色、黑色、红色和深蓝色。忌吃核桃，忌送玫瑰花、服饰等商品。

七、印度的礼仪与禁忌

印度有84%的人信奉印度教，有11%的人信奉伊斯兰教。印度人很讲究卫生，印度妇女额部眉间有一个彩色的“吉祥点”。男人相见或分别时握手，有时双手合十，男人不能和女人握手。在行双手合十礼或鞠躬时，男人不能碰女人。如果一般关系，男人和女人不能单独谈话。摇头表示同意，点头表示不同意。

禁忌：印度教徒忌讳食牛肉、猪肉，也禁用牛革制品。忌用左手握手、递东西和取食，忌众人在同一盘中取食。

第十章

发生非正常情况的应急处理

非正常情况下的应急处理，是指旅客列车在运行途中突发自然灾害或运输安全事故、人为事故，并危及旅客生命和财产损失时所采取的紧急措施或办法。

应急处理原则仍然是坚持以人为本，先救人后救物，以人民铁路为人民为服务宗旨，在旅客列车长的统一指挥下，各工种按照各自职责和分工，密切配合，妥善处理事故给旅客造成的困难，最大限度降低和减少事故造成的损失，尽快恢复旅客运输秩序。

动车组列车发生应急情况时，列车长应紧急联系司机、随车机械师，按担当段规定的应急处理预案进行应急处理。下面介绍的各种应急处理仅供参考，具体须结合本段担当乘务区段的要求进行。

第一节　列车空调发生故障的应急处理

一、全列无空调的应急处理

动车组在运行中空调发生故障时，列车长应及时向机械师了解空调故障原因，掌握情况后及时向旅客说明情况，诚恳致歉。同时要求列车乘务员坚守岗位，加强车厢巡视，积极安抚旅客，稳定车内秩序及旅客情绪，及时处置突发情况。

列车员听从列车长统一指挥，安置重点旅客。如发现车内有异常情况，要妥善处理，并立即向列车长汇报。

动车组列车因空调故障不能使用，且应急通风功能失效或不能满足需要时，以解决车厢通风透气工作为首要任务。具体处理如下：

1. 停车通风

全列车空调失效超过 20 min 不能恢复时，列车长与随车机械师确认后，立即通知司机向列车调度员提出在前方最近客运车站停车的请求。在车站停留时，应打开车门通风。必要时，站、车共同组织将旅客疏散到车站安全处所，等待故障修复、救援或组织换乘其他旅客列车。

2. 开门安装防护网限速运行

空调故障不能修复，列车因故停车不能维持运行，列车长与司机、随车机械师沟通，视情况做出打开车门的决定，并请司机转报列车调度员。列车长组织列车工作人员在司机、随车机械师等配合下，在车厢内运行方向左侧(非会车侧)车门处安装防护网，打开车门。

安装防护网位置、数量由列车长根据动车组乘务人员(含餐饮、保洁员)的配置情况确定，并要求他们将车门处的旅客动员到客室内。防护网安装完毕，打开车门后，列车乘务人员(含餐饮、保洁员)严格值守车门，严禁旅客自行下车，直至车门关闭。

列车长在确认防护网固定状态及防护后报告动车组司机。司机根据列车长的报告，向列车调度员申请打开车门限速运行的调度命令。列车调度员向沿途各车站及司机(救援时，同时向救援机车司机)下达“×××× 次因空调失效开放部分车门运行，限速 60 km/h，通过高站台限速 40 km/h运行”的调度命令。在列车乘务人员防护的情况下，按照调度命令的速度运行。

列车发生空调故障后，列车长应根据现场实际情况，按速报、慎报原因的原则向旅客说明情况，向旅客做好宣传、致歉，并做好车厢内的服务工作。合理组织列车员、餐车工作人员、保洁员、乘警巡视车厢，解答旅客问询，稳定旅客情绪，维护好车内秩序。

3. 车门应急操作流程

CRH1 型动车组，列车员对动车组侧门进行紧急解锁开门，并且不要复位。司机在 IDU 上确认由于紧急解锁而报出的 A 类警告。

CRH2、CRH380A、CRH380AL、CRH380BL 型动车组，列车员将渡

板隔离，将门控器上 SS 开关打至关位，紧急解锁打开车门，通知司机确认车门状态。司机在 HMI 上确认车门状态应显示为“?”。

CRH5 型动车组，列车员将渡板隔离断开要打开车门的门控器电源，施加紧急解锁将门打开。

如列车空调故障造成影响时，列车长应在请示段调度室、动车车队后，统计受影响旅客数量、去向，统一编制客运记录交旅客到站处理。

二、运行途中单车空调故障的应急处理

（1）列车空调设备出现故障时，列车员应立即通知列车长和随车机械师，及时修复。

（2）列车员向旅客做好解释工作，向旅客道歉，安抚旅客。

（3）如果列车不足定员时，可将旅客向有空余能力的车厢疏散。先疏散老、幼、病、残、孕等重点旅客和不理解的旅客。

（4）若无处疏散，即刻请旅客协助打下车内全部遮光帘，保持车厢内温度，同时打开与邻车厢相通的端门，调低邻车厢温度。加强服务，为旅客供水，稳定旅客情绪。

（5）列车长通知客调该车厢的复用票额不再发售。

（6）空调不能修复时，列车长应按规定拍发电报，编制客运记录，通知车站办理有关手续。

第二节 发生火情火灾的应急处理

动车组火灾事故应急处理原则：统一指挥、快速反应、正确处置、站车协同、尽快开车。本着“先救人后救物”的原则组织扑救。

一、动车组在区间发生火灾事故的应急处理

动车组在区间发生火灾事故，启动应急处置预案，由列车长组织指挥，其他人员密切配合。本着“先救人后救物”的原则，统一指挥扑救。

在救援列车没有到达以前，应加强对现场旅客的宣传和组织工作，防止发生意外。

1. 赶赴现场

动车组列车运行途中发生重大火灾时，最先发现或到达现场的乘务人员应立即使用灭火器或可用于灭火的物品进行扑救。使用对讲机通知列车长。列车长、乘警、机械师接到报告后，应立即赶赴现场确认，在列车长统一指挥下，分工负责，各司其职，切断电源实施扑救。

2. 紧急停车

如火势无法控制或继续蔓延，在扑救的同时，列车乘务组应立即启动紧急停车装置(或按下火灾报警按钮)，司机应立即采取停车措施并断电降弓，并向列车调度员或车站值班员报告。列车长组织机械师、乘警、保洁人员、餐车服务员就近携带灭火器材迅速赶到火灾报警车厢，疏散旅客，迅速扑救。同时立即报告路局客调、段调度室。

动车组重联时，未着火一组内的列车工作人员停车后除留 2 名列车员看守外，其余工作人员应迅速到达起火车厢进行协助疏散旅客等工作。

机械师负责根据现场情况，切断电源，停止车内通风，并做好停车准备。餐车及保洁人员主要负责火灾扑救工作。

停车时应注意避开长大坡道、桥梁、隧道、油库、重要建筑物和长大下坡道，选择便于疏散旅客和救援的地点停车。

3. 报告救援

列车长应迅速向所在铁路局客调详细汇报现场情况，请求救援。报告事故概况，包括车次、时间、地点、火势、旅客状况等简要情况。

4. 疏散旅客

在扑救火灾的同时，列车长迅速组织客运乘务员负责疏散旅客，将旅客紧急疏散到其他安全车厢，迅速关闭防火隔断门，防止火势蔓延。同时做好现场秩序维护工作，注意做好宣传，稳定旅客情绪，以免发生混乱，严防旅客在列车运行中串车、跳车。

疏散旅客时，乘务员应向旅客告知疏散方向和位置。向临近的安全车厢疏散，不携带行李物品，弯腰快速通过，有浓烟时用水打湿布制品掩住口鼻。对已经疏散的旅客，严禁返回起火车厢。

起火车厢旅客全部疏散完毕后，列车长应立即通知司机、随车机械师或其他列车工作人员关闭起火车厢及相邻车厢靠近起火车厢一端的客室隔门、端门，有防火隔断门的应当关闭防火隔断门。

5. 设置防护

在区间停车后需要防护时，列车前方由司机负责，尾部由随车机械师负责。可能妨碍邻线时，列车长、随车机械师按规定听从司机指挥，处理有关行车、列车防护事宜。发现邻线有列车开来时，司机应急速鸣示紧急停车信号。

6. 地面疏散

如火势无法控制需向地面疏散时，列车长应立即通知司机，司机根据列车长的请求，向列车调度员报告，请求向地面疏散，现场救援。

列车停稳后，打开指定车门(若未能及时接到已扣停邻线列车的命令，双线区间应打开前进方向左侧车门，客运专线打开无邻线一侧的车门)，如无法集控开门时，应立即通知乘务人员手动开启车门，使用应急梯组织旅客下车，向地面安全地带有序疏散旅客。

车内产生浓烟危及生命安全时或疏散通道被火封堵的情况下，乘务人员可在列车停稳后使用安全锤砸开应急逃生窗玻璃解救车厢内的旅客。注意逃生的安全宣传和现场秩序的维护。

如列车停在高架桥时，列车长、列车员组织引导旅客向上风头方向有秩序撤离，避免发生旅客摔伤、挤伤等伤害。

7. 保护现场

在扑救火灾时，注意保护现场，配合公安部门调查事故原因。乘警要采取多种措施维护现场秩序，视情况设置警戒线，灭火后禁止任何人进入保护区(对持机要证件，抢救机要文件的人员除外)。除了救护伤员、开动列车等需要外，不得擅自移动现场任何物品。因上述原因必须移动现场物品时，应当绘制现场原状草图或者拍摄照片。对火灾痕迹和物证，应采取保护措施。

8. 协助取证

列车乘务人员应通力协助做好现场保护，协助乘警做好调查取证工作，积极帮助公安人员了解情况，提供线索。在救援时，列车长组织乘务员实施禁止救援以外的人员进入现场。在救援警务人员到达现场后，协助维护现场秩序，防止发生混乱。

9. 抢救伤员

在疏散旅客、扑救火灾的同时，列车长要组织乘务人员和旅客中的医护人员积极抢救伤员，本着“先伤后亡，先重后轻”的原则，积极抢救旅客伤员到安全处所，及时拨打“120”请求救护。发动旅客中的医务人员一道对伤员采取止血、简易包扎等初期救护措施。对伤势较重的旅客要首先抢救，并提前安置在便于救护车停车的地点，为医院快速救治创造条件。同时认真清点疏散旅客和伤员人数及了解伤员伤害程度，登记旅客姓名、性别、年龄、单位、地址、国籍、车票、身份证号码(其他证件)及随身携带品。证据做到真实、可靠。

列车乘务人员应发动和组织旅客(车厢内的党政、军警、干部、战士等社会力量)开展自助和疏散旅客。

10. 保证供应

若短时间内列车不能开行，列车长应组织好对旅客的饮食供应并照顾好重点旅客。列车上食物储备不足时，应及时报告列车滞留所在地铁路局客调和附近车站协助解决。同时提醒旅客不买无证商贩的食品。

二、动车组在车站发生火灾或起火列车进站后的应急处理

动车组在车站发生火灾或起火列车进站后，火灾扑救工作由车站站长组织指挥，公安消防队到达后由公安消防队统一指挥。列车现场应急处置小组必须服从指挥，积极扑救，在车站疏散旅客时，应尽量向有站台的方向疏散。

三、动车组发生初起火情的应急处理

(1)列车员发现初起火情时，应立即告诉列车长，列车长、列车员、乘警、机械师立即赶赴现场，迅速查明火情起因。

若是衣物、棉絮起火时，压实衣物、棉絮，就地取水灭火或使用灭火器进行扑灭。

若发现电源、电线冒烟，应立即将电源开关或保险断开，使用干粉灭火器将冒烟或燃烧处扑灭。

(2)稳定旅客情绪，避免车内秩序混乱，引发其他安全问题。

(3)火情消除后,列车长、乘警、机械师共同调查起火原因,并采取有效措施,防止火情再次发生。

(4)列车长应详细记录火情发生及处理过程,及时向担当段及有关部门汇报。

四、动车组发生爆炸火灾事故的应急处理

动车组发生爆炸事故的处置原则是:及时报警、统一指挥、积极扑救、减少伤亡、尽快开通。

动车组发生爆炸事故的紧急处置,原则上由发生地的铁路局、公安局和公安消防部门(包括铁路和地方)负责组织指挥。在公安消防部门赶到之前,事故列车在区间时由列车长负责,乘警协助指挥处置;在站内时,由车站站长负责,公安派出所所长协助指挥处置。

动车组在运行中发生爆炸时,列车长立即通知随车机械师赶往爆炸车厢,由机械师确认是否需要紧急停车,并通知司机。同时,列车长要及时向运行所在局客调、本局客调、段调度室汇报概况,包括:车辆设备状况、人员伤亡情况、是否需要停车救治等。如列车继续运行,列车长、乘警以及应急小组成员要将旅客疏散到列车安全位置。如列车停车,需将旅客疏散下车时,双线区间必须打开前进方向左侧车门;客运专线运行时,必须打开无邻线一侧的指定车门。

在疏散旅客的同时,列车长要组织乘务人员和旅客中的医护人员积极抢救伤员,对伤势较重的旅客要首先抢救,并提前安置在便于救护车停车的地点,为医院快速救治创造条件。

如爆炸引发火灾,按动车组在区间发生火灾事故时的应急处置预案或动车组在车站发生火灾或起火列车进站后的应急处置预案进行处置。

处置过程中,公安机关如发现犯罪嫌疑人时,要立即予以拘留,案犯逃跑时应立即组织力量缉捕。对趁火打劫或煽动群众、阻挠干扰抢救工作的,可以采取强制措施。

有关部门调查相关情况时,列车工作人员都应实事求是地提供所了解的情况,严禁说假话、做伪证。

第三节　电气化铁路发生安全问题的应急处理

电气化铁路是由电力机车牵引，牵引供电系统供电组成的铁路运输。牵引供电的接触网是以一定的悬挂形式将接触线直接架设在铁路上方，通过头车或车厢车顶部的受电弓滑动接触将电能供给动车组，因此接触网是带电流的物体，必须防触电。

一、区间发生火灾安全问题的应急处理

旅客列车在电气化线路运行发生火灾应立即停车处理。立即通知就近车站，向列车调度员、电力调度员和接触网工区值班人员报告，并要求停电。为避免火势蔓延，应分离着火车厢，与之前后车辆拉开一定距离，防止火势烧断接触网导线。在扑救距离接触网不足 4 m 燃着物时，用水和一般灭火器灭火必须停电；如使用沙土灭火时，距离接触网在 2 m 以上者，可在不停电情况下进行。车厢上部着火距接触网不足 4 m 时，不得用水救火。救火者所站位置要距离接触网导线 2 m 以上。

二、列车员在电气化区段安全的注意事项

(1)严禁登上机车车辆的车顶或翻越车顶通过线路。

(2)严禁用长杆去接触车顶任何部位。

(3)在接触网带电的情况下，严禁用水冲刷车皮；严禁用棒条等物处理车辆顶部的扒车人员或物体。

(4)发现接触网断线及其部件损坏或在接触网上挂有线头、绳索等物，均不准与之接触，并将该处加以防护，任何人均距离该处10 m以外。

第四节　线路中断、列车晚点的应急处理

一、线路中断列车停止运行的应急处理

发生线路中断，列车不能继续运行时，列车长应及时与司机、列车停留地车站联系，掌握晚点时间、原因等情况，并向运行所在局客调、本局客

调、段调度室、动车车队报告，报告内容包括：时间、车次、地点、灾害情况、列车编组、旅客人数、去向、重点旅客等，同时及时通过广播及乘务员口头通报向旅客告知停车原因。

若列车不能继续运行时，列车长组织乘务人员做好安全、服务工作，照顾好重点旅客，加强车内巡视，防止擅自开启车门。遇旅客问询时，应耐心细致回答，不得使用“不知道”、“不清楚”等语言或有不耐烦的表现，以免引起旅客不满。

若停留时间较长时，列车长应组织好对旅客的服务、饮食供应等工作，尽最大努力为旅客提供方便，保证旅客生活需要。乘务员、保洁人员应加强车厢内巡视服务和卫生保洁工作，餐售人员负责餐饮供应。列车长应随时掌握饮用水和车售商品的存量，如出现存量不足时，列车长应及时向运行所在局客调、本局客调报告，请求车站进行补充。

列车长时间停留引起旅客情绪不稳时，乘务人员应主动走访旅客，在保证旅客安全的前提下，尽最大努力为旅客提供便利，尤其要加强对重点旅客的服务，维护铁路运输企业的信誉。

列车停留地受灾害威胁，不能保证列车和旅客安全时，列车长应请求调度命令将列车运行至安全区间或将旅客疏散到安全地带，需要组织旅客撤离列车时，列车长应做好组织工作。

线路中断列车不能继续运行时，对需中途下车、退票的旅客，列车长应及时向运行所在局客调、本局客调联系，汇报情况，按指示与车站方办理交接。

在区间内停车，列车长应与列车停止运行所在地车站、铁路局客调联系，了解线路开通时间。列车员乘务组应积极配合随车机械师，听从司机指挥，做好有关行车、安全防护工作。

若列车发生停电，应立即打开通风口。若停电时间长，必要时可安置防护网打开车门通风，列车乘务人员必须在车门值守，不允许旅客下车。夜间停电时，严禁明火照明。做好安全防护工作。

二、动车组严重晚点的应急处置

动车组在始发站晚点 30 min 及其以上时，动车车队应指派干部添乘，指导班组做好旅客乘降及解释、安抚工作，特别是要照顾好重点旅客，稳定旅客情绪。

动车组途中晚点时，列车长要及时联系运行所在局客调和司机，了解晚点原因等，同时向运行所在局客调、本局客调报告车内情况和请求协助解决的问题，组织乘务员积极主动做好服务和宣传解释工作。

列车晚点 15 min 以上时，应向旅客说明情况，做好安全宣传，并按规定用语向旅客广播致歉，每次广播致歉间隔时间不超过 20 min。乘警应与列车长密切配合，经常巡视车厢，维持好车内治安秩序。列车乘务人员应加强车内巡视、宣传解释工作，不得以任何理由回避旅客。掌握旅客动态，安抚旅客情绪。不能以“不知道、不清楚”回答旅客问询，不发牢骚，不讲不利于铁路的话，禁止使用可能激怒旅客情绪的语言。当旅客提出赔偿要求时，列车长要根据现行法规和铁路规章做好解释，及时解答旅客询问，不得以任何理由回避旅客。

列车长要组织乘务人员做好旅客的服务工作，防止因服务工作不到位而引起矛盾焦点的转移。发生旅客情绪激动等情况时，列车长应立即向运行所在局客调、本局客调和段调度室报告，接受指示。

列车晚点 30 min 以上，列车长要在第一时间向段汇报情况，并及时与所在铁路局客调和停留站联系，报告车内情况和请求协助解决的问题，如中转换乘其他列车、民航及有紧急公务、商务的旅客。对这些重点旅客进行认真、详细、准确的登记，并按规定与车站办理交接手续。

列车晚点 1 h 以上并逢用餐时间的，列车长对受晚点而影响用餐的旅客做好统计，向路局客调及段调度室汇报，由客调安排中途站或到站向列车提供食品，由列车长签字交接。同时告知旅客用餐时间和地点，列车免费为旅客供餐。

凡发生旅客情绪比较激烈、矛盾比较激化、滞留列车的情况时，列车应急处置小组成员和车站工作人员应共同做好说服劝解，以诚恳道歉为主，耐心细致地做好解释和相关法律法规的宣传工作，稳定旅客情绪、化解旅客怨气，力争取得旅客的理解和配合。遇有旅客因晚点发生打骂侮辱等过激行为，做到打不还手，骂不还口。

动车组晚点时，新闻媒体介入采访，列车乘务人员要慎重对待，严格遵守对外宣传纪律，做好舆论调控工作，依据有关法规和规章进行解释。

列车晚点，列车员要加强车厢巡视，做好解释工作。做好开水供应、卫生清扫、重点旅客照顾等工作，通过自身的语言、行为和形象转化旅客的急躁情绪，尽可能满足旅客的合理要求，从而取得旅客的谅解。

因列车晚点，旅客在列车上不下车，提出赔偿或退票要求时，列车长应当立即通知车站值班员，同时，依照铁路规章耐心做好解释工作，诚恳道歉。列车不给旅客出具任何证明。

车站接到列车报告后应当立即报告铁路局客调。车站领导应当及时到场解决。车站、公安部门组织力量上车共同做好接待处理工作时，列车要给予积极配合，做好说服劝离工作，同时向旅客宣讲法律知识，告知旅客可以通过其他合法渠道和方式维护其合法权益，听从车站工作人员的安排，到指定地点协商解决。

遇有旅客不肯下车，影响列车正常运行秩序时，公安人员应宣布《关于维护铁路运输秩序保障列车正常运行的通告》，再次劝旅客下车，对仍拒不下车的人员依法采取果断措施带离车厢，确保运行秩序正常。对煽动旅客滞留车厢和扰乱列车治安、破坏铁路运输秩序、用暴力手段对抗执法人员的个别人员，认真调查取证，依法追究法律责任。

公安人员在劝旅客下车的过程中，严禁携带枪支，做到依法依规，有理有节，文明执法。

因列车严重晚点，发生秩序混乱、损坏车辆设备、侵害其他旅客人身安全、打骂侮辱乘务员时，列车长要立即通知乘警依法处理，并做好有关证据的收集工作，及时向铁路局主管部门汇报。

第五节　旅客需要医疗救助的应急处理

铁路运输企业对旅客在乘车期间发生急病应承担救助义务，无论出现任何紧急病症患者，都应立即向全列广播找医生医治，特别严重危及生命时，应迅速与车站联系，送医疗单位抢救。

动车组按规定配备简易救护药箱、应急设备以及必需的个人防护用品,乘务人员应熟知医疗救急常识和应急设备使用,熟练掌握有关应急处理技能。

一、旅客发生急症病的应急处理

旅客在列车上发生急病时,列车乘务员要立即向列车长报告,把发生急病的旅客安排到车厢较为通风处或卧铺车厢,列车长应立即组织治疗、抢救,通过广播寻找医生,发动旅客提供药品。并向同行及周围旅客或本人了解病情和旅客姓名、单位、住址、同行人、联系人等,做好两份以上的随行人和周围旅客的旁证材料,同时寻找旅客携带物品。根据病情做好移交车站继续抢救的准备,无陪同人员的急症病人和有生命危险的病人,列车应安排人员下车协助车站做好抢救工作。

列车长必须在第一时间向司机和段调度室报告。报告内容包括:车次、时间、运行地点、发病人数、病人简况及主要症状、所在车厢及座位号、密切接触者人数等。组织指挥有关人员参与现场处理。接触病人的乘务人员及参与现场处理人员必须做好自身防护,将病人或疑似病人进行隔离,配合乘警控制病人所在车厢密切接触者的流动。封锁已经污染或者可能污染的区域,禁止向外排放污物。对密切接触者进行登记,登记内容包括:姓名、性别、年龄、实际居住地址、联系方式、身份证号码等。

如旅客病情十分严重,急需临时停车抢救时,列车长通过司机向列车调度报告情况,请求临时停车,若接到临时停车命令后,应及时做好交接准备工作。列车向车站移交急症病人时,连同旅客携带品一并移交。

列车发生疑似传染病或疫情需要下交车站时,列车长编制客运记录,并与运行所在局客调、本局客调联系,由客运调度指挥,在指定的停靠站将传染病人、疑似病人、密切接触者以及其他需要跟踪观察的旅客及名单、相关材料等移交车站和铁路疾控部门。列车长接司机在指定站停车的通知后,做好疾控人员上车和疑似病例交站等相关准备工作。

通知卫生防疫部门及时组织消毒,加强列车内通风,对被病人污染的车、隔离场所和可能被污染的范围进行初步的消毒,列车到达后对全列车进行彻底消毒。

需要注意的事项:

(1)若病情较重或找不到医生时,列车长要及时编制客运记录,将患病旅客移交有市、县医院的车站或较大车站转送医院治疗。

(2)旅客病情严重不能自理又无同行人时,列车长要会同乘警清点旅客车票、携带物品一并移交。编制客运记录时,应注明旅客姓名、性别、年龄、单位、住址、身份证明号码以及携带物品的名称、件数(大写)等。

(3)对旅客发生病情或死亡,列车移交时,不作结果判断。结论由医疗单位下。

(4)旅客病重或昏迷不醒时,一定要收集旅客对列车救治的旁证材料,取证要有公安人员参加。

二、食物中毒事件的应急处理

列车发生疑似食物中毒旅客时,列车长应立即赶赴现场,及时了解中毒旅客主要症状,掌握中毒旅客人数、发病时间等情况,判断毒物根源或确定怀疑导致食物中毒的食物。

处理程序如下:

1. 及时报告

列车上发生 3 名以上旅客食物中毒事件,列车长要立即联系司机向列车调度员报告,同时向本单位值班室报告并通知前方站(通信不畅时由司机向前方站通报)。并向运行所在局客调、本局客调汇报。怀疑投毒导致食物中毒时,还应同时向铁路公安机关报告。

报告要简明、扼要,内容包括:日期、车次、运行区段、发病时间、地点、病人主要症状、发病人数(包括危重人数及死亡人数)、可能引起中毒的食物等,要求车站组织采取措施。

2. 采取措施

通过广播寻找医生帮助抢救治疗,控制病情进一步发展。采取催吐、导泻等方法和应急救治措施,进行初步救治。同时清除呕吐物,保证其他旅客免受损害或传染,稳定旅客情绪。

3. 积极救治

不论食物中毒责任是谁,应该先救治。对有呕吐、腹泻症状的病人,应提供吐泻容器，并封闭被污染厕所。在抢救安置中毒旅客的同时，乘务人员要做好解释工作，稳定旅客情绪，防止造成混乱，乘警负责保护好现场、维护秩序。

4. 移交旅客

遇有中毒旅客必须临时停车送医院抢救时，列车长向司机和段调度室报告，司机向列车调度员报告，请求临时停车命令。接到调度命令后，列车长应编制客运记录，做好交接准备工作。列车到站停车后，按章与车站办理交接，列车乘务组人员不下车参与处理。

5. 保护现场

列车长会同乘警及时保留、封存造成食物中毒或者可能致食物中毒的食物及其原料、器具，并将病人的呕吐物样品一并留存，等待卫生防疫人员进一步调查。

能确认导致食物中毒的食物是因配餐或某站出售的食物造成的，应及时报告路局客调。封存可疑食物、呕吐物样品，以备检查化验。若不能排除食物中毒是列车供应食品所致，应立即停止出售活动，追回已出售的可疑食物，保留造成食物中毒或可能导致食物中毒的原材料、包装、器件、设备和现场，等卫生防疫人员查验，或通知旅客禁止继续食用，防止事态扩大。

6. 积极配合

卫生防疫部门进行调查取证工作，向发病人(同行人)、周围旅客及有关工作人员调查发病原因及食(饮)用的食物，要求被调查者写出书面材料。

7. 收集证据

列车长、乘警应及时调查发病的原因，收集证据材料，了解旅客发病症状、进食史，并做成记录，形成第一手资料。对中毒病人的基本情况做好登记，以便协助卫生防疫等部门最终调查确定诊断。列车长应及时将记录和有关材料移交车站，以便车站尽快做好善后处置。

在运行中列车长根据掌握的情况及时向上级有关部门汇报，听取指示要求。返乘后写出书面报告，连同有关证明材料一并上交。

三、列车发现有传染病症状的旅客的应急处理

列车发现国家公布的甲类传染病或传染性非典型肺炎、人感染高致病性禽流感的应急处理程序如下：

1. 及时报告

列车上发现甲类传染病或传染性非典型肺炎、人感染高致病性禽流感时，列车长要立即向本单位值班室报告并通知前方站。报告内容包括：车次、时间、运行地点、病人主要症状和密切接触人员的简况、旅行目的地、病人所在车厢序号、报告人及联系电话。

2. 采取隔离

将病人或疑似病人隔离（注意做好个人防护）；或将病人移动到该车厢的下风处，将其他旅客移动到该车厢尽可能远的上风处。列车应急处理小组可采取在旅客中寻找医务人员的方式，组织应急救治工作；控制病人原所在车厢旅客的流动；关闭病人所在车厢的中央空调，采取措施保持车厢通风。到前方指定的停靠站，将传染病人或疑似病人及其登记资料一并移交前来接受的医疗卫生单位。

3. 处理疫情

卫生主管部门和疾病预防控制中心接到报告后，应立即通过电话或委派专业人员上车进行指导和处理疫情。

4. 确定范围

对密切接触者进行登记，内容包括：姓名、性别、年龄、住址、身份证号码、联系电话及车次、车厢号、座（卧铺）位等。同时联系密切接触者到达站的卫生防疫部门，由到达站卫生防疫部门按规定处理。

5. 通风消毒

（1）根据病种情况，采取列车通风措施。

（2）对病人所在的车厢、隔离场所及可能污染的范围进行消毒。

（3）列车到达终点站后，由所在地铁路疾病预防控制中心对全列车进行消毒。

6. 医学观察

对密切接触病人的乘务员，由铁路铁路疾病预防控制中心安排医学

观察。

四、列车上发现精神病旅客的应急处理

(1)列车员在车门立岗时,发现有无人护送的精神病旅客时,应拒绝其上车,并向列车长汇报,由列车长联系车站,终止旅行。

(2)列车上发现无人护送的精神病旅客乘车时,应立即报告列车长和乘警,由乘警进行监控,切忌无证据盲目行动。列车长、乘务员要相互告知,加强观察,并有策略地提醒周围旅客做好自我防范,移走周围的金属物品和玻璃制品。有同行人的要向其交代有关安全注意事项,乘务员协助看护,了解患者的姓名、年龄、地址、单位、身份证号、车票等情况。对无同行人的突发性精神异常旅客,列车长、乘务员要在第一时间赶到现场,专人负责看护,妥善保管其随身携带的行李物品。对有暴力倾向的精神异常旅客要果断采取有效约束措施,防止发生自残或伤害周围旅客。

(3)看护人员不得脱离视线,精神病旅客如厕时,不得让其锁闭厕所门。

(4)确认其身份,由乘警采取必要的控制措施。乘警协助将精神病旅客及物品清点后,列车长编制客运记录移交到站或换乘站处理,不得移交中途站处理。

(5)在乘车途中发作的精神病旅客应采取有效措施,行为剧烈者应使用“约束带”限制行为,并由乘警收缴其携带的锐器,防止伤害其他旅客。

(6)如能确认为是行凶歹徒时,由乘警设置安全警戒线并迅速排除险情。列车长迅速组织疏散旅客。如列车无力排除并危及列车及旅客生命安全时,列车长立即通告司机并要求其向列车调度员汇报。列车长将情况分别向运行所在局客调、本局客调、段调度室和动车车队汇报,并按照上级指示采取停车和旅客的安全转移工作。

(7)如发生伤情,列车长、乘务员接报告后必须在第一时间赶到现场,及时救治受伤的旅客或精神病旅客本人,做好周围旅客的安抚工作。收集三份以上的有效旁证材料。旁证人的姓名、地址、联系方式、身份证号

码要确切，记载内容能阐明事件发生的全过程。受伤旅客需交站治疗时，列车长应通过司机逐级汇报，编制客运记录交站处理。

列车长要将事件发生的时间、运行区间、车厢、处理经过及旅客受伤害程度及时向上级有关部门汇报。

五、发生其他病情的应急处置

1. 突发心脏病

让病人立即停止一切活动；不可移动病人；有条件可吸氧；立即帮病人舌下含硝酸甘油1～2片；送医院治疗。

2. 中暑

立即将病人移至阴凉通风处或电扇下，最好移至空调室，以增加辐射散热。给予清凉含盐饮料（可选服仁丹、十滴水、开胸顺气丸、藿香正气片等），用一心油、风油精涂太阳穴、合谷等穴位；体温高者给予冷敷或酒精擦浴。

3. 休克

令病人平卧，下肢稍抬高，以利对大脑血流供应，但伴有心衰、肺水肿等情况出现时，应取半卧位。应注意保暖，保持呼吸道畅通，以防发生窒息。保持安静，避免随意搬动，以免增加心脏负担，使休克加重。如因过敏导致的休克，应尽快脱离致敏场所和致敏物质，并给予备用脱敏药物如扑尔敏片口服。有条件要立即吸氧，对于未昏迷的病人，应酌情给予含盐饮料（每升水含盐3 g，碳酸氢钠1.5 g）。

4. 突发呼吸困难

排除气管异物方法之一：救护者站在病人身侧后，双臂转绕患者腰腹部，一手握拳，用拇指侧顶在心口与肚脐连线的中点，另一手重叠在握拳的手上，向上向内猛烈挤压上腹部，挤压要快而有力，压后放松，反复操作，以驱除异物为止，但应注意不要按压中线两侧。

排除气管异物方法之二：立位急救时，抢救者站在病人侧后，一手臂至于病人胸部，围扶病人，另一手掌根在肩胛间区脊柱上给予连续、急促而有力的四次拍击，以利异物排出。对卧位病人，让病人屈膝随身，面向抢救者，而抢救者用膝和大腿抵住病人胸部，用掌根在肩胛间区脊柱上连续有力四次拍击，使异物排出。

5. 高热、咳嗽

物理降温法：将毛巾用冷水浸湿后敷于头部、颈部等部位，或用30％酒精擦浴，重点涂擦腋窝、心前区、腹股沟等部位。

服用退热剂：如复方阿斯匹林，扑热息痛或消炎痛等，剂量根据情况而定。一般成人1～2片，小儿酌减。用退热剂应注意让患者多饮水，以免出汗过多引起虚脱。

6. 被鱼刺卡住

可用手电筒照亮口咽部，用小勺将舌背压低。仔细检查咽峡部，主要是喉咽的入口两边，因为这是鱼刺最容易卡住的地方。如果发现刺不大，扎得不深，就可用长镊子夹出。当鱼刺卡在嗓子里时，千万不能让患者吞咽大块馒头、烙饼等食物。虽然有时这样做可以把鱼刺除掉，但有时这样不当的处理，不仅没把鱼刺除掉，反而使其刺得更深，更不易取出。如果大口咽饭鱼刺仍不掉时，自己就不要再动手。有时鱼刺已掉，但还遗留有刺的感觉。所以要等待观察一下如果仍感到不适时，一定要到医院请医生诊治。这也是鱼刺刺伤时最恰当的方法。

7. 眼内有异物

不要揉擦眼睛；用清洁的水洗眼部，或者将清水装入水壶内，然后让水流冲入眼部进行清洗；如果清楚地看到在眼睑中的小沙粒或灰尘时，可以用干净的毛巾或沾湿的纱布把沙粒或灰尘取出，不要用太干硬的手巾擦拭，以免伤害角膜；用手轻轻拈着上眼睑向下拉盖在下眼睑上面，这样反复进行几次后会引起流泪，使眼睑中的异物因泪水冲洗被移动到较明显的位置，以便取出；不要立即乱用眼药水。

如果采用以上的各种方法仍未能取出异物，或者眼前总是感到极不自然时，有可能是角膜受到异物的刺伤，应立刻接受医生检查及进行诊疗。

8. 腿脚抽筋

立刻休息，对局部肌肉施加均匀的压力，然后缓慢持续地拉长它，使它放松；小腿抽筋时，把腿打直，脚掌向上(脚掌与小腿成直角)，向身体方向轻拉(自己)或推(别人处理时)；大腿抽筋时，拖住伤患脚跟，将膝盖即拉直缓缓抬高，在伤患膝盖上向下加压；轻微按摩使静脉回流增加；热敷消除局部肌肉酸痛。

六、孕妇临产的应急处理

列车上发生孕妇临产时，应立即广播寻找医生，同时，动员旅客腾出座位，让产妇平卧在干净的卧具上，采取胸式浅呼吸，以减轻阵痛。启用产包，准备足够数量的消毒纸、医用酒精、塑料桶及温水，剪刀消毒（用沸水煮5 min以上）。当胎儿的头、肩部露出时，用双手轻轻托住，使其慢慢分娩出；胎儿落地一定啼哭，如不啼哭，多因嘴里有羊水，应当吸出；待脐带搏动时，在距婴儿腹部数厘米处用消毒线结扎。最好等医生来切断脐带，如医生不可能来时，可用刮脸刀或剪子用酒精或火消毒后，切断脐带；如果婴儿没有呼吸，应做口对口的人工呼吸。

产下婴儿应用柔软的小单包裹，同时做好产妇的保暖工作。餐车应准备适合产妇食用的食品。

详细记载事情处理的全过程，请医务工作者（助产者）留下姓名、实地居住地和联系方式，并做好两份以上（其中一份为同行人）的有效旁证材料。

列车长向所在铁路局客调汇报，请求在最近的三等以上车站停车，并做好救护准备和编制客运记录等相关工作。

第六节　设备发生故障的应急处理

一、运行中车内突然断电的应急处理

（1）发生车厢断电，列车员应立即报告列车长，由列车长通知随车机械师到现场查明原因并及时修复。

（2）通电恢复前，列车员应打开通风口，保证车内空气流通。列车员应加强巡视，向旅客宣传解释，稳定车内秩序，劝阻旅客不走动，防止意外发生。若停电时间长，导致车内空气混浊，有可能导致旅客情绪烦躁或有窒息感时，在停车情况下，可以采取打开车门保证车厢内空气流通。此时车门必须有列车乘务人员值守，旅客不得下车。

(3)遇到夜间发生断电事故,列车员和旅客严禁用明火照明,不得动用电器设备。发动旅客中的军人、武警、公安人员共同维护车内秩序,预防不法分子趁机破坏。

(4)恢复照明后,列车长、乘警、机械师应立即检查有无人员受伤,旅客携带物品丢失、损坏,车内电器设备重新启动后有无异常情况。

(5)如遇全列车大面积或长时间停电不能修复时,列车长应立即通过司机向就近车站、列车客运调度员报告,听候命令。同时向本段汇报,请示工作。

(6)涉及夜间运行或白天运行长大隧道,应配备应急照明设备。

二、电茶炉发生故障时的应急处理

列车中途发生电茶炉故障,列车长应立即通知机械师抢修,如不能修复,列车长要亲临车厢向旅客做好解释和致歉工作,列车员要主动介绍相邻车厢电茶炉的位置,并增加为旅客供应开水的次数,减少旅客走动次数,防止烫伤旅客。

三、运行中车辆发生异常的应急处理

动车组列车在运行中,发现车辆出现异常情况时,列车员应立即通知随车机械师进行检查处理。

1. 异常声音

听到车辆走行部有拖、拉、击打声,上下震动声,连续摩擦声,列车员应立即汇报列车长,通知机械师赶赴现场,迅速判断。不需要立即停车时,由司机通知沿途车站加强监控。如故障影响行车安全且不能修复时,由机械师通知司机采取停车措施。同时,列车长应及时向运行所在局客调、本局客调、段调度室、动车车队汇报。

2. 异常状态

列车运行中遇有车辆突发剧烈上、下跳动;车体剧烈摆动;连接处明显下垂时;走行部有剧烈连续的摩擦震动声等异状时,列车员立即通知列车长、机械师,必要时通知司机停车。列车长、随车机械师迅速赶到现场检查确认。遇故障一时不能修复,但不影响行车安全的情况下,向上级汇报，请示是否限速运行，如限速运行，由随车机械师临时处理并监护限速运行。在限速运行过程中，随车机械师应密切监视故障车辆状况，如有异常应立即采取紧急停车措施并通知司机，司机向列车调度员报告并请求救援。同时，列车长应及时向列车运行所在局客调、本局客调、段调度室、动车车队汇报。

3. 异常气味

列车运行中车辆发出烧焦或橡胶、塑胶熔化等产生的异味时，应立即通知列车长、随车机械师。列车长、随车机械师要迅速赶到现场检查确认，根据异常气味情况，采取相应措施并及时处理。同时，列车长应及时向列车运行所在局客调、本局客调、段调度室、动车车队汇报。

四、厕所集便器故障或报警的应急处理

动车组厕所集便器发生故障时，列车工作人员应及时与随车机械师联系进行修复，确保列车卫生间正常使用。经随车机械师检修故障不能排除时，应向旅客做好解释工作，在有关台账上做好记录并签字。发生故障的卫生间应设有提示。

列车厕所污物箱液位显示为80％时，列车员应对该车厕所进行监控使用。乘务组人员要做好节约用水和爱护设备宣传，尽量减少该车厢用水。当污物箱液位显示为100％或污物箱堵塞时，列车员应锁闭该车厕所门，停止使用厕所。客运乘务组人员要做好对旅客的宣传解释和引导工作，并对旅客表示歉意。同时在厕所门上悬挂暂停使用提示牌，告知旅客。

列车长接到卫生间报警信息后，应会同机械师共同赶赴现场，确认情况，并向段调度室、动车车队汇报。全列50％以上厕所发生溢满或故障时，列车长应向运行所在局客调、本局客调汇报，请求协助给予解决，同时通知随车机械师向车辆部门汇报。

列车多个厕所发生故障，在长区段无停站时，列车长在取得机械师确认后，可开启先行锁闭的报警卫生间，进行交替使用，并安排专人监管，适时关闭。同时，发现有卫生间异味时，及时使用清新剂处理。

第七节　列车发生旅客伤害的应急处理

一、动车组遭遇石击旅客受伤的应急处理

被石击受伤的旅客车厢的列车员应立即报告列车长、乘警，汇报旅客受伤情况，列车长、乘警带上急救药箱赶到现场，视旅客受伤情况进行救护处理，收集不少于两份以上的有效旁证材料，包括旁证人的姓名、工作单位、实际住址、联系方式、身份证号码，并准备向车站移交材料。列车长应迅速将事故概况，包括发生日期、时间、地点、车站、区间、里程、伤亡旅客姓名、性别、年龄、国籍、民族、职业、住址、身份证号码、车票种类、票号、发到站、事故及伤亡简况，向运行所在局客调、本局客调、段调度室、动车车队报告。同时发电报通知辖区公安派出所并抄送有关单位和部门。

受损情况不影响列车运行时，列车长应请求列车限速运行，组织乘务员迅速打扫车内玻璃碎块，指定专人做好安全防护，运行中劝阻旅客不要靠近受损车窗，保证安全。随车机械师应立即处理破损的车窗。

如客运调度下达更换车底命令，列车长按“动车组故障组织旅客换乘的应急处置预案”处理。

二、列车发生旅客烫伤、挤伤、摔伤、砸伤的应急处理

列车发生旅客烫伤、挤伤、摔伤、砸伤时，列车员应立即报告列车长，列车长带上急救药箱赶到现场，组织人员对受伤旅客进行治疗。

1. 烫伤

应立即将被烫部位浸入冷水中或用冷水及冰水冲洗，以减少热力继续留在皮肤上起作用。严重烫伤时，创面不要涂药，用消毒敷料或干净被单等简单包扎，防止进一步损伤和污染。在寒冷季节要注意身体的保暖，尽快送医院。

小面积的轻度烫伤，早期未形成水泡时，有红热刺痛者，可擦用菜油、豆油、清凉油和蓝油烃等或用消毒的凡士林纱布敷盖，也可用酱油湿敷，可起到消肿、止痛作用。

2. 挤伤

用冷毛巾或冷水袋外敷半小时左右，防止血肿增大以减轻疼痛。若手指甲下出现血肿，可用烧红的回形针垂直在指甲血肿上穿刺小洞，积血从洞中流出，再贴上护伤胶布，可止痛及保护指甲不脱落。

3. 摔伤、砸伤

如果伤情严重时，应立即通过广播寻找医生协助进行急救。

收集有效的旁证材料两份以上。记录广播寻找的医生的姓名、工作单位、详细地址、联系方式、身份证号码。

若是由第三人责任造成的烫伤、挤伤、摔伤、砸伤，应由第三人承担责任。可以组织双方调解，形成书面协议。如调解不成，由列车长编制客运记录交车站处理。

急需送医院救治的，由列车长编制客运记录交车站处理，属于第三人责任的第三人也一起下交，客运记录应说明事情发生经过及处理过程。如双方调解达成协议，受伤旅客在下车时，也应编制客运记录与车站办理交接。

三、列车紧急制动造成旅客伤害的应急处理

列车因紧急制动造成旅客伤害，发生车厢的列车乘务员立即报告列车长和乘警等有关人员，列车长要迅速会同公安人员检查旅客伤害程度，采取抢救措施；检查旅客所持车票的票种、发到站、日期、车次和随身携带品，详细做成记录。列车长通过广播寻找医生对受伤旅客进行治疗。急需送医院治疗的，列车长应编制客运记录与车站办理交接。

通过运转车长提供紧急制动时间、区间、担当牵引的机车号、司机的编号以及运转车长的编号。

收集不少于两份的受害人、同行人、见证人的证实材料；注明姓名、工作单位、实际居住住址、联系方式和身份证号码。

伤害程度记录内容要实事求是，文字表述清楚、明确，便于进一步抢救处理。造成伤害程度较大时，应及时移交前方三等站以上的车站处理。

发生旅客伤害人数较多时，应封锁现场，严禁与救援、调查无关的人员进入。

四、动车组发生烟火报警时的应急处理

动车组列车上配有烟火报警系统，分布贯通整列车。在座车客室、各乘务员室、软卧各包间、各电气柜、走廊、卫生间、餐车餐厅、配餐间内设有隐藏式感烟探头。

烟火报警主机通过电流环与终端装置（MON）通信，将敏感烟探头的状态发送给MON。在随车机械师室的显示屏上有探头未接、报警、故障、正常这几种显示状态。

发生烟火报警时，列车长、随车机械师和所在车厢乘务人员要立即赶赴现场，查看客室、卫生间。机械师重点查看电气设备，若发生客室火情或设备火情，列车长或随车机械师立即通知司机实施制动停车，并按动车组火灾处理相关规定进行处理。

若确认因旅客吸烟等非火情导致烟火报警时，由列车长和随车机械师按有关应急处理办法进行处置，并同时通知司机恢复正常速度运行。

因旅客吸烟，引发烟火报警器报警，列车紧急制动造成旅客伤害，交公安部门追究吸烟者责任。

五、系治安或刑事案件所致旅客人身伤害的应急处理

列车上发生治安或刑事案件所致旅客人身伤害时，列车乘务员要配合公安部门保护好现场，维持秩序，稳定旅客情绪，以免发生混乱现象，同时协助公安人员向当事人、同行人、证人收集证据材料。

列车向车站移交伤亡旅客时，应编制客运记录交接受站，列车乘警和站警应在客运记录上签章。特殊情况来不及编写记录时，必须在3日内补交上述材料。与此同时列车长应尽快向上级主管部门汇报事故概况，包括：①事故种类；②发生日期、时间、车次；③发生地点、车站、区间里程；④伤亡旅客姓名、性别、国籍、民族、年龄、职业、单位、地址、车票种类、发到站、票号、身份证号码；⑤事故及伤亡概况。

在运行中遇有旅客意外伤害时，列车乘务人员应本着“以人为本”的服务理念，按铁路有关规定妥善处理。

发生事故造成旅客伤亡较多时，要通报地方政府，请求协助抢救。

第八节 列车发生治安刑事事件的应急处理

一、发生治安事件的应急处理

(1)在列车上发生治安事件时,列车长应会同乘警及时到达现场,采取有效措施、制止事态发展、了解情况,及时向段调度室、动车车队报告。

(2)收集两份以上当事人和旅客旁证材料,并妥善保管证据和材料。

(3)因治安事件造成旅客人身伤害时,列车长应编制客运记录(一式两份),乘警要在记录上签字,连同旅客车票、随身携带品清单一起移交车站,同时拍发事故速报。

(4)旅客伤害较重,必须停车送医院抢救时,列车长应按"旅客急病中途临时停车方案"办理。

(5)对于治安事件的当事人,列车乘警应根据治安管理条例移交站方公安部门处理。

(6)动车组执行无警制时,列车长要立即到场,控制事态,并按信息报告的相关要求进行处理。

二、发生刑事案件的应急处理

列车上发生扰乱治安秩序的刑事案件时,列车员应保持沉着、冷静,立即向列车长、乘警报告。必要时,可发动旅客中的军人、公安干警和青壮年旅客一起制止扰乱治安行为,保护旅客安全。列车长、乘警接到报告后,要立即赶到现场,维护秩序,制止违法行为。

三、旅客之间发生斗殴打架的应急处理

(1)旅客发生斗殴时,列车员应及时劝阻,劝阻无效应立即向列车长、乘警报告。

(2)列车长、乘警接到报告后,立即赶到现场制止斗殴,防止事态扩大。

(3)协助公安人员调查了解情况,做好不少于两份以上的有效旁证材

料，详细记载斗殴原因及过程、受伤情况及救治情况。

(4)导致严重后果的，会同公安人员同时编制客运记录和公安“站车交接三联单”交车站派出所处理。

四、旅客物品失窃的应急处理

旅客物品发生失窃时，列车员应立即向乘警报告，协助乘警调查取证，并尽力做好旅客安抚工作。如旅客在生活上有困难，列车长要主动帮助解决。

五、旅客在列车上酗酒闹事的应急处理

(1)发现饮酒者有话语不清或行为失控等现象时要立即制止。

(2)可用手指刺激咽喉引起呕吐，将胃内的食物和酒尽快吐出(对于已出现昏睡者不宜用此方法)；卧床休息，头要保持侧偏，避免呕吐物阻塞呼吸道；观察呼吸和脉搏的情况。如果有脉搏加快、呼吸减慢、皮肤湿冷、烦躁的现象，则应马上送医院救治。

(3)旅客在列车上酗酒闹事，列车员必须及时制止，并立即向列车长和乘警汇报。列车长和乘警必须迅速赶到现场，了解情况，及时劝阻，同时向周围旅客做好宣传解释工作，防止与酗酒旅客发生冲突，扩大事态。如酗酒旅客行为过激，可能会伤害周围旅客时，配合列车长、乘警对其采取约束措施，防止发生意外。列车长应向同行人告知有关注意事项，如无同行人，应指定专人看管。

六、列车上发生抢劫案件的应急处理

(1)列车员迅速向列车长、乘警报告，列车长、乘警立即赶到现场，积极寻找有利时机制服歹徒。

(2)协助了解受害人被抢劫的物品特征、数量；提供抢劫罪犯的体貌特征、作案手段和逃离方向。

(3)协助做好当事人的安抚工作。

(4)协助做好善后工作。

第九节　动车组发生故障组织旅客换乘的应急处理

一、组织旅客换乘要求

(1)需组织旅客下车或换乘其他旅客列车时,列车长应及时准确向运行所在局客调、本局客调、段调度室报告列车车次、运行区段、当前所处位置、担当段、车内人数、重点旅客人数、旅客情绪、旅客需求、列车所采取的措施、措施效果如何、需要上级解决的问题等,及时向上级汇报请示。

(2)列车长在接到司机转达的所在地客调命令需组织旅客换乘时,应尽快向段调度室及动车车队汇报,接受指示。尽快换乘组织开车。

(3)组织换乘应在车站站台进行,车站与列车一起组织旅客乘降。必须在站内正线或区间组织旅客下车或换乘时,需铁路局主管运输副局长(总调度长)批准,同时要做好安全防护,以防发生意外。

(4)根据高低站台的情况,做到八个到位:开门数量决策到位;车内宣传组织到位;安全防护到位;换乘列车的引导安置到位;乘降的扶老携幼到位;重点旅客的重点照顾到位;换乘完毕旅客人数及财务的清点到位;服务备品及票据票款的转列到位;原车底的看守安排到位。

(5)开车后续服务等方面的安排,要细致严谨,确保各个环节有序可控,服务到位,尽可能帮助旅客解决实际困难,消除旅客不良情绪,减少旅客列车故障对旅客运输造成的影响。

二、组织换乘的作业要求

(1)动车组发生故障在区间或站内停留时,列车长应与司机、随车机械师联系了解故障情况,并广播向旅客通告和致歉。列车长应听从司机指挥,处理有关行车、列车防护和事故救援等事宜。

(2)列车长与司机保持联系,接到司机下达故障列车旅客换乘后续列车的命令后,迅速向乘务员传达上级命令指示,及时利用广播(停电无广播时由乘务员在车厢中部位置)向旅客致歉,并讲清楚换乘时间和安全注意事项,取得旅客对换乘工作的支持与配合。

(3)随车机械师负责做好跨越线路的临线防护工作;司机做好向运行

所在局客调汇报，并及时向列车长转达所在局客调指示工作；乘警、乘务员、随车保洁员、餐服人员做好旅客宣传解释、安抚致歉和需换乘的人数清点、安全防护工作。

(4)列车与后续列车停靠同一站台时，在车站站长（无站长时为客运负责人）的指挥下，可以提前组织旅客上站台等候，后续列车到达停稳后，乘务人员协助车站组织旅客有序上车。

(5)横过股道组织旅客上站台换乘后续列车时，列车长必须取得车站同意，按规定时间，在车站站长（无站长时为客运负责人）指挥下，组织旅客有序地到站台等候上车。

(6)在邻股道门对门组织旅客换乘后续列车时，严禁打开车门让旅客下车到股道上等候，必须在后续列车到达停稳后，方可组织换乘。换乘时，乘务班组要与赶到现场的所在地的车务站段工作人员、公安干警协调配合，在车务站段领导的统一指挥下，打开车门组织旅客换乘，并负责维护车内秩序，转运换乘时间原则上不超过30 min。

(7)旅客换乘完毕后，故障车列车工作人员要将工具梯收好交予随车机械师定位存放。同时，对打开的车门进行复位，并关闭车门。

三、启用热备动车组组织旅客换乘的应急处理

(1)动车组运行途中故障无法修复时，启用热备动车组救援，替换车底组织旅客换乘。车站应尽量安排两列车动车组在同一站台，方便旅客换乘。

(2)列车长要组织全体乘务人员向旅客做好宣传解释工作，安抚、稳定旅客情绪，维持车内秩序良好，指导旅客做好换乘准备。

(3)先安排一等座的旅客换乘，再安排二等座的旅客换乘。按座号顺序安排，避免拥挤。一等座的旅客安排不完，可以安排在二等座或餐车就座，对这部分旅客需编制客运记录交车站办理，并退还票价差额。

(4)热备动车组定员少于故障动车组实际人数时，余下安排不了的旅客，原则上安排改签；旅客自行要求乘车的，向旅客说明可以安排无座位乘车。

(5)对安排不了的旅客和旅客自行未乘车的，可以在车站办理退票，

不收手续费。

四、启用非热备动车组替换动车组组织旅客换乘的应急处理

(1)由客调命令下达原动车组车次改为特快或快速列车车次和开车时间。

(2)车站应指定专人到指定地点引导旅客办理收回动车组车票、换发新客票并退还票价差额。

(3)旅客换乘时,持有停运动车组列车车票的旅客,必须换新车票才能上车。列车员要认真验票,严禁其他车次车票的旅客上车。

第十节 动车组车门发生故障的应急处理

一、动车组车门发生故障的应急处置

动车组发车前车门出现故障,列车长应立即通知司机和随车机械师,由随车机械师处理,乘务员作好安全防护。

列车运行中车门出现故障时,列车员应立即通知列车长、随车机械师到现场检查确认并处理。列车长、随车机械师未到现场前,列车员应坚守车门,禁止旅客靠近车门,做好安全宣传,防止发生意外。

动车组自动开关门装置故障时,由司机使用对讲机通知随车机械师和列车长,列车长负责组织乘务人员手动开关门,随车机械师负责处理相关故障。

动车组到站时车门发生故障,列车员通过对讲机报告列车长,列车长立即通知司机和随车机械师,通过广播向旅客做好宣传解释,并组织乘务人员分车厢手动开门,组织旅客下车。若手动开关车门无效,列车长应向车站报告车厢号,调整旅客等候上车位置,同时迅速组织旅客从非故障车门乘降,注意防止旅客拥挤或越站。

二、非正常情况的车门开启

1. 在有电情况下司机释放车门,手动开门

(1)由司机释放车门,车门开关按钮亮起。

(2)按下所开车门的车门开关按钮。

(3)关门时,由司机复位集控关门。

2. 在有电情况下的手动紧急开门

(1)用三角钥匙开关“本地操作”,黄灯亮起。

(2)用三角钥匙开关“开/关本地车门”,红灯亮起,直到车门完全打开前不得松手。

(3)关门用三角钥匙插入“开/关本地车门”复位即可。

3. 在无电情况下的手动车门

(1)打开车内紧急开门装置,按下红色手柄,用手拉开车门。

(2)关门时,手动开门把门合上,并用三角钥匙在内部开门装置中的锁芯复位。

三、动车组车门夹旅客的应急处置

列车工作人员(客运乘务员、乘服员)应在车门口做好宣传和提示,发现异常应立即通知列车长和机械师。工作人员应提醒旅客远离车门,更不得将头、手及身体伸出车门外。特别加强对携带小孩儿旅客、站台吸烟和散步旅客的安全提示,告之旅客车站铃响必须登车。

车站发车铃响完毕,列车员、乘服员和列车长应对旅客乘降情况进行确认。每名列车员负责确认所值守车厢旅客乘降情况。确认乘降完毕后,必须通过客运对讲机向本组列车长汇报。在确认本组车旅客上下车完毕后,前进方向后组列车长需通过对讲机向前组列车长汇报“后列旅客乘降完毕”,前组列车长得到汇报后,再次瞭望确认全列旅客上下完毕后,方可通过列调通知司机关闭车门。

发现车门夹旅客后,列车员应立即通知列车长,列车长应通过对讲机立即通知司机“××车门旅客被夹”,司机自动释放车门或按司机要求由客运乘务员手动开门操作开启指定车门。若列车已经启动,客运乘务员需在停车后经司机允许时,方可手动开门操作开启指定车门。车门释放被夹旅客后,客运乘务员手动关闭车门。列车长要求机械师一同检查确认车门正常关闭完成后,列车长方可通知司机“车门正常关闭”。

被夹旅客若受伤，应根据受伤情况广播寻医（车上无医生时由列车红十字救护员）进行现场救治，若需下车治疗，列车应编制记录交车站处理（若时间紧迫可后补记录及材料）。

车门处理完毕后，应立即发车，不得因处理不及时而延误发车。开车后，列车长应收集两份以上旅客旁证材料及事故现场有关证据材料（包括文字和图片），同时尽快向段调度室、动车队、动车台客调报告详细情况。

列车长及乘务员应共同维护好车内秩序，避免因车门夹旅客引发车内混乱，防止事件影响扩大。列车需防护时，列车长应听从动车组司机的指挥，妥善处理有关事宜。

第十一节　列车发现危险品及其他方面的应急处理

一、动车组发现危险品的应急处理

动车组发现危险品时，乘务员应在第一时间报告列车长及乘警到现场进行处理，并提醒旅客不要使用明火。

在站台发现旅客携带危险品时，乘务员应禁止旅客上车，并立即报告列车长及乘警到现场，由列车长通知车站值班员进行处理。

如属发令纸、鞭炮类的危险品时，乘务员应立即进行水浸处理后再通知乘警、列车长。

对数量小、危险性低的危险品，由乘警保管，终到站后交车站派出所处理。

对数量大、危险性大和不能判明性质的危险品，列车长要及时与司机联系，司机向列车运行所在局客调汇报。列车长服从客调命令，妥善处理。

处理完毕后，列车长会同乘警要详细登记携带危险品旅客的姓名、身份证号、工作单位或家庭住址及危险品名、数量并向段调度室、动车车队汇报。

二、动车组列车无法接入高站台的应急处理

(1)当列车运行途中,接到前方调度通知,因特殊情况,列车停靠非高站台时,列车长要与司机了解详细情况后,及时通知列车有关工作人员做好准备。利用广播向下车旅客说明情况,并提示下车旅客安全注意事项。列车长在准确掌握下车人数及各车厢分配情况后,及时向运行所在局客调、本局客调和段调度室汇报,并通知司机告知前方到站做好准备工作。

当列车使用应急梯,供旅客乘降使用时,应注意站方派人在车门口做好旅客乘降防护工作。

(2)当列车未接到通知而停靠无高站台车站时,司机应立即通知列车长,列车长应利用广播向旅客提示,因特殊情况,请旅客暂时不要下车,司机应及时与站方联系,等站方做好旅客乘降准备工作后,方可协助站方组织旅客乘降。

(3)CRH1、CRH2 型动车组列车接入低站台停车时,列车员接到信息后,积极加强宣传,提醒旅客下车注意事项,防止踏空坠入车下;在确认车站已准备好应急移动梯的车门口,组织乘降,做好扶老携幼,保证旅客安全,同时注意自身安全。

(4)CRH5 型动车组列车,列车长接到通知后,用对讲机通知乘务员提前打开停靠站台一侧的踏板(做好升降),并亲自确认踏板锁闭良好,同时通过广播向旅客宣传下车安全注意事项。列车开车后,及时将踏板复位并锁闭到位,避免踏板打开出现的安全隐患,确保车门开关性能正常。

三、旅客误按紧急报警按钮的应急处理

在列车运行中,旅客误按紧急报警按钮时,按下列要求应急处理:

(1)列车员应了解情况,根据乘车信息系统显示,及时将紧急阀复位。并立即通过车载电话与司机联系,说明停车原因。了解当事旅客的姓名、工作单位、详细地址、联系方式、身份证号码和事情经过,并形成详细的书面记录。

(2)紧急停车后,了解旅客情况,若发生旅客伤害时,列车长按照列车紧急制动造成旅客伤害的应急处理办法处理。

(3)向段汇报事情发生和处理经过。

第十二节　客运异常情况发生的应急处理

一、动车组遇有重号票的应急处理

发现持重号车票的旅客时,列车乘务员要立即通知列车长。列车长应认真核对车票的日期、车次、车厢、有效期、发到站,确系重号时,列车长应考虑给予适当安排,并汇报段调度室、动车车队。

始发站发现重号车票时,列车长应立即通知客运值班员或值班站长,请车站协助妥善处理。

列车开车后发现重号时,做好解释和服务工作。在列车有能力的条件下,对重号旅客进行适当安排,顺序是先重点,后一般,对重点旅客要给予重点照顾。

列车发现 10 人以上的重号时,列车长要及时向运行所在局客调、本局客调、段调度室、动车车队汇报,听候指令,同时拍发电报。

二、动车组旅客误乘、漏乘、越站的应急处理

动车组发生旅客误乘、越站,乘务人员应做好安抚工作,稳定旅客情绪,密切注视旅客的动态,防止因旅客使用紧急制动装置造成二次停车,同时,立即向列车长报告。

列车长接到旅客误乘、越站的信息后,应为误乘、越站旅客当好参谋,帮助查定列车前方停车站或终到站返回的车次、时间,并编制客运记录交前方停车站或终到站处理。同时,向段调度室、动车车队汇报。

列车长接到关于旅客漏乘的信息后,应立即会同乘警到漏乘旅客乘坐的车厢,查找旅客遗留在车内的行李物品,并清点登记,妥善保管,编制客运记录,移交漏乘旅客到站处理。漏乘旅客要求将遗留物品交同行人时,列车长必须对同行人的身份证等有效证件详细登记,由同行人在物品清单上签字。

三、动车组发生超员的应急处理

动车组旅客人数超过定员人数即为超员。动卧列车全程不得超员。动车组一等座车不得超员，二等座车最高超员率为20%。

列车长通过“站车客运信息无线交互系统”或车站提交的“乘车人数通知单”掌握各站上下车旅客人数，确认动车组是否超员。

列车开车前，当车内人数可能超过规定的最高人数时，列车长应组织乘警、乘务员和车站客运值班员一同清点人数，发现动车组列车超员超过规定人数时，应立即通知司机，并配合车站客运值班员、驻站公安组织疏散旅客下车，同时向客调报告。

列车运行中，列车长接到司机或随车机械师通知IDU“过载”报警时，如属人员聚集原因，列车长应快速组织列车工作人员将旅客立即向两端车厢疏散。如仍无法解决时，应立即通知司机，并报告客调，请求运行至前方有客运人员车站停车处理。

处理完毕后，由随车机械师对全列技术状态进行检查，确认车辆技术状态情况正常后报告司机。司机按规定行车。

四、旅客或行李物品掉落站台下的应急处理

动车组始发、终到旅客乘降中，发生旅客跌落在站台与车体之间的缝隙或行李物品掉下站台时，车门立岗客运乘务员或发现人应立即通知列车长，列车长应立即通知司机不准开关车门或动车，并积极协助站方进行施救。待救助工作完毕后，由列车长通知司机。

处理完毕后，列车长应向运行所在局客调、本局客调、段调度室、动车车队汇报详细经过。

五、动车组发生旅客坠车的应急处理

发生旅客坠车事件，列车长和乘警要封锁旅客坠车具体位置，采取安全措施，寻找证人、同行人调查坠车旅客情况，采集有效证言，查找坠车人携带品。在有条件的情况下可录制音频或拍摄视频资料，音频及视频资料涉及旅客时，须先录制征得旅客同意的音频和视频片段。

动车组运行中发生旅客在区间坠车时，在不影响动车组安全的情况下，不停车处理，列车长向运行所在局客调、本局客调、段调度室和动车车队报告，并通过司机通知就近车站派人寻找。

第十一章

动车组列车安全运输

安全生产是我国的一项基本国策。安全是铁路企业管理的重要内容，它的好坏直接反映铁路企业的管理水平、职工队伍素质高低，直接关系到铁路企业和国家的经济发展，关系到铁路企业和国家的形象和声誉。安全是打造铁路品牌、占领交通运输市场的第一要素，因此铁路任何时候都不能放松抓安全，职工任何时候都要保安全。

第一节　安全运输概述

一、安全生产方针及指导思想

什么是安全生产？安全生产是指在生产过程中，努力改善劳动条件，克服不安全因素，防止伤亡事故的发生，使劳动生产在保证劳动者安全健康和国家财产及人民生命财产安全的前提下顺利进行。

铁路旅客运输的工作目标就是保证不发生旅客人身伤害和财产损失，将旅客顺利地运送到目的地。

安全工作的方针是“安全第一，预防为主”。它是党和国的一贯方针，是对企业和职工最重要、最基本的要求，也是铁路职工在长期生产运输实践中付出了无数人的鲜血和生命以及巨大经济损失的经验积累的高度总结。

安全第一，就是要求企业在进行生产过程中，要把安全工作作为头等大事来抓，始终放到首中之首，重中之重，列为各项工作的第一位置。列车全体工作人员必须从思想上明白，安全第一是列车一切工作的头等大事，是列车长的第一职责，是每个职工应尽的职责。

预防为主，就是消除潜在的危险因素而采取提前预防的手段，也就是说，把事故消除在萌芽之中，把潜在危险转化为安全，防止事故发生，而不是事后处理事故。对列车运行的各个环节可能发生的问题提前预测，并进行详细、全面的分析，制定出相应的防范措施，把隐患消灭在事故发生之前。

铁路安全生产的指导思想是：从严治本，基础取胜，规范管理，强基达标。实现安全"有序可控，长期稳定"的目标。

从严治本，就是从严管理，从严要求；用铁心肠、铁手腕、铁纪律、铁措施落实到生产的全过程。抓作风转变，落实安全逐级负责制。

基础取胜，就是抓好基础设备设施工作，一是依靠科技进步，加大投入；二是加强管理，控制好设备动态质量。

规范管理，就是抓规章制度落实，抓班组管理规范，强化安全考核机制。

强基达标，就是加强职工培训，从严要求，从严考核，作业标准化。

铁路职工必须做到任何时候、任何情况下都必须把安全工作摆在第一位，决不能因为客观环境、条件、形式及工作方式的变化产生动摇和移位。

旅客列车的安全防范重点是加强对旅客随身携带物品的检查以及禁止吸烟，这是预防列车火灾、爆炸事故发生的关键环节和措施。

二、安全运输是铁路企业的生命线

实现安全生产，不论是对自身的经济效益还是对国家的经济发展、社会稳定都将产生积极的作用，在这方面铁路运输安全尤为明显。铁路运输生产中的每个岗位、每个工作人员、每个生产环节都与整个运输安全生产紧密相连、息息相关。"劳动安全，人命关天"。一次失职、一回失误、一个不经意的疏忽，都会导致安全事故，打乱运输秩序，使一条线、一大片运输中断，无论在政治上，还是在经济上，都会给国家和人民生命财产造成巨大损失，也会给职工本人健康及家庭带来不幸。铁路一起重大事故、大事故的经济损失可达数万元至上千万元,有的还有人员伤亡,对企业、对社会都会产生不利影响。可以说,事故是最大的浪费,安全是最大的节约。搞好安全是获得经济效益的重要保证。

铁路运输安全是铁路的永恒主题。铁路运输安全不好,对外就失去交通运输市场,对内就失去抓各项工作的主动权。旅客选择铁路运输的第一因素就是安全。铁路没有安全,就没有旅客,没有旅客运输,也就没有经济效益,职工的利益也得不得保证。因此搞好运输安全是铁路企业获得经济效益的重要前提,是铁路企业的生命线,是铁路企业的头等大事,是铁路发展、稳定、改革的重要保证。为此,铁路从严管理,从严要求;用铁心肠、铁手腕、铁纪律、铁措施落实到生产的全过程是铁路的性质和任务所决定的。铁路企业要求每一名铁路职工都要有安全意识、安全忧患意识,绝对服从生产指挥,严格执行铁路规章制度和铁的纪律,遵守作业纪律、劳动纪律,做到标准化作业,这是确保旅客和货物运输安全的必然要求,也是确保自身安全的需要,必须做到、做好。

三、安全管理原则

安全生产是人和物在生产实践活动全过程中的一种思想和技能的表现行为。安全管理就是对人和物在生产实践活动全过程中的一种思想和技能的表现行为进行保证安全的有效管理。

安全工作的目的就是预知危险,消除危险,避免损失,防止灾害。铁路企业安全生产管理原则,概括起来有以下几点:

1. 管生产必须管安全的原则

由于安全与生产密切相关,哪里有生产活动,哪里就有安全问题,因此管生产必须管安全,这是国家对企业的要求,是企业管理的重要原则。

旅客运输的第一工作是保证安全,列车长必须管安全。客运职工出乘前,段、车队、列车长、班组都要讲安全注意事项。执乘中讲安全,退乘时也要总结安全。

2. 以人为中心的管理原则

在一切资源中,人力是最重要的资源,在安全生产中起决定作用。而人的生命最重要,没有生命,就没有一切。树立“安全第一”的思想,就是要抓好人的安全意识、安全技能、安全责任教育,做到标准化作业,遵守规章制度,令行禁止,不违章作业,不蛮干、懒干、傻干,保自身安全,保生产安全。

3. 抓小防大的原则

从事故的统计来看,小事故发生的频率大大高于大事故、重大事故、特别重大事故。隐患是事故发生的根源,隐患险于明火。很多大事故、重大事故都是一些小违章的偶合在一起发生的。抓“小”就是不放过任何小事故、事故苗子,把安全隐患消灭在事故发生之前,防患于未然,其目的就是为了防止大事故发生,即便发生事故,也可以减少事故损失。

4. 集中统一指挥的原则

列车在全国运行,生产组织过程必须高度严密,要使铁路这个大联动机运转正常,必须实行集中统一指挥、统一调度,才能保证铁路运输秩序正常和安全运行。铁路机、车、工、电、辆、客、货、装等部门的车间、班组都有明确的分工,在运输生产中都有自己的特定位置,必须彼此互相衔接,协作一致,听从指挥,才能保障运输秩序正常和安全。如旅客列车发生火灾爆炸事故,必须在列车长统一指挥下,组织抢救,防止事故扩大,才有可能把损失降低到最低程度。

综上所述,用规章来规范职工生产行为,用教育提高职工素质和安全意识,用科学技术提高设备的安全系数和改善劳动条件,用法规来明确企业领导的责任和权利,是实现安全运输的重要保证。应该记住:要以教训制止流血,不要用流血换取教训。

第二节 列车安全管理

旅客列车运输安全工作就是要保证旅客在车站和运输途中不发生人身伤害事故和财产损失,同时保证员工的自身安全。

一、列车安全工作标准

(1)无行车责任事故。

(2)无火灾、爆炸事故。

(3)无旅客重伤以上责任事故。

(4)无职工重伤以上事故。

(5)无责任晚点和责任甩车、冻车。

(6)无行包责任事故。

(7)无票据、现金、局用品丢失(指办理挂号手续的)。

(8)无责任食物中毒。

(9)政刑防范措施落实,无旅客物品被盗(指公安立案的)。

(10)软座、软包管理措施落实,保证首长和外宾乘车安全。

二、列车作业安全

(1)列车乘务员在列车运行中应当注意对列车安全设备的管理,制止扳动、触碰安全设备等不安全行为。禁止旅客扳动、触碰灭火器、紧急开门阀、紧急制动阀等安全设备,对车门口附近的旅客随时进行"请勿倚靠车门、不要在车门附近站立"的宣传。

(2)严禁任何人在列车正常运行时打开气密室,禁止任何无关人员进入司机室。

(3)动车组运行中,乘务员要加强车内巡视,向旅客做好禁止吸烟宣传和提示。提示旅客取送开水时不要倒得过满。

(4)列车开车前,提示站在车门口的旅客不要靠近车门,以免被车门挤伤;宣传提示上车旅客注意脚下,防止摔伤。列车终到前,提示旅客注意脚下,防止摔伤(包括雨雪天气的重点提示)。

(5)为确保动车组运行安全,动车组乘务员在运行中要对与机车连接端门执行锁闭制度。

(6)列车运行中乘务员应加强车内行走安全(尤其是小朋友)的宣传和劝阻。

(7)对中途需要照顾的重点旅客,随时进行重点帮扶,防止摔伤。

(8)随车机械师、列车长、列车员、司机手持电台应经常置于频道1上,保持通话畅通。联系时应呼叫车次、职名。

(9)查堵易燃、易爆和有毒危险品。

此外，遇列车临时停车时，客运服务人员要提醒旅客注意安全，看管好自己的物品，以防被盗。

三、列车员劳动安全

安全是保护劳动者安全健康和发展生产力的一项重要工作，是保证企业持续、稳定、协调发展和安定团结的基本条件，是企业文明生产的重要标志。

劳动安全关系到保护劳动者的基本权利，关系到企业和国家的声誉和形象，关系到职工安全与健康以及家庭幸福，关系到企业生产发展。无数事实和教训证明，安全就是效益，事故就是损失。加强劳动安全管理的重要意义在于改善劳动条件，搞好劳动保护，保护劳动者的生存权，确保职工的安全和健康。

1. 安全意识和安全行为教育

(1)在接班前，必须充分休息，保持精力充沛。严禁在接班前和工作中饮酒。

(2)通过线路时，应走天桥、地道。无天桥、地道时，应走平过道，并严格执行“一停、二看、三通过”制度。

(3)顺线路行走时，应走路肩，不走轨心、轨面和轨枕头，随时警觉前后列车。

(4)横越有机车车辆停留的线路时，应在该机车车辆较远处通过，并注意有无机车车辆通行。严禁在运行中的机车车辆前面抢越。

(5)横越列车或车辆时，不得钻车底。应首先确认该列车或车辆暂无移动的可能，然后抓紧把手，从车钩上越过(注意不要踢开车钩钩提杆)。在雨、雾天或冬季，影响视觉和听觉，更应特别注意。

(6)列车夜间运行中突然停电时，应立即通知机械师到现场处理，自己要坚守岗位，必要时封闭两端车门，防止发生意外；严禁使用明火照明。

(7)乘务间要保持清洁、干燥，不能在配电柜上摆放物品，挂放衣物等。严禁摸黑开关电器设备，防止触电。

(8)运行中高空作业要身系安全带，梯子有人扶，物品不下掷。

(9)客车发生电器火灾时，不能用水灭火，而是先断电，再救火。用水灭火有可能触电伤人或造成断路。

2. 客运人员在电气化区段必须遵守的安全作业

(1)严禁登上机车车辆的车顶或翻越车顶通过线路。

(2)严禁登上车顶击打餐车、茶炉、燃煤锅炉的烟筒,也不能用长杆去接触车顶任何部位。

(3)在接触网带电的情况下,严禁用水冲刷车皮。

(4)给车辆上水时,注意先插胶管,后开水阀。客车上水完毕,先关闭阀门,后拔掉胶管,严禁水管朝上喷射接触网带电部分。

(5)在接触网带电情况下,严禁用棒条等物处理车辆顶部的扒车人员或物体。

四、旅客安全工作

为保证旅客安全,客运列车员在列车运行中应做好以下工作:

(1)及时疏导旅客,保证车厢内畅通,做到“三不堵”:通道不堵、车门不堵、通过台不堵。

(2)照顾好老、幼、病、残、孕旅客,宣传劝阻旅客不要在车辆连接处站立,不要手扶风挡、门缝,以免挤伤、碰伤。

(3)倒开水时,要接杯站稳、对准,不倒过满,避免烫伤。

(4)客运乘务员在值乘中应对门窗、踏板、制动阀、卧铺支柱吊带、行李架、灭火器等设备和设施,进行认真检查和巡视,发现异状、异物、异味要及时汇报列车长并采取措施处理。

(5)行李架上的物品应摆放得平稳、牢固;较重的物品、锐器、杆状物品、玻璃制品等应放在座位下面。

(6)换乘做好扶老携幼,宣传要注意邻线的来往车辆,提醒旅客不要钻车底,防止碰伤或轧伤。

(7)当列车内严重超员时,列车员要加强宣传,讲清危害,注意手脚被挤伤、夹伤。在疏导旅客时,要把重点旅客(老、幼、病、残、孕)请到车厢内,适当安置。发现危及行车安全和人身安全的,要向列车长汇报,并采取确保安全的措施。

(8)列车上发生歹徒行凶时,要机智、勇敢、当机立断采取果断措施,制止歹徒行凶，同时要迅速通知列车长、乘警及时赶到现场，组织应急小组和其他人员制服歹徒，维持车内秩序。如有旅客、乘务员受伤要积极组织包扎、抢救，必要时交前方有医疗条件的车站抢救。

(9)列车运行中遇中途临时停车，客运乘务员要坚守岗位，注意瞭望，不得擅自下车，列车起动后进行巡视。

(10)客车上发生政治案件时，列车乘务员应立即报告列车长、乘警，及时赶赴现场；并协助公安人员保护现场，严禁无关人员进入现场；同时维护车厢秩序，注意车内动态；会同公安人员作详细调查，及时向上级报告。

需要注意的是，实施安全检查的铁路职工必须佩戴值勤标志，只能对旅客随身携带的物品进行检查，查堵“三品”，不能对旅客人身进行检查，如果有必要对旅客的人身进行检查时，应由公安人员进行。

第三节　列车消防安全

动车组列车的消防安全管理贯彻“预防为主、防消结合”的方针，坚持“铁路局统一领导、业务部门加强管理、专门机关依法监督”的原则，实行岗位防火责任制和标准化管理。

一、动车组消防组织和职责

在列车长的统一领导下实行岗位防火责任制。动车组建立由列车长为组长，本务司机、随车机械师、乘警、客运乘务员、随车服务餐饮人员、保洁人员参加的消防安全小组，并履行下列职责：

(1)认真贯彻执行上级有关消防工作的规定和工作部署，定期召开消防安全小组会议，组织安排和总结分析消防工作。

(2)组织乘务人员认真学习消防知识，人人达到“三懂三会”(懂得本岗位火灾危险性、懂得预防火灾的措施、懂得扑救火灾的方法，会报警、会使用灭火器、会扑救初起火灾)。

(3)督促乘务人员落实岗位防护责任制。

(4)做好对旅客的防火安全宣传教育工作，落实易燃易爆危险品查堵措施。

(5)发生火灾时,启动火灾事故应急预案,疏散旅客,扑救火灾,报告火灾情况。

(6)建立消防安全台账。台账由列车长负责填写和管理,存放在车队。台账应有以下内容:

①上级有关消防工作的文件(复印件或摘抄件)。

②动车组消防安全小组名册。

③火灾事故应急预案及人员分工。

④消防安全小组会议和活动记录。

⑤乘务人员消防安全培训记录。

二、动车组各类人员岗位安全职责

1. 列车长岗位安全职责

(1)全面负责动车组消防安全管理工作,贯彻上级有关消防工作部署,接受上级的消防安全检查。

(2)检查督促乘务工作人员落实岗位防火责任制。

(3)主持召开消防安全小组会议,总结分析、安排布置消防工作。

(4)组织乘务工作人员学习消防知识,提高防火灭火技能。

(5)按规定运行中进行防火巡查,发现和消除火灾隐患,制止违反消防管理行为,并作好巡查记录。

(6)组织乘务人员向旅客宣传防火、防爆安全知识,做好易燃易爆危险品查堵工作。

(7)运行中发生火灾时,启动火灾事故应急预案,组织指挥乘务人员疏散旅客,扑灭火灾。

(8)按规定填写消防安全台账。

(9)参加联检交接。

2. 客运乘务员岗位防火职责

(1)严格遵守动车组消防安全规章制度,服从命令,听从指挥,坚守岗位,落实防火措施。

(2)认真巡视车厢,及时制止旅客吸烟。

(3)加强运行中对电气设备、火灾自动报警显示屏的监视，严格执行操作规程，发现报警及故障，及时向列车长或随车机械师报告。

(4)学习消防知识，达到“三懂三会”，熟练掌握火灾应急处置预案。

(5)做好查堵易燃易爆危险物品工作，发现易燃易爆危险物品及时报告列车长妥善处理。

(6)发生火灾时，按火灾事故应急预案立即通知列车长和司机，在列车长领导下，及时疏散旅客，扑救初起火灾，维护秩序，保护旅客安全。

三、列车火灾的预防

列车始发前和运行中，乘务人员应根据各自的岗位认真检查、清除各种杂物，不留火险隐患，并将检查结果及处理情况向列车长汇报。

列车终到后，乘务员要对车厢进行彻底检查，特别注意对阴暗角落的检查，防止遗留火种火源，并与接班车组做好交接。

在使用客车电茶炉时，要先补足水后再启动开关烧水；烧水要加强看管，不得远离，缺水时要及时补水，无水时关闭燃火器(电源)，防止着火。

第四节 旅客列车安全控制

安全控制就是运用法规的、行政的、技术的、经济的和道德的方式对劳动者作业行为进行规范，防范不安全行为的发生，以保证安全运输。列车客运服务的安全控制主要在以下几个方面：

一、规范管理

列车员必须在列车长的统一领导下，按照岗位作业标准、客运守则、岗位责任制等规章制度，搞好工作，做好服务。遵守职业道德，树立良好路风。

铁路制定的规章制度、作业标准化、班组工作标准是为了加强职工安全意识、职业责任、职业纪律、职业道德、行为规范、安全心理和群体素质而制定的，是职工从事安全生产的基本准则，是铁路安全生产的“根本大法”，具有重要作用。规章制度、作业标准化、班组工作标准是不以人的主观意志为转移的客观规律，是前人用鲜血和生命换来的科学总结。列车长在布置乘务工作提出要求时，必须以规章制度为依据，不能有丝毫的随意性。列车员执行规章制度必须做到“一点不差，差一点不行”，这不仅是安全生产的需要，而且也是自我保护的需要。每个职工必须明白，违章会导致事故，导致犯罪。

二、动车组列车安全控制重点

1. 列车车门管理

客运乘务员要加强车门管理，执行旅客先下后上规定。列车乘务员在开关车门、端门时，要向旅客宣传，手不扶门边、门缝；脚不站风挡、渡板连接处。

2. 列车电源管理

旅客列车在电源管理上应严格遵守如下规定：

(1)旅客列车的各种电气设备上严禁放置、悬挂任何物品。

(2)餐车配电间，禁止堆放物品，配电室堆放物品不应高于配电盘的下沿。

(3)列车内严禁乱接、乱拉临时电线。各种照明灯具及电气设备保持良好，无关人员不准随便拆卸。

3. 列车火源管理

旅客列车在火源管理上应严格遵守如下规定：

(1)旅客列车内严禁使用明火。

(2)电茶炉不准存放易燃物和无关物品，不准晾晒衣物。水泵箱内不准存放任何杂物。严禁缺水干烧。

(3)列车内严禁使用蚊香、蜡烛等明火。

(4)禁止吸烟场所均应设有“禁止吸烟”的警示标志。

4. 列车安全设备检查

列车乘务员在交接班和列车出库前，必须认真进行安全检查。查看电茶炉、灭火器材、紧急制动阀、手动制动机等重点设备保持良好状态。检查阴暗角落有无异物、异状、异味，消除安全隐患。

三、人员素质控制

在生产过程中,人的思想活动和技能操作是受心理活动支配的。安全生产更是与人的心理活动相联系,发生事故的主要原因是人和物本身的缺陷或不协调所致。有的事故表现在物,其根源在于人的精神状态、责任感、技术能力以及心理因素和生理因素。列车员必须懂得心理活动在安全生产中的作用,特别是突出事件发生时的应急处理,需要表现出沉着、冷静、周密的心理状态是非常重要的。加强列车员劳动安全心理素质培养是安全生产的需要,是服务的需要。

1. 安全心理因素

人的意识、意志控制要依靠意志力来控制。在实际生产过程中,落实规章制度也好,执行标准化作业也好,遇到的阻力和障碍主要来自人的懒惰和抵触情绪,这就需要依靠意志力去克服自己的不安全行为,才能保证安全生产。

注意、情绪是影响安全生产的重要心理因素。列车员要搞好服务工作就需要有意注意旅客服务需求和自己的服务方式、服务技巧、服务态度,才能做到优质服务;需要有意注意旅客携带的物品,防止危险品、易燃品、易爆品上车;需要有意注意自己的劳动纪律、作业标准,减少分散注意(包括注意的转移)的影响和干扰,有效地防止安全事故的发生。

情绪,是心理活动的重要表现之一。根据铁路安全事故发生的情况,发现事故发生者的情绪表现有以下几个方面:

(1)节假日的时候,思想精力不集中,容易发生简化作业程序。

(2)人员变动的时候,容易产生消极不满情绪。

(3)工作遇到困难的时候,容易产生畏难厌干情绪,消极怠工。

(4)提干、晋级、评先进、发奖金的时候,容易产生攀比情绪,工作对付干,执行规章不认真等情况出现。

(5)职工发生严重违章或事故的时候,容易产生悲观和惧怕心理,作业不敢大胆干,心理紧张。

(6)身体疲劳的时候,精神萎靡不振,马马虎虎干活。

(7)社会环境、价值观念、政策发生变化的时候,容易产生动荡,带着情绪上岗作业，简化作业程序。

(8)夜间作业的时候，容易思想溜号、睡大觉或简化作业程序。

(9)别人出事故受到株连的时候，容易产生埋怨情绪。

上述不同的时候出现的不良情绪，车班应进行针对性教育，帮助职工提高自尊、自爱、自强的内在心理动力。职工增强了自我意识，安全意识有了，就能把消极的工作情绪转化为积极向上的工作情绪，提高预防事故发生的自觉性和工作能力。

人不仅是安全生产的主体，也是安全生产中被控制的客体，既能动，又被动。因此克服不良心理，特别是影响安全的心理因素，培养高度的工作责任感，是非常重要的一个环节。通过对大量事故的分析，不难看出，不良个性心理表现是酿成事故和伤害的直接原因之一。如侥幸心理、麻痹心理、偷懒心理、逞能心理、莽撞心理、急躁心理、烦躁心理、粗心心理、好奇心理、自满心理，等等。客运职工在工作中克服和纠正情绪好冲动，不沉着，好逞能，粗枝大叶，自制力差，优柔寡断，自由散漫，责任心差，视工作为儿戏等不良心理表现，是保持正常稳定的情绪和工作状态的前提。

树立起“我不伤害自己，我不伤害别人，我不被别人伤害”的安全意识和“我不违章，保自身安全；互相监督，保他人安全；制止违章，保整体安全”的群体安全意识，及时纠正不安全行为或不安全状态，这样才能杜绝事故的发生或者将事故消灭在萌芽中。

2. 安全行为

列车员的安全行为是保证旅客列车安全的重要因素之一。列车乘务员应该做到：会使用紧急制动阀；会使用灭火器。防止旅客误乘、误降；防止“三品”上车；防止刑事案件及旅客跳车；不擅离工作岗位；不飞乘飞降；不开车门乘凉；不误转、错播、漏播误导；不违章作业。

第五节　事故分类与处理

列车员了解铁路行车事故相关知识，有利于做好配合工作，特别要注意不能滥用紧急制动阀耽误列车，避免事故发生。

一、事故处理原则

对已发生的事故要及时如实报告，严肃、认真进行调查分析，处理好善后工作。

事故处理原则是“四不放过”：

(1)事故原因分析不清不放过。

(2)职工群众没有受到教育不放过。

(3)没有采取切实可行的防范措施不放过。

(4)事故责任者未受到处理不放过。

在事故处理中，要根据事故现场进行调查取证，实事求是，分析原因，吸取教训，制定整改措施，防止事故再次发生。触及刑法的，应移交司法部门处理。

二、事故分类

根据《铁路交通事故应急救援好调查处理条例》第二章规定，根据事故造成的人员伤亡、直接经济损失、列车脱轨辆数、中断铁路行车时间等情形，事故等级分为特别重大事故、重大事故、较大事故和一般事故。

1. 特别重大事故

有下列情形之一的，为特别重大事故：

(1)造成 30 人以上死亡，或者 100 人以上重伤(包括急性工业中毒，下同)，或者 1 亿元以上直接经济损失的；

(2)繁忙干线客运列车脱轨 18 辆以上并中断铁路行车 48 h 以上的；

(3)繁忙干线货运列车脱轨 60 辆以上并中断铁路行车 48 h 以上的。

2. 重大事故

有下列情形之一的，为重大事故：

(1)造成 10 人以上 30 人以下死亡，或者 50 人以上 100 人以下重伤，或者 5 000 万元以上 1 亿元以下直接经济损失的；

(2)客运列车脱轨 18 辆以上的；

(3)货运列车脱轨 60 辆以上的；

(4)客运列车脱轨 2 辆以上 18 辆以下，并中断繁忙干线铁路行车

24 h 以上或者中断其他线路铁路行车 48 h 以上的；

(5)货运列车脱轨 6 辆以上 60 辆以下，并中断繁忙干线铁路行车 24 h 以上或者中断其他线路铁路行车 48 h 以上的。

3. 较大事故

有下列情形之一的，为较大事故：

(1)造成 3 人以上 10 人以下死亡，或者 10 人以上 50 人以下重伤，或者 1 000 万元以上 5 000 万元以下直接经济损失的；

(2)客运列车脱轨 2 辆以上 18 辆以下的；

(3)货运列车脱轨 6 辆以上 60 辆以下的；

(4)中断繁忙干线铁路行车 6 h 以上的；

(5)中断其他线路铁路行车 10 h 以上的。

4. 一般事故

造成 3 人以下死亡，或者 10 人以下重伤，或者 1 000 万元以下直接经济损失的，为一般事故。

除前款规定外，国务院铁路主管部门可以对一般事故的其他情形作出补充规定。

“以上”包括本数，所称的“以下”不包括本数。

三、事故报告

(1)事故发生后，事故现场的铁路运输企业工作人员或者其他人员应当立即报告邻近铁路车站、列车调度员或者公安机关。有关单位和人员接到报告后，应当立即将事故情况报告事故发生地铁路管理机构。

(2)铁路管理机构接到事故报告，应当尽快核实有关情况，并立即报告国务院铁路主管部门；对特别重大事故、重大事故，国务院铁路主管部门应当立即报告国务院并通报国家安全生产监督管理等有关部门。

发生特别重大事故、重大事故、较大事故或者有人员伤亡的一般事故，铁路管理机构还应当通报事故发生地县级以上地方人民政府及其安全生产监督管理部门。

四、事故报告内容

事故报告应当包括下列内容：

(1)事故发生的时间、地点、区间(线名、公里、米)、事故相关单位和人员。

(2)发生事故的列车种类、车次、部位、计长、机车型号、牵引辆数、吨数。

(3)承运旅客人数或者货物品名、装载情况。

(4)人员伤亡情况，机车车辆、线路设施、道路车辆的损坏情况，对铁路行车的影响情况。

(5)事故原因的初步判断。

(6)事故发生后采取的措施及事故控制情况。

(7)具体救援请求。

事故报告后出现新情况的，应当及时补报。

五、事故应急救援

客运列车发生事故造成车内人员伤亡或者危及人员安全时，列车长应当立即组织车上人员进行紧急施救，稳定人员情绪，维护现场秩序，并向邻近车站或者列车调度员请求施救。

列车员应该了解事故应急救援过程及要求，做好配合工作。

(1)事故发生后，列车司机或者运转车长应当立即停车，采取紧急处置措施；对无法处置的，应当立即报告邻近铁路车站、列车调度员进行处置。

为保障铁路旅客安全或者因特殊运输需要不宜停车的，可以不停车；但是，列车司机或者运转车长应当立即将事故情况报告邻近铁路车站、列车调度员，接到报告的邻近铁路车站、列车调度员应当立即进行处置。

(2)事故造成中断铁路行车的，铁路运输企业应当立即组织抢修，尽快恢复铁路正常行车；必要时，铁路运输调度指挥部门应当调整运输径路，减少事故影响。

(3)事故发生后，国务院铁路主管部门、铁路管理机构、事故发生地县级以上地方人民政府或者铁路运输企业应当根据事故等级启动相应的应急预案;必要时,成立现场应急救援机构。

(4)现场应急救援机构根据事故应急救援工作的实际需要,可以借用有关单位和个人的设施、设备和其他物资。借用单位使用完毕应当及时归还,并支付适当费用;造成损失的,应当赔偿。

有关单位和个人应当积极支持、配合救援工作。

(5)事故造成重大人员伤亡或者需要紧急转移、安置铁路旅客和沿线居民的,事故发生地县级以上地方人民政府应当及时组织开展救治和转移、安置工作。

(6)国务院铁路主管部门、铁路管理机构或者事故发生地县级以上地方人民政府根据事故救援的实际需要,可以请求当地驻军、武装警察部队参与事故救援。

(7)有关单位和个人应当妥善保护事故现场以及相关证据,并在事故调查组成立后将相关证据移交事故调查组。因事故救援、尽快恢复铁路正常行车需要改变事故现场的,应当做出标记、绘制现场示意图、制作现场视听资料,并做出书面记录。

任何单位和个人不得破坏事故现场,不得伪造、隐匿或者毁灭相关证据。

(8)事故中死亡人员的尸体经法定机构鉴定后,应当及时通知死者家属认领;无法查找死者家属的,按照国家有关规定处理。

六、旅客伤害事故

在旅客运输途中一旦发生旅客人身伤害事故,应本着救死扶伤的原则,立即采取措施,积极抢救。

1. 旅客人身伤害分类

旅客人身伤害分类有3种:

(1)死亡。

(2)重伤:肢体残废,容貌毁损,视觉、听觉丧失及器官功能丧失。

(3)轻伤:伤害程度不及重伤者。

造成旅客伤害事故的原因有:爬车、坠车、跳车、挤伤、碰伤、摔伤、轧伤、撞伤、打伤、爆炸、火灾、食物中毒、误购误售、误乘误降、横越线路等。

2. 旅客伤害事故责任划分

旅客伤害分为旅客自身责任、第三人责任、铁路运输企业责任及其他责任。

旅客自身责任，是指旅客违反铁路安全规定，不听从铁路工作人员引导、劝阻等违法违章或其他自身原因造成的伤害。

第三人责任，是指由于旅客和铁路运输企业合同双方以外的人给旅客造成的伤害。

铁路运输企业责任，是指由于铁路运输企业人员的职务行为和设施设备的原因给旅客造成的伤害。

其他责任，是指非上述 3 种原因造成的伤害。

3. 铁路企业责任划分

具体到列车责任有以下几种情况：

(1)由于车门未锁造成旅客跳车、坠车或站内背门下车造成旅客伤亡时。

(2)因列车工作人员的过失，致使旅途在不办理乘降的车站(包括区间停车)下车造成人身伤害时。

(3)由于组织不力，旅客下车挤、摔造成伤害时。

(4)车站误售、误剪车票，列车未能妥善处理造成旅客跳车伤害时。

(5)因列车报错站名致使旅客误下车造成伤害时。

(6)因列车工作人员的过失造成旅客挤伤、烫伤时。

(7)因餐车、售货销售的食物造成旅客食物中毒时。

(8)因违章操作、管理不善造成火灾、爆炸，发生旅客伤害时。

(9)因列车设备不良造成旅客人身伤害时。

(10)事故处理工作组有理由认为属于列车责任时。

第十二章

端正路风维护铁路形象

铁路客运应以满足旅客需求为一切工作的出发点和落脚点。铁路运输是窗口,人们通过这个窗口可以看到铁路企业的素质、职工的素质以及精神文明程度,因此树立良好路风,维护铁路形象是每个员工应尽的责任。

第一节　列车员岗位形象与职业道德

职工的岗位形象和职业道德,不仅关系到铁路企业的荣辱,而且关系到国家形象,反映一个国家和民族的道德水准、文明程度和精神面貌。

一、列车员的岗位形象

形象主要指人的思想品德、人生观、世界观以及人的言语、行动在工作生活和社会交往中所产生的影响和效果。也就是说,形象是一个人在履行职责的过程中,包括言谈、举止、情感、态度、心灵、形体、仪容、气质等各种要素综合表现出来的精神风貌、风采和美感。从这一意义上讲,形象就是一个人的综合素质的具体表现。

良好的形象是事业成功的要素之一。良好的形象具有一定的权威和感召力。良好的企业形象在市场竞争中将所向披靡。如“麦当劳”这个企业标记在消费者心中留下的印象为:装饰一致,干净优雅的饮食环境;着装统一,笑脸相迎的服务人员;标志醒目,独具特色的食品饮料,这些显示出“麦当劳”企业严格管理的独特形象，在全世界的知名度都很高。

铁路职工的形象与铁路的形象又是密切相关、缺一不可的。铁路职工必须以良好的形象来反映良好的铁路形象。列车员工作是铁路企业面向社会的窗口，因此列车员的形象不仅代表个人，而且代表铁路企业，有的时候还代表国家形象。

职工良好的形象必须以良好行为和健康心理为基础。外表形象可以通过美容修饰，而言谈、举止、情感、态度、心灵、形体、仪容、气质、性格所树立的形象则是由自己的思想和行为来雕琢的，人们也是根据这些表现来评价一个人的形象的。

乘坐高速动车组客流的市场定位，是以商务、公务客流为主，旅客的年龄构成以中青年为主，旅客的身份以管理人员和技术人员为主，以及旅游旅客的需要。他们对乘车的时间和效率、舒适度有较高的要求，这就要求动车组列车员的思想政治素质、心理素质、文化素质和服务水平等要高于其他车次的列车员，需要提供更加热情、周到、优质的一流服务，因此，动车组列车员塑造良好的岗位形象更为重要。动车组列车员不仅要面对本国旅客，而且要面对不同国家、地区、文化层次、职业、年龄、地位、风俗习惯的旅客，其服务工作直接反映着中国高速铁路的形象和国家的文明形象。因此强调树立良好的岗位形象是列车员的职业要求。

列车员的岗位既是服务员，又是指挥员。如何塑造良好的岗位形象？首先是塑造热情迎接的第一印象。列车员按规定穿统一制服，佩戴职务标志，热情微笑迎接旅客上车。第一印象对人的心理反应非常重要。如果给旅客的第一印象不好，旅客心里就有了障碍，要改变这种印象就相当难。所以列车员必须牢记“人民铁路为人民”的服务宗旨，加强自我修养，做一个内在气质和外在形象相统一的有理想、有道德、有文化、有纪律的人。其次是周到的服务。列车员发挥指挥员作用，组织旅客有秩序地上下车，保证安全，不坐过站。同时做好服务工作，关心旅客旅行生活需要，舒心享受旅途愉快。再次是文明礼貌待人。做到热情诚恳，礼貌待人；行为端正，举止大方；语调亲切，音量适中；态度温和，用词文雅；谦虚谨慎，不卑不亢；辨别是非，见义勇为；处事有分寸，合情合理；不说过头话，不办过头事；诚实守信，不损人利己；热情友好，有亲切感。最后是保持训练有素的职业形象，在车厢行走自然挺直，不左右摇摆，不勾肩搭背，不大声说话或嬉笑玩耍，不出现粗鲁傲慢的行为。

列车员做到上述要求既体现其精神风貌、风采和美感，又展示其崇高美好的形象，为铁路企业、国家树立良好的形象。

二、列车员的职业道德

道德是调整人与人之间以及个人与社会之间关系的一种行为规则。

职业道德是指一定的职业活动所要求人们遵守的行为规范。它是人们在特定职业活动中形成和发展起来的，是一般社会道德在职业活动中的具体体现。职业道德一般包括道德认识、道德情感、道德意志、道德信仰、道德行为、习惯等5个方面的内容。

职业道德的基本要求是：为人民、爱岗位、顾大局、讲互助、守信用、有礼貌。

铁路对客运职工职业道德的基本要求是："勤恳敬业，廉洁奉公，顾全大局，遵章守纪，优质服务，礼貌待客，爱护行包"。

勤恳敬业，就是规则勤奋，业务熟练。

廉洁奉公，就是公道正派，不徇私情。

顾全大局，就是团结协作，密切配合。

遵章守纪，就是服从命令，执行标准。

优质服务，就是主动热情，细心周到。

礼貌待客，就是行为端正，举止文明。

爱护行包，就是文明装卸，认真负责。

列车员应根据上述要求规范自己的行为品德，随时对照检查自己对本职工作是热爱，还是厌恶；是尽心尽责，还是不负责任；劳动态度是认真，还是敷衍。对业务知识是精益求精，还是马马虎虎；对车厢设备设施是精心爱护，还是随意损坏；对上级、同事、旅客是尊重，还是不尊重。服务质量是严格要求，还是随随便便。是否时刻注意自己的仪容、仪表、言谈、举止，保持良好的专业化形象；是否服从领导，遵守纪律，团结协作，密切配合。

遵守铁路客运职工职业道德要求，规范自己的行为品德，是有效调整自己同旅客、同周围的人的关系,不断地认识自己、完善自己和发展自己的重要方面。

第二节 树立良好路风

铁路旅客运输是服务窗口,人们可以通过这个窗口看到一个企业、一个国家的精神文明程度,可以体察、看到社会风气的好坏。所以,树立良好的路风关系到铁路企业形象和经济效益,关系到国家的声誉。

一、铁路路风

铁路路风,是指铁路的行业风气。具体地讲,就是铁路企业和职工在经营服务方面表现出的思想、道德等行为。

路风问题,是指铁路单位和从业人员凭职务或工作之便营私谋利,或违背职业道德,服务质量低劣,给旅客、货主造成经济损失或者精神、身体伤害,在路内外造成不良影响和后果的行为。

同旅客、货主打交道,最能看出铁路路风的好坏。好的路风必须是全心全意为人民服务、为旅客货主服务,维护旅客货主利益,不谋取个人利益。好的路风关系到铁路企业形象和经济效益,关系到国家的声誉。

"严字当头、铁的纪律、团结协作、优质服务"这 16 个字言简意赅,全面概括了铁路的行业特点和工作要求。

严字当头,就是以严治路,确保铁路大联动机正常运转。

铁的纪律,就是要铁面无私地执行纪律,无论是领导还是职工,只要违反了铁路规章制度就要受到处罚。没有铁的纪律,没有铁面无私的执行纪律,就不会有好的职工队伍。

团结协作,就是要树立全局观念、协同动作,搞好铁路内部的部门之间、单位之间、工种之间、个人之间以及同路外企业的协同配合。

铁路职工职业道德的基本要求是:"安全正点、尊客爱货、优质服务"。铁路客运职工职业道德的基本要求是:"勤恳敬业,廉洁奉公,顾全大局,遵章守纪,优质服务,礼貌待客,爱护行包。"这些基本要求就是铁路职业纪律的具体内容,必须认真做到。

优质服务，就是要树立“旅客第一、货主至上”的观念，对旅客、货主热情服务，维护旅客、货主的利益，让旅客、货主满意，使旅客、货主有宾至如归之感。

端正路风的目的就是对自己负责，对企业负责，对国家负责，做好优质服务，维护好铁路企业和国家的形象，为铁路企业赢得声誉，赢得交通运输市场的占有率，并使铁路企业取得经济效益和社会效益。因此铁路企业把树立良好路风作为一项重要的纪律要求，谁发生了路风事件谁就要受到相应的处分。

二、列车路风不良表现

1. 以票牟私

以票牟私是指凭借职权或工作之便，利用车票谋取私利。列车具体行为表现在：

(1)列车工作人员为旅客代办车票收取好处费，或收钱不补票，收长途钱补短途票，侵吞票款；为旅行社团体代办车票提供方便，获取好处或不正当利益。

(2)私带无票人员、行包和货物，安排越席及其他不符合乘车条件人员。

(3)内外勾结霸座席卖座、接送无票人员进出站上下车，装运超过票记重量、件数的行包货物从中谋取私利。

2. 勒卡索要

勒卡索要是指凭借职权或工作之便，采取刁难、要挟或威胁等手段，敲诈勒索旅客货主。

3. 粗暴待客

(1)对旅客语言污秽，行为粗暴。

(2)有意设置障碍，刁难旅客货主。

(3)殴打旅客货主或限制旅客货主人身自由。

(4)严重侵害旅客货主人身权利构成违法犯罪的行为。

4. 违规经营

违规经营是指强卖、搭售商品或出售假冒伪劣商品。

5. 违规贩运

违规贩运是指凭借职权或工作之便，利用列车搞营利性捎买带或携带禁止运、限运物品。

三、严禁以票牟私

对以票牟私作出如下规定：

(1)列车上剩余卧铺和其他席别客票的补票业务，由值班列车长或指定人员，本着既照顾重点，又考虑登记顺序的原则办理。办理补票业务，不得索要和接受旅客钱物。

(2)旅客列车客运乘务员、公安乘警和车辆检车员均不得在值乘中为旅客代购客票；遇有需要重点照顾的旅客，可向列车长提出，由列车长统筹考虑和安排。

(3)严禁旅客列车客运乘务员、公安乘警、车辆检车员、运转车长和机车乘务员私带无票旅客。

(4)严禁铁路单位和个人利用旅客列车进行或参与违法违纪的贩运倒卖活动。

(5)旅客列车客运乘务员、公安乘警、车辆检车员等出乘退乘所带物品，坚持以自用为原则，严禁以经营为目的的捎买带。

(6)严禁旅客列车客运乘务员、公安乘警、车辆检车员等与走私分子、小商贩和围车叫卖人员相勾结或为其提供方便。

中国铁路总公司对旅客列车的列车长、检车长、乘警长有“三项制度”、“四条纪律”、“五个不准”要求。

三项制度：

(1)挂牌上岗。

(2)公开收费项目和收费标准。

(3)公布举报电话。

四条纪律：

(1)旅客列车剩余卧铺要广播公布数额，在列车长办公席集中办理，不许“三乘人员”代办，不准索要钱物。

(2)车站、售票中心的固定票额要向旅客公布，不允许私分和截留票额。

(3)车站、列车要由专人售货,不准搭售商品,强买强卖。

(4)客货延伸服务要坚持旅客货主自愿的原则,不许搞强行服务。

五个不准:

(1)不准索要和接受下级或旅客的钱物,凡索要和接受者,视为受贿。

(2)不准私占包房。

(3)添乘或值乘中,不准饮酒或特殊招待。

(4)不准私带无票旅客乘车、越席乘车。

(5)不准到关系单位报销应由个人支付的费用。

列车员应自觉遵守,支持列车长、检车长、乘警长执行这些规定。

第三节　路风问题判定及处罚

根据原铁道部铁监〔2009〕160 号《铁路路风管理办法》对路风问题判定及处罚作出了明确的规定:

一、重大路风事件

构成下列路风问题之一的,定为重大路风事件:

(1)以车谋私金额(含实物折算价值,下同)5 000 元以上,以票牟私金额3 000元以上。

(2)乱收费、乱加价金额(从行为发生之日起累计计算,下同),客运在10 000元以上;货运500 000元以上。

(3)私带无票人员、行包、货物,安排越席及其他不符合乘车条件人员,按已乘(运)区间票价(运价)计算,同时收取好处费的合并计算,金额3 000元以上。

(4)殴打旅客货主造成重伤、死亡,或侵害旅客货主人身权利情节特别严重。

(5)敲诈勒索旅客货主情节特别严重。

(6)贩运物品一次价值在10 000元以上,或情节特别严重。

(7)其他造成特别恶劣影响,使路风路誉遭受严重损害的行为。

二、严重路风事件

构成下列路风问题之一的，定为严重路风事件：

(1)以车谋私金额 2 000 元以上不足 5 000 元，以票牟私金额1 500元以上不足 3 000 元。在路内外造成恶劣影响，使路风路誉遭受很大损害。

(2)乱收费、乱加价金额，客运在 50 000 元以上不足 100 000 元；货运在 200 000 元以上不足 500 000 元。

(3)私带无票人员、行包、货物，安排越席及其他不符合乘车条件人员，按已乘(运)区间票价(运价)计算，同时收取好处费的合并计算，金额 1 500元以上不足 3 000 元。

(4)殴打旅客货主造成轻伤，或侵害旅客货主人身权利情节严重。

(5)敲诈勒索旅客货主情节严重。

(6)贩运物品一次价值在 5 000 元以上不足 10 000 元以上。

(7)其他造成恶劣影响，使路风路誉遭受很大损害的行为。

三、一般路风事件

构成下列路风问题之一的，定为一般路风事件：

(1)以车谋私金额 1 000 元以上不足 2 000 元，以票牟私金额 500 元以上不足 1 500 元。

(2)乱收费、乱加价金额，客运在 30 000 元以上不足 50 000 元；货运在50 000元以上不足 200 000 元。

(3)私带无票人员、行包、货物，安排越席及其他不符合乘车条件人员，按已乘(运)区间票价(运价)计算，同时收取好处费的合并计算，金额 500 元以上不足1 500元。

(4)殴打旅客货主造成轻微伤，或侵害旅客货主人身权利情节轻微。

(5)敲诈勒索旅客货主情节轻微。

(6)贩运物品一次价值在 3 000 元以上不足 5 000 元，或情节较重。

(7)其他造成特别恶劣影响，使路风路誉受到较大损害的行为。

未构成路风事件的路风问题，定为路风不良反应。

有的铁路局还制定了补充条款，如软卧、硬卧车、直达车开车 1 h 后，硬座车在规定的查票区段后，在车内发现无票人员、越席旅客，不能确定私带责任人，定无票人员或越席旅客所在车厢乘务人员及列车长私带责任，按以票牟私论处。又如列车乘务人员携带应办理托运的物品，未按规定补交运费的，按私带无票货物认定；超量携带不够办理托运的小件物品或经常捎带一定数量的某种物品的，按贩运物品认定。这些规定都是加强路风建设的措施。

四、对发生路风问题的责任单位或责任者的处理

(1)构成重大路风事件的，给予决策者或直接责任者撤职至开除处分。

(2)构成严重路风事件的，给予决策者或直接责任者记大过至留用察看处分。

(3)构成一般路风事件的，给予决策者或直接责任者记过至撤职处分。

(4)构成路风不良反应的，给予决策者或直接责任者警告至记过处分，情节轻微的，可免予处分。

(5)对乱收费、乱加价的责任单位，在收缴其非法所得的同时，可按乱收费、乱加价数额给予一至二倍的罚款。

(6)对发生索要旅客货主钱物等路风问题的直接责任者，按规定处分的同时，应调离“窗口”工作岗位。

(7)对尚未构成解除劳动合同条件的路风问题责任者的行政处理，由企业依据本单位奖惩办法给予行政处分。

行政处分分为：警告、记过、记大过、降级、撤职。

对构成解除劳动合同条件的，由用人单位依法解除劳动合同。

(8)情节严重，构成犯罪的，依法追究刑事责任。

第四节　客运服务质量的判定及处罚

列车服务质量目标是坚持“人民铁路为人民”的服务宗旨，树立“以人为本，旅客至上”的服务理念，实现安全正点、方便快捷、设备良好、车容整

洁、饮食卫生、文明服务。由于管理不严，人员素质不高等诸多原因，旅客列车服务质量问题时有发生，是路风不正的表现，在社会上造成不良影响，为此列车乘务人员必须高度重视，充分认识发生服务质量问题带来的后果。

一、服务质量问题的分类和性质

1. 服务质量不良反应

未构成服务质量一般问题的不良反应。

2. 服务质量一般问题

(1)旅客、货主投诉或新闻媒体曝光，在社会上造成不良影响的。

(2)站、车设备、设施、备品未达到规定标准，影响服务质量或旅客、货主提出批评意见的。

(3)站、车各项工作标准、基础管理未达到规定要求影响服务质量的。

(4)未按国家或铁道部有关规定对运价、杂费、商品实行明码标价的。

(5)站、车存在安全隐患，但未发生旅客、货主伤害事故的。

(6)站、车治安秩序差，但未发生旅客、货主伤害事故的。

(7)站、车环境卫生、饮食卫生差，但未发生旅客伤害事故的。

(8)站、车工作人员与旅客、货主发生争执造成不良影响的。

(9)责任造成旅客10人以下漏乘、误乘、误降、坐过站的。

(10)责任造成旅客列车晚点的。

(11)责任造成旅客、货主财产损坏、丢失、被盗价值在500元以下的。

3. 服务质量严重问题

(1)旅客、货主投诉或新闻媒体曝光，在社会上造成较坏不良影响的。

(2)责任造成旅客、货主轻伤的。

(3)站、车设备、设施、备品故障、缺损，严重影响服务质量，旅客、货主反映强烈或给旅客、货主造成人身伤害或带来经济损失的。

(4)利用职权运输无票人员、货物，勒卡、索要旅客、货主钱物，价值在200元以下的。

(5)责任发生食物中毒事故未造成人员死亡的。

(6)站、车工作人员在工作中刁难、打骂旅客、货主造成较大影响的。

(7)责任造成旅客10人及以上漏乘、误乘、误降、坐过站的。

(8)责任造成旅客、货主财产损坏、丢失、被盗价值在500元及以上不足1 000元的。

(9)违反国家和铁路有关收费标准、规定,乱收费、乱加价造成较大不良影响的。

4. 服务质量重大问题

(1)旅客、货主投诉或新闻媒体曝光,在社会上造成严重不良影响的。

(2)责任造成旅客、货主重伤及以上伤害的。

(3)利用职权运输无票人员、货物,勒卡、索要旅客、货主钱物,价值在200元及以上的。

(4)责任发生食物中毒事故造成人员死亡的。

(5)站、车工作人员在工作中殴打旅客、货主造成严重影响或轻伤及以上伤害的。

(6)责任造成旅客、货主财产损坏、丢失、被盗价值在1 000元及以上的。

(7)违反国家和铁路有关收费标准、规定,乱收费、乱加价造成严重不良影响的。

二、发生服务质量问题的处罚

处罚的原则是:实事求是,惩前毖后,治病救人。处罚有通报批评、罚款、行政处分

1. 通报批评

对发生服务质量问题的单位和个人予以通报批评。

2. 罚款

发生"服务质量严重问题"之一的,能够确定款额的对责任者处以发生款额的1~2倍罚款,责任单位处以2~4倍罚款;不能确定款额的对责任者处以1 000~2 000元罚款,责任单位处以4 000~10 000元罚款。发生"服务质量重大问题"之一的,能够确定款额的对责任者处以发生款额的1~2倍罚款,责任单位处以2~4倍罚款;不能确定款额的对责任者处以2 000~4 000元罚款,对责任单位处以8 000~20 000元罚款。两名以

上责任者可累计处罚。

3. 行政处分

行政处分分为警告;记过;记大过;降级;撤职;留用察看;开除。发生"服务质量严重问题"的,根据情节轻重对责任者可给予警告至撤职处分;发生"服务质量重大问题"的,根据情节轻重对责任者可给予记过至开除处分。对发生服务质量问题的责任单位要追究领导责任。

对发生"服务质量严重问题"、"服务质量重大问题",涉及无票运输人员、货物的,对责任单位和责任者的经济处罚、行政处分按《铁道部关于违反铁路运输收入纪律的处罚规定》(铁财〔1999〕76 号)的规定执行。

对发生"服务质量严重问题"、"服务质量重大问题",涉及乱收费、乱加价、敲诈勒索、以票牟私的,对责任单位和责任者的经济处罚、行政处分按原铁道部《违反铁路路风管理办法的行政处分规定》(铁监〔1998〕16 号)的规定执行。

对发生"服务质量严重问题"及以上问题的责任者给予行政处分的同时,可给予一次性罚款。

对隐瞒事实、出具伪证、包庇纵容、阻挠妨碍客运监察执行公务或对举报、执行公务人员进行打击报复的,一经查实从严处理。

对涉嫌触犯刑律的,移交司法机关依法处理。

第五节　违反铁路运输收入纪律的处罚

一、违反铁路运输收入纪律的行为

根据原铁道部《关于违反铁路运输收入纪律的处罚规定》,违反铁路运输收入纪律的行为,是指铁路运输企业及其所属的工作人员,在办理客货运输业务和开展延伸服务活动中以及对完成的运输收入的核算、列账、报缴时,为了局部利益和个人利益,违反有关铁路运输收入管理的规章制度,有意侵犯铁路运输收入和工作失误致使铁路运输收入遭受损失的行为。

二、违反铁路运输收入纪律的判定

列车乘务员或单位有下列行为之一的,属于违纪行为:

(1)利用工作或职务之便,篡改票证、报表或其他方式侵吞票款的。

(2)为长途旅客开短途票的。

(3)私带无票人员的。

(4)安排旅客(包括持有铁路乘车证的铁路职工)越席乘车的。

(5)无票运输货物。

(6)违规占用卧铺、座席的。

(7)其他违反铁路运输收入管理或客运管理的规定,造成运输收入少收的行为。

三、违反铁路运输收入纪律的处罚

构成违纪行为(1)款的,违纪金额不满 200 元的,给予警告处分;200 元以上不满 1 000 元的,给予记过至记大过处分;1 000 元以上不满 2 000 元的,给予记大过至留用察看处分;2 000 元以上的,给予留用察看至开除处分。

实施行政处分的同时,给予违纪金额 2～5 倍的罚款。未开除的,要调离现工作岗位。

构成违纪行为(2)、(3)、(4)、(5)款之一的,违纪金额按应收款与已收款差额和获取好处费合并计算。对责任者按以下规定处罚:

违纪金额不满 400 元的,给予警告至记大过处分,其中情节轻微的,可免于行政处分;400 元以上不满 1 500 元的,给予记大过至撤职处分;1 500 元以上不满 4 000 元的,给予撤职至留用察看处分;4 000 元以上的,给予留用察看至开除处分。

实施行政处分的同时,给予违纪金额 2～5 倍的罚款。未开除的,要调离现工作岗位。

实施不同级别的行政处分,同时可给予违纪金额 1～2 倍的罚款(但最多不超过 2 万元)。未开除的,要调离现工作岗位。

构成违纪行为(6)款的,按所占卧铺、座席补收票款。

属于违纪行为(7)款的,可比照相类似的条款处理。需要比照处理的,要报处理单位的上级机关批准。

第十三章

动车组列车工作与管理

铁路列车工作包括对旅客服务、列车员及整个列车工作的管理。列车管理主要是旅客旅行消费过程中的服务工作和乘务人员的管理，它是保证旅客在列车上安全、满足旅客的心理需求、实现优质服务的基础工作。本章只介绍与列车员工作有关的管理知识。

第一节　动车组列车乘务工作

一、乘务组组成

动车组列车乘务组由司机、列车长、列车员、乘警和随车机械师组成。有的动车组还有商务座专职服务员。列车上的保洁、餐饮由社会专业公司承担时，其员工视同列车乘务组成员，接受列车长统一领导。

动车组列车上实行列车长领导下的各工种分工负责制。列车乘务组人员各司其职，在为旅客服务上，接受列车长统一领导。

乘务组人员配备由 1 名列车长和 2 名列车员组成。动车组重联时，按两个乘务组配备。编组 16 辆的动车组，按 1 名列车长和 4 名列车员配备。对以上运行时间较长的动车组可适当增加客运乘务人员。

列车长是列车的行政负责人，对全体乘务员负有领导责任，布置、督促、检查乘务员的工作；对列车上旅客的人身财产负责，保证旅客享受按车票席别消费标准的服务。列车上各个工种职工按照岗位责任制规定进行工作，明确自己的职责。

餐饮、保洁人员上岗前须经过铁路安全知识、应急演练和设备操作培训，持证上岗。

动车组列车在区间被迫停车时，随车机械师、列车乘务组均听从动车组列车司机指挥，处理有关行车、列车防护和事故救援等事宜。

二、列车乘务工作

1. 乘务组职责

动车组客运乘务组主要承担服务旅客，处理票务，列车运行中检查列车保洁、餐饮工作质量等工作。发生影响旅客安全问题时，客运乘务组应当立即采取有效措施，保护旅客安全。

2. 车门管理

CRH1 型、CRH2-300 型、CRH3 型、CRH5 型动车组发车前，由列车长确认旅客乘降完毕后，通知司机关闭动车组车门，CRH2-200 型动车组通知随车机械师关闭动车组车门。

动车组重联运行时，由两组列车长互相确认旅客乘降情况后，运行前方第一组的列车长负责通知司机或机械师关闭车门。动车组出动车段(所)到达始发站后，应将车门保持关闭状态。司机根据列车长的通知开门。列车工作人员不得擅自开关车门。

3. 列车广播

运行时间在 3 h 以内的列车，一般只播迎送词、服务设备介绍、安全提示、站名和背景音乐。运行时间在3 h以上的列车，可在不干扰旅客休息的前提下，适当增加播放内容。列车通过广播、图形标志、电子显示屏、文字提示等形式向旅客广泛宣传环境保护和禁止吸烟规定，提示旅客不得随意丢弃杂物。

动车组在始发前 5 min 播放安全提示，始发后5 min 内播放欢迎词、安全提示及背景音乐，终到站前5 min播放终到告别词。广播内容由客运段，铁路局宣传部、客运处审定，车辆部门录入，始发前由随车机械师按规定操作自动广播装置。自动广播发生故障时，由客运人员人工广播。

4. 通信联络

客运乘务人员配备手持电台。运行途中，列车长需与列车员通话时，转为各自的专门频道进行通话。

5. 多功能室

列车多功能室只能用于照顾伤、病旅客，存放少量服务备品，由乘务人员管理，其他人员不得占用或作他用。

6. 宣传揭示

动车组列车设有宣传框，揭示如服务承诺、列车简明时刻表、安全须知等内容。

7. 动车组车内设备使用和管理

动车组配电盘、车内空调、照明及旅客信息系统设备由随车机械师操作。客运人员发现设备故障时，通知随车机械师及时处理。运行中发生设备损坏时，随车机械师与列车长共同确认，并填写设施破损记录，双方签字。

发生危及行车安全和旅客生命安全的紧急情况时，客运人员使用紧急制动阀停车或通知司机采取措施；需要组织旅客撤离列车时，通知司机，由司机通知列车调度员或通知就近乘坐值班员；在司机指挥下，处理有关事故救援等事宜。

动车组的客运准备和车内保洁由客运部门负责，动车组外皮清洗和吸污作业由车辆部门负责。

三、列车员乘务工作

1. 乘务准备

(1)整理仪容仪表，检查对讲机等设备、资料携带情况。做到仪容着装达标，资料携带齐全，设备状态良好。

列车员应携带的用具及证件：公共场所从业人员健康证；铁路工人培训考核手册；乘务包；动车组乘务作业规范；车门钥匙、手持电台、橡皮手套、手表、徽章、化妆品（女乘务员）、记事卡片、笔；列车广播员（兼）应携带动车组广播相关资料。

(2)列车开车前 40 min 在站台列队出乘接车，参加出乘会，接受列车长的命令指示。做到准时接收列车，乘车任务明确。

(3)全面巡视车厢，检查车内保洁和备品配置情况，按保洁质量标准督促保洁人员补做车内卫生，直至达标，并将检查结果报告列车长。

2. 乘务阶段

(1)开车前

①在与列车长所在位置相对应的列车另一端，引导旅客。做到引导有序，妥善安排重点旅客。

②确认旅客乘降完毕，报告列车长。做到准确无误，报告及时。

(2)开车后

①巡视车厢，检查行李摆放情况，提醒旅客将大件行李及铁器、锐器等不适宜放在行李架上的物品指定位置并自行看管。做到行李物品摆放平稳，通道畅通。

②协助列车长查验车票。

(3)运行中

①巡视车厢，掌握车内动态，处理服务过程中的各类问题。做到耐心解答旅客问讯，做好解释工作。对重点旅客心中有数，主动提供帮助。特殊情况妥善处理。做到处理违章态度和蔼，执行规章熟练准确，减少对旅客的干扰。

②做好车厢内卫生清洁，保证干净整洁，卫生达标。

③协助列车长做好到站前 5 min 广播通报站名、到开时刻，提醒旅客做好在列车运行前方车门下车准备。开车后 5 min 内广播预告前方停车站及相关内容(通报站名、服务实施介绍、安全提示等)。做到按时播报，内容准确，音量适宜。

(4)终到前后

①协助列车长做好到站前 5 min 广播通报站名，致道别词，提醒旅客做好下车准备，请旅客尽快下车。做到按时播报，语音适宜。

②列车到站后，向旅客告别，协助重点旅客下车。做到用统一微笑致意；主动热情，保证重点。

③旅客下车完毕，从小号车厢开始，检查有无旅客遗失物品，发现问题报告列车长。做到动作迅速，检查仔细，报告及时。

(5)退乘阶段

①参加退乘会，汇报当日乘务工作情况。做到汇报简明扼要，准确

无误。

②协助列车长到指定地点缴款。

3. 车厢卫生要求

列车员应该知道车厢卫生、防疫、饮水等相关知识，并监督确保乘车环境良好，卫生健康安全。

(1)车厢内微小气候、空气质量、噪声、照明符合国家《公共交通工具卫生标准》(GB 9673—1996)，禁止吸烟。

(2)空调通风设施定期清洗消毒，定时强制通风，保持空气清洁。

(3)车厢内公共卫生设施性能良好，能够正常使用，车内卫生清洁，无积尘、无积垢、无杂物，座椅头枕片定期更换。

(4)厕所通风良好、无臭味，达到便池便器清洁，坐便器应配备一次性垫圈。

4. 卫生防疫要求

(1)动车组应达到无鼠蟑虫害的卫生要求，餐饮、食品售货场所需配备防鼠、防虫设备和药品。

(2)动车组应建立突发公共卫生事件处理预案和组织管理网络，配备急救药箱，保证药品器械齐全有效，做到专人保管，做好使用登记并及时补充药品器械；动车组应有兼职红十字卫生员，负责动车组运行途中身体异常旅客和乘务人员的现场急救处理。

(3)动车组发生食物中毒等突发公共卫生事件时，列车长应做好应急处理工作，并及时报告前方车站或卫生防疫部门和单位主管部门，并按规定保护现场，封存保鲜样品，以备查验。

(4)动车组必须取得公共场所卫生许可证，食品经营单位必须取得食品卫生许可证；动车组乘务人员、配送食品的从业人员及保洁人员均持有健康证明，并注明卫生知识培训合格。

(5)铁路卫生监督机构实行出库始发列车全项检查和折返始发、终到、中途重点检查制度。

5. 饮用水卫生要求

(1)配备电茶炉的动车组应为旅客提供饮用开水，公用茶杯未经消毒不得供旅客使用。

(2)瓶(桶)装饮用水符合《瓶(桶)装饮用卫生标准》(GB 19298—2003)要求;饮水机清洗消毒每月不少于一次,不得检出大肠杆菌。

(3)循环使用的桶应由聚碳酸酯(PC)材料制成,保证成品质量;瓶(桶)装饮用水外包装应清晰地标示生产企业名称和地址、生产日期、保质期等内容。

(4)瓶(桶)装饮用水的生产企业应达到《定型包装饮用水企业生产卫生规范》(GB 19304—2003)要求;严禁使用废料和旧 PC 料制成的瓶或桶。

第二节 班组人际关系

人生在世最艰难的不是谋生,而是处理人际间的关系。人是一个关系的产物,又时时刻刻创造各种关系,即合作、矛盾、冲突等各种关系。班组是个人事业发展的重要场所,建立良好的人际关系有利于自我发展和自我完善。保持和谐的人际关系有利于身心健康,对自己的工作、学习和生活都是大有裨益的。

一、人际关系的作用

心理学研究表明,人际关系是人与人之间通过一定的交往形式而建立起来的比较稳定的心理关系。

建立良好的人际关系有利于自我发展和自我完善。一个人在才能发展过程中,既受外部环境的影响,又受人与人之间的交往关系的影响。良好的人际关系可以促使人的心理素质、思维方式、价值取向,向完美、科学、高尚的方向发展。良好的人际关系可以增强自我意识、自主能力、自立精神,有利于个性向完善、完美的方向发展。

美国成人教育家卡耐基说过:“一个人的成就也只有约 15%是靠他的专业技术,而约 85%是靠人际关系和处世的技巧”。成功的人际关系意味着在给他人提供需要的同时,也得到他人善意的回报。因此,搞好人际关系是事业获得成功极为重要的不可缺少的经验。但是,人际关系也是最难处的,人们的苦恼之事无一不是从人际关系引起的,稍不留意,追悔莫及，甚至造成终生遗憾。

人际关系的力量往往胜过强制性的法律规范。上下级的信任、同事之间的友谊，往往胜过规章制度和行政命令。它可以决定你事业的成功或失败。

在班组里，每个人都应相互理解彼此的个性，看到彼此的特点，互相配合好，突出个体的优点，弥补各自的不足，既把事情做好，又能搞好车班团结，使车班充满活力，车班的凝聚力就会大大增强。良好的人际关系会使大家感情融洽，团结协作，班组内聚力和集体荣誉感增强，劳动热情高，工作效率高，生产过程中的自控、互控、他控能够得到有效的落实，有利于安全生产。

一个人际关系和谐、融洽的班组以及众人目标一致，同心同德，必然会有较强的战斗力。

在现实生活中，只注意处理人际关系的人，而忽视自己的才能提高和身体健康，个人事业也难以获得成功。

二、人际关系的建立原则

人际关系的建立：一种是自己主动地表达出来，如主动地去建立友好关系或支配关系；另一种是被动地期待，等待别人来接近，建立友情或接受领导等。建立良好的人际关系应注意的原则有以下几点：

1. 摆正关系

摆正关系是建立良好人际关系的具体原则。

（1）摆正上下级关系，即领导与被领导关系

与上级相处，这是经常的事情，必须重视和搞好。总的要求是：一要尊重，真心接受领导；二要主动积极，争取支持；三要坦荡磊落。当列车长、列车值班员布置工作时，要全神贯注地听，这是尊重领导、维护领导威信的表现。

（2）摆正平行关系

摆正平行关系主要指搞好同事关系、朋友关系、班组与班组关系，使自己有群众基础。

(3)摆正个体与群体的关系

个体与群体关系是指个人与集体的关系。摆正个体与群体的关系就是做到个人利益服从集体利益、企业利益、国家利益。

2. 平等互助,谅解忍让

在目标和根本利益一致的基础上,与同事、朋友建立良好关系必须遵循平等、互助、团结、友爱、理解、支持、谅解、忍让的原则。人际关系的建立无论是主动还是被动都需要彼此认同,互注情感,融洽交往,寻找双方共同点,关注、欣赏对方优势,克服各自的消极心理,和善待人,主动帮助对方解决实际问题,让对方感到你在呵护他,这样就有了建立友好关系的心理基础。在交往中把方便让给别人,把困难留给自己,互助、互爱、通力合作。

3. 注意品行修养

人际交往中,别人喜欢或者不愿意和你交往,是由你的社交水平、品格以及为人处世的方法所决定的,即个人自身的品德、才能、知识等形成的影响力。所以在人际交往中,要注自己的品行和修养,约束自己的不良行为,赢得他人的好感,才能建立起良好的人际关系。在交往中应记住和做到以下几点:

(1)以诚相待,平等待人。

(2)入乡随俗,稳重大方。

(3)谦虚谨慎,充满自信。

(4)热情助人,不求报答。

(5)尊重他人,微笑交谈。

(6)袒露自我,内外有别。

(7)廉洁奉公,坚持原则。

(8)记人之善,忘人之过。

(9)言行一致,善于辩解。

(10)将心比心,大度为怀。

一个人能够融洽地与别人相处,不仅表现出一个人的能力,而且表现出此人心理趋向成熟。

三、人际交往中的性格磨合

在实际生活和工作中，一个人要想立于不败之地，有所作为与成就，就必须用知识充实自我，在实践中锻炼自己，学得各种本事，这是个人成长、成才、成就个性魅力的基础，也是成功所必备的条件。而人际交往、处理人情世故的能力是获得较好生存环境和事业成功的重要砝码，可以看作是一种现实的生产力。

人生处处皆学问。人生在世，不可能随心所欲，总得有所节制，否则这个世界就不成其为世界了，人也就无法生存下去。

当今竞争的世界，人际关系的建立更多地融入了彼此的利益追求，这就使得人际关系更加复杂化，因此要处理好人际关系，就需要懂得人情、培养人情，彼此需要进行“磨合”。一种是彼此的利益“磨合”，是暂时的；另一种是友情“磨合”，即彼此的性格“磨合”，是持久的。

性格磨合是一种自我克制的修养。如何进行性格相互磨合？一是加强自我约束；二是接受他人约束；三是边观察边磨合；四是建立健康融洽的关系；五是讲原则、不迁就、不圆滑；六是保持个性。

需要明确的是：性格相互磨合，需要相互信任、理解、支持、谅解、忍让，对其可能发生的不良行为加以适当的控制，这样才能建立真实、自然、和谐的人际关系。彼此客观地评价别人、判断自己，努力修正自己，才能和睦相处，融洽交往，适应社会和他人的取舍。当然在“磨合”的过程中，不能把自我的独特性格全部磨掉，否则就缺乏生机和韵味了。例如，热情奔放和沉着稳重都是可贵的品质，磨掉了便无特色风采了，就少有人有兴趣与你交往。

四、建立良好的人际关系

当今世界，同事关系是现代社会必不可少的重要关系，任何人都不可能在社会分工之外而谋求独立生存。列车长、列车员、乘警、餐饮员、保洁员在车班在一起的时间比和家人在一起的时间还多，这就更需要大家和睦相处。列车员如果与列车长、同事彼此不谅解、不谦让，不接受对方，那就不可能在工作中配合默契，相互支持。大家处在互相推诿、扯皮，互相争吵、相互计较之中，人人都活得很累，对谁都没有好处。活得愉快才是幸福。

怎样建立良好的人际关系？仅就班组而言，建议从以下几个方面入手。第一学会尊重和赞赏对方，使人产生好感。任何人包括自己都喜欢被人称赞，这是人类的共同心理。但自以为是、自我夸耀不可取，往往会失信于民。第二是真诚地关心对方。欣赏同事取得的成绩，不嫉妒，不诋毁；同事有困难主动关心，伸出援助之手。第三，善于和自己性格不同的人相处。彼此认同对方的性格和素质，和谐相处，保持各自的人格和思想，团结与自己意见不合的人。第四，信守诺言，平等待人。许诺的事一定付诸实现。不采取对上逢迎，对下压制的做法，应一视同仁。不在别人面前说不利于对方的话，为对方保密。第五，学会与人交谈。人与人之间彼此交谈才能增进了解，不接近，不交谈，关系就会疏远。但是交谈要注意交谈对象的个性特征，加以区别对待。说话注意掌握分寸，不说过头话，自己的观点不强加于人，以同情、帮助、关心的语言交谈为宜。第五，性格磨合。人际关系是人与人之间的性格磨合。性格没有好坏之分，不同的性格和不同的策略与原则，在迈向成功的道路上也会有不同选择。

五、成功“三字经”

渴望成功，拥有成功的人生，这是每个人的愿望，是人之常理。

成功就是利用自己的天资或潜力，为自己认可的目标去奋斗而获得的理性认识与实践努力的成果。由于每个人的处境、价值观、才能、素质不同，对人生的看法各不相同，对成功内涵的理解也不相同，对人生目标追求也是不一样的。成功一词引用很广泛，一件事做好了就可以说成功了。人们对成功的认识是：实现自己的追求目标；人生活得快乐；为社会作贡献，体现自我价值，等等。

没有目标追求，就没有行动的动力。每个人都有成功的潜能，只是在于你对自己、对社会有没有一个清醒的认识，在于你自己的才能有没有发掘出来，在于你有没有自我醒悟的能力。

从社会实践来看，一个人要想事业获得成功，就要做到：“才气高，个性好，人气旺，运气佳，意志坚，身体棒”。可以说是成功的“三字经”。

它包括6个要素，其作用如下所述。

1. 才气高是成功的重要基石

才能＋素质的综合表现就是才气。才能包括知识和能力，是才气的重要组成部分，是基础；素质主要是人的心理状态，是人的一切行为的支撑点。才气是出“状元”的必备条件，是决定事业成败最具有竞争力、最具有价值的资本。没有良好的心理素质作支撑，才能气魄表现不出来，才气就无法显示。

2. 个性好是成功的最重砝码

个性影响人的思维，影响人的意志，影响人的情绪，影响人的理智，影响人的身体，从而影响人的品德、智慧、能力、行为和人际交往；更重要的是影响一个人的才气的形成、人气的聚集、运气的把握、意志的坚定、身体的健康，决定着一个人的事业成功和生活幸福。修炼良好的个性是获取成功不可缺少的关键要素，是走向成熟、提高职业竞争力，成就自我价值实现的最重砝码。

3. 人气旺是成功的快速通道

人生在世最艰难的不是谋生，而在处理人际间的关系，时时刻刻创造各种关系。人气是一项知识、体力、金钱、权力之外的另一种重要资源。人气主要是指人缘关系，特别是与上司相处和谐的程度，与同事、下属、客户保持的良好关系。一个人有了才气，却没有人气，其事业是难以成功的。对追求事业成功的人来说，能否聚集人气是至关重要的。

4. 运气佳是成功的关键转机

运气包括你所遇到的人、时机、环境，是人成长过程中最重要的客观因素之一，是关键几步中的一步，甚至比才气更为重要。一个人要想自己的事业走向成功，就必须重视机遇的出现，特别要珍惜可以使自己大展才华的机会，千万不要错过，一定要充分展示。如果没有机遇从中相助，你的才能就有可能暂时被埋没，长时间得不到发挥，必须承认这个事实，必须认真对待。

5. 意志坚是成功的精神支柱

坚强的意志是一个人在事业上取得成就的必备的心理品质，是自我修养提高的重要条件。个性的修炼、才气的显示、人气的凝聚、运气的把握都需要人的意志来支撑。一个人有了坚强的意志，就有信心、勇气、恒心和韧性去奋斗，实现自己确定的目标。顽强拼搏，奋斗不息的精神，乃是事业获得成功的不可或缺之物。

6. 身体棒是成功的最大本钱

一个人没有强健体魄，要想干一番事业、担当大任是很艰难的。事业顶峰的拼搏，不是智力和金钱的拼搏，而是身体的拼搏，此时谁的身体素质好，谁就是最大的赢家。轻视自己身体健康的人，决不会成为优秀的人才或杰出的领导者。

当然，要做到“才气高，个性好，人气旺，运气佳，意志坚，身体棒”是需要付出辛苦和劳累的，甚至付出一定的代价。

人活在世上，无论是为了什么，最终还是谋求快乐和幸福。决定你幸福或不幸福的，不在于你有什么，或你是谁，或你在什么地方，或你正在做什么，而是你怎么想。如果一个人老是活在紧张劳累的压力下，活得很累，高兴不起来，成了一种痛苦，哪有什么意思呢？高薪不如高兴，只有高兴才能快乐，比什么都好，快乐的生命才是有价值的生命。名利、地位、金钱，都是身外之物，人的一生，精神世界一定要丰富、充实。物质上的富翁、精神上的乞丐是没有幸福可言的。正如诗人杜甫所说“细推物理须行乐，何为浮名绊此身。”人的一生，寻求快乐才是最重要的事，而快乐的心情是获得成功的灵魂。有了快乐，人的生命才过得有意义。

一个人应根据自己的能力、身体条件，适时适度去追求名誉、地位、权力、财富，是正常的，但是超过自身的条件去追求，不仅活得很累，很辛苦，而且会累垮身体，以后的日子不好过，就不快乐幸福了。一个人以理智清明、性情活泼、通情达理、心地善良、内心充实的平常心，走完人生旅途，感到活得快乐、幸福，同样意味着成功。